U0934084

24
Free
24
HOT!
SALE

高职高专经管类精品课程
“十三五”规划教材

跨境电子商务

主　编　徐慧婷　陈志铁
副主编　张艳红　赖玲玲　李鸿冠　林福东

KUA
JING
DIAN
ZI
SHANG
WU

厦门大学出版社
XIAMEN UNIVERSITY PRESS
国家一级出版社
全国百佳图书出版单位

图书在版编目(CIP)数据

跨境电子商务/徐慧婷,陈志铁主编.—厦门:厦门大学出版社,2020.1
ISBN 978-7-5615-7457-7

Ⅰ.①跨… Ⅱ.①徐…②陈… Ⅲ.①电子商务—高等职业教育—教材 Ⅳ.①F713.36

中国版本图书馆 CIP 数据核字(2019)第 291527 号

出 版 人 郑文礼
责任编辑 江珏玙 肖 越
封面设计 李嘉彬
技术编辑 朱 楷

出版发行 厦门大学出版社
社 址 厦门市软件园二期望海路 39 号
邮政编码 361008
总 机 0592-2181111 0592-2181406(传真)
营销中心 0592-2184458 0592-2181365
网 址 http://www.xmupress.com
邮 箱 xmup@xmupress.com
印 刷 厦门兴立通印刷设计有限公司

开本 787 mm×1 092 mm 1/16
印张 17.25
插页 2
字数 348 千字
版次 2020 年 1 月第 1 版
印次 2020 年 1 月第 1 次印刷
定价 46.00 元

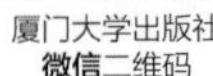
厦门大学出版社
微信二维码

厦门大学出版社
微博二维码

前言
PREFACE

近年来,我国跨境电子商务发展迅速,在国家政策的积极推动、本国市场竞争愈趋激烈的状况下,越来越多的企业开始将注意力转移到跨境电商。但是在享受巨大商业发展机遇的同时,跨境电商企业也面临着人才短缺等困境。选品、店铺管理、营销、物流、通关、收汇与结汇、客户服务都是跨境电商从业者面临的新问题。因此,如何与企业合作,开发出具有“工学结合”特色的教材和具有真实环境的教学模式,以适应新时期跨境电子商务企业人才的需求,是跨境电子商务课程教学的一个重要课题。

本教材依托校企合作,贯彻“以服务为宗旨、以就业为导向、以能力培养为主线,推进工学结合”的课程开发指导思想,按照企业实际的跨境电子商务工作流程重构课程体系。本教材在课程体系的构建过程中,根据行企业专家对跨境电子商务所涵盖的岗位群进行任务和职业能力分析,结合职业素养和能力要求,创设项目化学习任务,以真实工作情境及工作过程为依据,整合、序化教材内容。本教材突出高职教育“学以致用、学做合一”的特色,建立融“教、学、做”为一体的“工学交替”的教学模式,注重理论与实践相融合,学习过程与真实操作相结合,从而提高学生的岗位职业适应能力。本教材具有以下特点:

1.教学内容与企业岗位对接

课程开发团队在对企业进行广泛调研与深入探讨的基础上,确定了跨境电子商务企业的典型工作岗位。跨境电商企业的一般工作岗位为跨境电商专员岗、跨境网店运营岗、跨境电商营销岗、跨境物流管理岗、跨境电商客服岗。校企合作编写团队从企业岗位所需的职业核心能力出发，最终从知识、技能和素质三个方面具体明确了课程的教学内容。

2.以工作过程为导向设置学习情境

本教材以跨境电商企业工作流程为导向设置学习情境，共创立了“跨境电子商务概述”“跨境电商平台基本操作”“跨境电商数据分析”“跨境电商营销推广”“跨境电商物流与海外仓操作”“跨境电商支付与结汇”“客户服务与维护”七个学习情境。每个学习情境基于工作过程课程开发的理念，设置任务导入、任务分析、知识学习、任务实施、任务评价模块。知识学习模块涵盖了各学习情境的理论体系，任务实施模块旨在强化任务操作与训练，内容与企业实际业务相衔接，以提高学生对知识的掌握程度与技能的应用水平。

3.以工学结合为导向创新教学模式

在教材编写过程中，将教学模式融入其中。“跨境电子商务”课程依托校企共建的校内实训室开展课程项目教学，并依托校外实习基地开展实践教学。这种融“教、学、做”为一体的“工学交替”的教学模式，注重理论与实践相融合，学习过程与真实操作相结合，从而提高了学生的岗位职业适应能力。

本教材从概念初识、主流平台介绍到平台操作、选品、数据分析、营销、物流、支付、客服，为读者描绘了跨境电商的整个生态圈，信息全面，可操作性强。可作为高职院校电子商务专业学生的教材，也可以作为跨境电商创业者的指导用书。此外，本教材配套了相应的数字化资源，包括课程标准、教案、实训指导书、案例库、题库及答案、PPT课件等。若有需要，可发电子邮件至 164282599@qq.com。或发电子邮件至 xmupress@126.com。

本教材由厦门城市职业学院电子商务教研室教师和厦门金多厦网络科技有限公司员工共同开发完成。由徐慧婷、陈志铁设计编写方案并担任本教材的主编，对全书进行总纂；林福东、张艳红、赖玲玲、李鸿冠担任副主编。陈志铁负责情境一的编写，徐慧婷负责情境二、情境三、情境七的编写，赖玲玲负责情境四的编写，张艳红负责情境五的编写，李鸿冠负责情境六的编写。张艺萍、薛胜保、詹茜茜、王佳婷、林福东参与了本教材工作流程的设计、实操技能和实战任务的编写。本书在编写过程中参考或引用了大量专家作者的论文、图书及网站资源，作者已尽可能在文中或参考文献中列出。实训资源方面得到了南京奥派信息产业股份公司的大力支持，在此表示衷心的感谢。本教材经过多次修正与完善，但难免有所疏漏，也在此表示歉意，并敬请广大读者批评指正。

编者

2019 年 9 月 1 日

目　录
CONTENTS

◆ 学习情境一 ◆
跨境电子商务概述

学习情境导入

传统外贸公司如何启动跨境电子商务项目

小张受聘于厦门一家外贸公司，这是一家有外贸进出口经营权的国际贸易企业，主要经营女装产品出口业务。多年来，公司一贯坚持“客户至上、信誉第一、平等互利”的服务原则，不断开发扩大国际、国内市场，同国外多个国家的客户建立了良好的合作关系。公司为了进一步拓展海外业务，设定小张的岗位为跨境电商项目负责人，要求小张对跨境电子商务的现状、前景及跨境出口政策、市场及人才建设进行调研，为公司开展跨境电子商务做准备。

学习情境分析

做好跨境电商项目启动的前期调研工作是跨境电子商务运营的前提，调研的质量好坏是项目立项至关重要的环节。一个优秀项目的前期调研报告可以让公司少走弯路，少浪费冤枉钱。项目一旦启动，就可以获得更多的资源，从而快速提升销售业绩。小张认为跨境电子商务的模式、我国跨境电商的发展状况、国家及相关部门对跨境电商的扶持政策和跨境电子商务岗位及能力分析，都是项目前期必须做好调研的核心内容。

学习情境目标

岗位细分	工作任务	技能转化	知识转化
		技能目标	知识目标
跨境电商专员	任务一 跨境电子商务的概念	能够了解跨境电商的概念及其交易主体	掌握跨境电子商务的狭义、广义含义
	任务二 跨境电子商务模式	能够划分跨境电子商务模式	1.了解中国出口跨境电商行业产业链图谱； 2.熟悉跨境电商平台的分类； 3.掌握跨境电商与外贸电商的本质区别

续表

<table>
<tr><th rowspan="2">岗位细分</th><th rowspan="2">工作任务</th><th>技能转化</th><th>知识转化</th></tr>
<tr><th>技能目标</th><th>知识目标</th></tr>
<tr><td rowspan="3">跨境电商专员</td><td>任务三
跨境电子商务的发展与展望</td><td>能够熟悉各类跨境电商平台并了解跨境电商的发展趋势</td><td>1.了解进出口贸易总额呈现负增长，但跨境贸易额反而增长的现象；
2.了解跨境 B2C 电商增速是跨境商业模式中增长较快的；
3.了解跨境几种商业模式的特点及增长速度</td></tr>
<tr><td>任务四
跨境电商法律法规</td><td>能够对我国跨境电商政策进行汇总并分析</td><td>1.了解跨境电商的政策环境；
2.了解国务院对跨境电商的产业政策；
3.了解海关总署对跨境电商的政策支持；
4.了解其他部门对跨境电商的政策支持；
5.熟悉出口跨境电商的政策；
6.了解试点城市跨境电商政策</td></tr>
<tr><td>任务五
跨境电子商务岗位及能力分析</td><td>掌握组建跨境电子商务团队的能力</td><td>1.熟悉跨境电子商务行业从业人员需要掌握的技能；
2.了解跨境电商从业人员还需要具备的综合能力，如专业产品的语言表达能力等</td></tr>
</table>

任务一　跨境电子商务的概念

任务导入

小张是一家外贸公司的业务员，公司领导给了他新的工作安排，让他着手跨境电子商务的业务项目启动工作。接到这个任务，小张认为他对跨境电商整体的理论和规则都不熟悉。接下来的任务就是要了解跨境电子商务的概念及其与外贸业务的区别，熟悉跨境电子商务的理论，为公司开展跨境电商的相关业务做好准备。

任务分析

根据“任务导入”中的情境进行分析，关于跨境电子商务的概念要理解三个问题：了解跨境电子商务的狭义、广义及更广含义。

知识学习

一、跨境电子商务的概念

跨境电商脱胎于“小额外贸”，始于 2005 年，最初是以个人为主的买家借助互联网平台从境外购买产品，通过第三方支付方式付款，卖家通过快递完成货品的运送。发展到今天，从涵盖的范围来看，跨境电商有以下三层含义：

从狭义上看，跨境电商是指分属于不同关境的交易主体，借助互联网达成交易，进行支付结算，并采用快件、小包等行邮方式通过跨境物流将商品送达消费者手中的交易过程。这一过程基本等同于跨境零售。从海关的统计口径来看，狭义的跨境电商就是在网上进行小包的买卖，基本上针对终端消费者（即通常所说的 B2C 或者 C2C）。但随着跨境电商的发展，一部分碎片化、小额批发买卖的小 B 类商家用户也成为消费群体（即 B2 小 B），由于这类小 B 商家和 C 类个人消费者在现实中很难严格区分和界定，因此狭义的跨境电商也将这部分纳入跨境零售内容。

从广义上看，跨境电商是指分属于不同关境的交易主体，通过电子商务的手段将传统进出口贸易的展示、洽谈和成交环节电子化，并通过跨境物流送达商品，完成交易的一种国际商业活动。这一过程基本等同于外贸电商。广义的跨境电商统计对象以跨境电子商务中商品交易部分为主（不含服务部分），既包含跨境电商交易中的跨境零售（狭义部分），又包含跨境电商 B2B 部分。其中 B2B 部分不但包括通过跨境交易平台实现线上成交的部分，还包括通过互联网渠道在线上进行交易洽谈，促成线下实现成交的部分。它与传统外贸的交易流程存在较大区别。

从更广意义上看，跨境电商泛指电子商务在国际贸易中的应用，是传统国际贸易流程的电子化、数字化和网络化，但凡涉及国际货物的电子贸易、在线数据传递、电子资金划拨、电子货运单证等方方面面的活动均在此范畴。概言之，在国际贸易环境中只要涉及电子商务应用均可称之为“泛跨境电商”。

任务实施

实训任务 1-1：浏览跨境电商相关网站，学习跨境电商业务知识

实训目的：

- 了解当前的国际贸易及跨境电商的国际国内经济形势；
- 理解一些重要的与跨境电商相关的热点问题；
- 掌握利用网络资源获取相关信息的方法。

实训指导：

浏览下列网站：

1.阿里巴巴网站(https://www.alibaba.com/)

2.中华人民共和国商务部(http://www.mofcom.gov.cn/)

3.中国国际贸易学会(http://gmxh.mofcom.gov.cn/)

4.中国国际贸易促进委员会(http://www.ccpit.org/)

5.中华人民共和国海关总署(http://www.customs.gov.cn/)

6.亚马逊英文首页(https://www.amazon.com/)

7.全球速卖通(https://www.aliexpress.com/)

8.Wish(https://www.wish.com/)

9.敦煌网(https://www.dhgate.com/)

10.eBay(https://www.ebay.com/)

任务评价

<table>
<tr><td>任务编号</td><td>任务 1-1</td><td>任务名称</td><td colspan="2">跨境电商平台学习</td></tr>
<tr><td>任务完成方式</td><td colspan="4">个人完成、小组协作完成</td></tr>
<tr><td colspan="3">任务评价内容</td><td colspan="2">分值</td></tr>
<tr><td colspan="3">熟悉世界前五大知名跨境电商平台</td><td colspan="2">40</td></tr>
<tr><td colspan="3">了解当前的国际贸易及跨境电商的国际国内经济形势</td><td colspan="2">20</td></tr>
<tr><td colspan="3">熟悉知名跨境电商平台的业务</td><td colspan="2">40</td></tr>
<tr><td colspan="5">成绩评定</td></tr>
<tr><td>自我评价　20%</td><td colspan="2">小组评价　20%</td><td colspan="2">教师评价　60%</td></tr>
</table>

任务二　跨境电子商务模式

任务导入

小张掌握跨境电子商务的概念后，着手跨境电子商务的业务调研，但跨境出口的商业模式非常多，需要理清思路后，再找个最适合公司强项的产品项目入手启动。按照这个思路，小张查阅了很多资料，他认为接下来的任务就是要了解跨境电子商务的模式及其与外贸业务的本质区别，在熟悉跨境电子商务的商业模式后，找到适合本公司的跨境电商平台，为公司开展跨境电商相关业务做准备。

任务分析

根据“任务导入”中的情境进行分析，关于跨境电子商务模式需要理解两个问题：(1)跨境电商的模式分类；(2)跨境电商与外贸电商的区别。

知识学习

一、跨境电商的模式分类

近年来，庞大的市场需求为我国跨境电商带来了前所未有的发展机遇。国内各大电商巨头依托其已有优势在跨境电商领域快速崛起。电子商务研究中心监测数据显示，2017 年上半年中国跨境电商交易规模 3.6 万亿元，同比增长 30.7%。其中，出口跨境电商交易规模 2.75 万亿元，进口跨境电商交易规模 8624 亿元(包括进口 B2B、B2C、C2C)。

中国出口跨境电商行业产业链图谱(如图 1-1)显示，目前出口跨境电商平台主要由以下几类构成：

B2B：阿里巴巴国际站、中国化工网英文版、环球资源网、中国制造网、MFG.com、聚贸、易唐网、大龙网、敦煌网等；

B2C：全球速卖通、eBay、亚马逊、Wish、兰亭集势、DX、米兰网、环球易购、百事泰、傲基国际、执御、小笨鸟等；

C2C：全球速卖通、eBay 等；

B2B2C：E&I 跨境电商平台等；

第三方服务平台：一达通、仓搜搜、易单网、世贸通、PayPal、思亿欧、中国银行、中国平安、中国邮政、UPS、TNT、顺丰速运、DHL、FedEx、递四方、出口易、四海商周、大麦电商等。

图 1-1　跨境电商行业产业链图谱

在“互联网＋”背景下，传统外贸的“三流”正是以互联网领域的电商平台为载体实现跨境买卖双方的互动和最终交易的达成和履约，形成了互联网式的信息流、智能式可跟踪管理的货物流、便于结算和观测的资金流，并最终构成了“互联网＋外贸”模式的核心特征——可以跟踪、共享和应用的大数据。它包括信息流数据、商品流数据和资金支付流数据。

二、跨境电商与外贸电商的区别

跨境电商不等于外贸电商。那么，跨境电商和外贸电商有什么本质区别呢？

主体不一样：在外贸电商时代，出口企业是运用电子商务手段推广宣传自己及产品，从网上寻找外商求购信息等，故主体是信息流；而在跨境电商时代，人们试图利用网络把商品直接销售给海外消费者，故主体是商品流。

环节不一样：在外贸电商时代，进出口的环节并没有任何缩短或改变，而跨境电商则要求尽量减少或缩短各个环节以降低中间成本。

交易不一样：在外贸电商时代，交易都是在线下完成的，而跨境电商则大多在线上直接完成交易。

税收不一样：外贸电商体现的是传统的一般贸易，涉及复杂的关税、增值税及消费税等，而跨境电商面临的税收一般就要简单很多，如很多只涉及行邮税。

模式不一样：外贸电商的基本模式是B2B，而跨境电商的主流模式是B2C。

显然，跨境电商不等于外贸电商，跨境电商体现的是一种与传统的外贸电商有极大不同的新型的运行模式；只不过广义的跨境电商也包含了外贸电商而已。

任务实施

实训任务1-2：查看亚马逊平台和阿里巴巴平台，以客户的身份进行网上产品模拟下单，对比两个平台的用户体验

实训目的：

- 掌握如何在亚马逊平台和阿里巴巴平台进行用户注册；
- 熟悉亚马逊平台客户下单流程；
- 熟悉阿里巴巴平台客户下单流程，阿里巴巴平台代表传统外贸电商模式；
- 学习平台下单与询盘下单的区别。

实训指导：

(1)打开亚马逊平台，进入亚马逊美国站 https://www.amazon.com，用外国的身份注册一个账号，按照网站提示，一步一步输入相关的信息。如图1-2、图1-3所示。

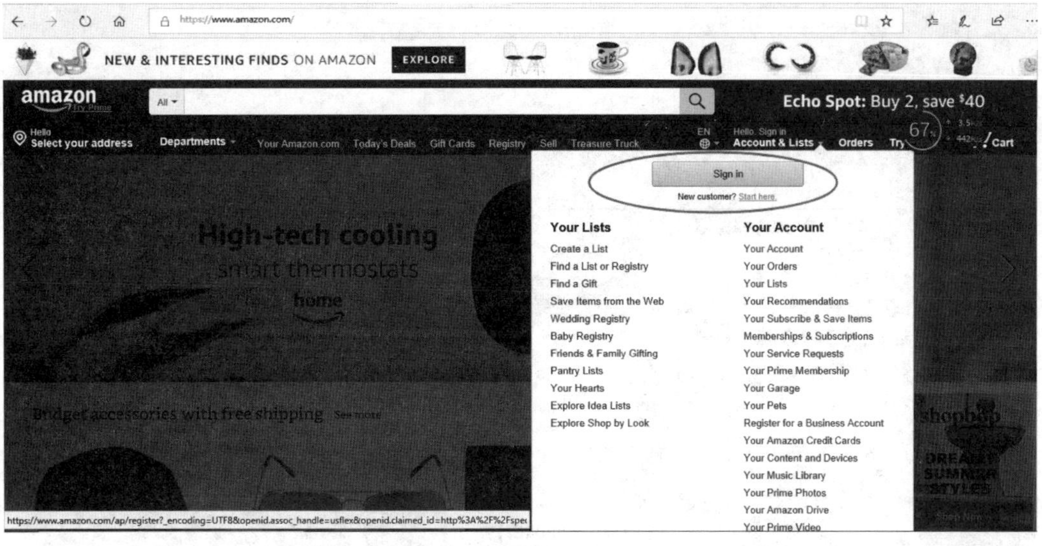

图 1-2　注册亚马逊账号

amazon

Create account

Your name

Email

Password

At least 6 characters

i Passwords must be at least 6 characters.

Re-enter password

Create your Amazon account

By creating an account, you agree to Amazon's Conditions of Use and Privacy Notice.

Already have an account? Sign in ›

图 1-3　输入相关信息

(2)进入阿里巴巴站 https://www.alibaba.com,用外国人的身份注册一个账号,按照网站提示,一步一步输入相关的信息。如图 1-4、图 1-5 所示。

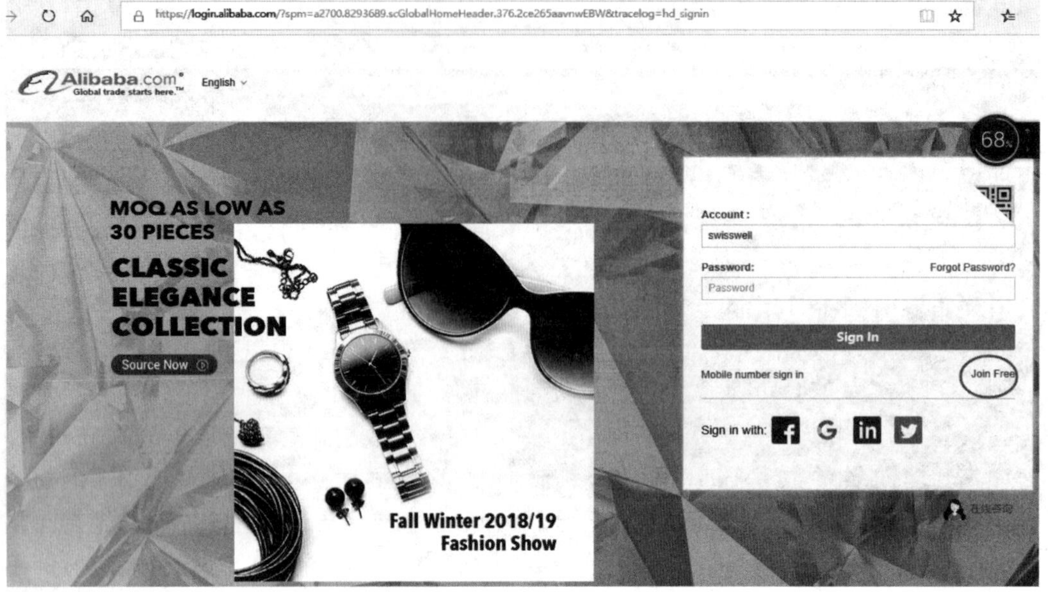

图 1-4 注册阿里巴巴账号

图 1-5 输入相关信息

(3)注册成功后,可以搜索产品,并进行采购下单。如图 1-6 所示。

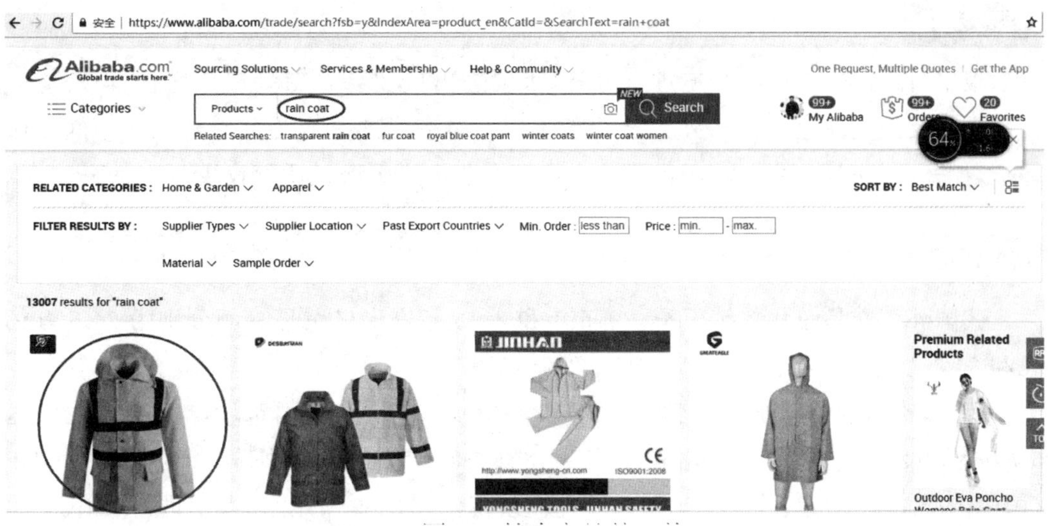

图 1-6　搜索产品并下单

任务评价

任务编号	任务 1-2	任务名称	跨境电商模式学习及剖析
任务完成方式	个人完成、小组协作完成		
任务评价内容			分值
能够对知名电商平台进行模式分析			40
跨境电商和外贸电商的特点区分			30
了解主要出口跨境电商平台的特点			30
成绩评定			
自我评价　20%	小组评价　20%		教师评价　60%

任务三　跨境电子商务的发展与展望

任务导入

作为外贸公司的跨境电商专员，在掌握了跨境电子商务的概念和 B2C、B2B、C2C 等商业模式，了解了跨境电子商务与传统外贸电商消费的不同特点后，小张仍然对跨境电子商务的发展及未来的行业前景不是很了解，需要进一步学习跨境电子商务未来几年的发展趋势。

任务分析

根据“任务导入”中的情境进行分析，了解进出口贸易总额呈现负增长，但跨境电商交易额反而呈高速增长态势。学习跨境 B2C 电商增速是因为其能够压缩中间流通环节，提升产品利润率优势，所以在几个跨境商业模式中增长速度较快。

知识学习

我国外贸交易总额持续下滑，2015 年和 2016 年进出口贸易总额分别为 24.6 万亿元和 24.3 万亿元，同比下降 6.8%和 1.2%（如图 1-7 所示）。

相反，跨境电商行业生机勃勃，如图 1-8 所示，2016 年我国跨境电商交易规模达 6.7万亿元，2012—2016 年年增长率高达 33.65%，远高于同期外贸总额增速和 GDP（国内生产总值）增速。其中，出口跨境电商规模（如图 1-9 所示）远大于进口（如图1-10 所示），2016 年出口跨境电商总额为 5.5 万亿元，占跨境电商总额近九成。细分出口跨境电商可以发现，B2B 模式是出口跨境电商的主流，2016 年总额近 4.5 万亿元，单次交易规模较大。总体来看，跨境电商的四种商业模式的市场体量增速都在 20%以上，均处于高速扩张阶段，享受成长红利。

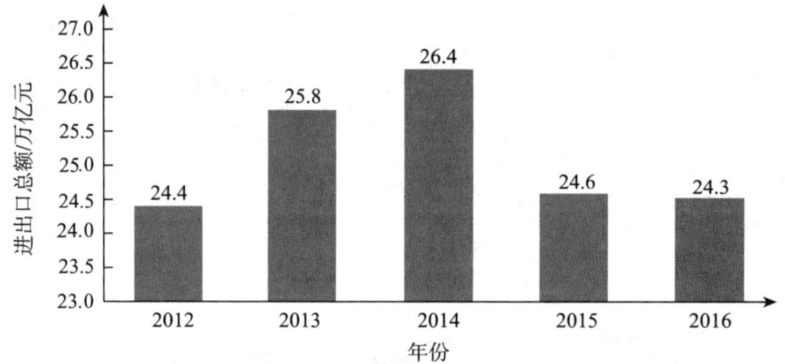

图 1-7 2012—2016 年我国进出口贸易总额

数据来源：公开资料整理。

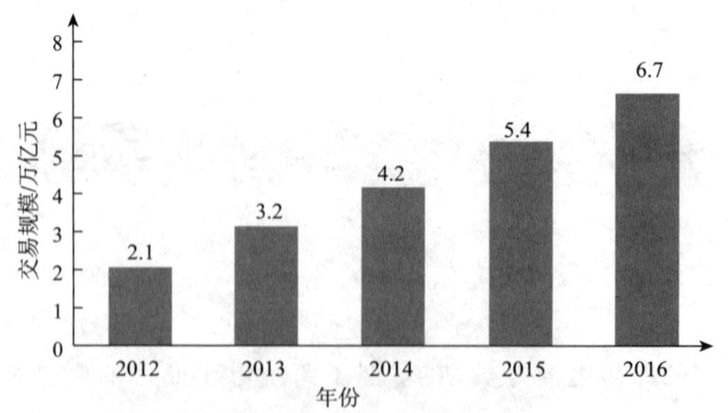

图 1-8 2012—2016 年跨境电商交易规模

数据来源：公开资料整理。

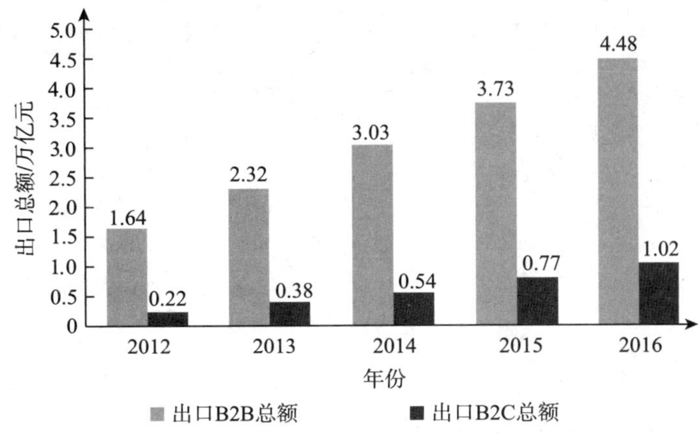

图 1-9　2012—2016 年我国出口跨境电商规模

数据来源：公开资料整理。

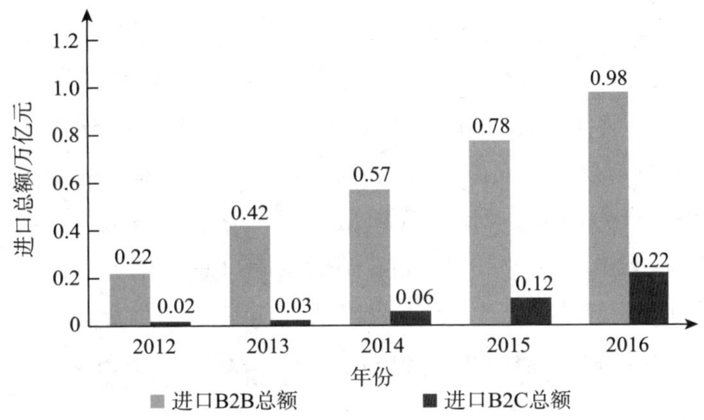

图 1-10　2012—2016 年我国进口跨境电商规模

数据来源：公开资料整理。

与传统外贸、出口 B2B 电商相比，跨境 B2C 出口电商有效减少了流通环节，提升了运营效率。在传统进出口贸易中，A 国商品最终到达 B 国消费者手中，一般会经历生产商、出口商、进口商、批发商、零售商等主体，整个交易环节繁杂，层层加价，耗时较长，因此消费者最终面对的价格和时效体验都较差。跨境电商的出现大大提升了运营效率。如图 1-11 所示，与传统外贸和出口 B2B 相比，跨境电商可以有效减少流通环节，除了将交易从线下移到线上，跨境电商较大幅度地精简了交易主体，工厂生产的商品仅需通过电商平台撮合交易即可到达最终消费者手中。一方面，精简环节使得流通费用减少，生产者与消费者双双受益；另一方面，外贸交易门槛降低，更多的企业可以“走出去”，扩大外贸规模。另外，相比于传统贸易分销商，跨境电商提供产品的丰富度大幅度上升，产品更新速度快，更加迎合海外消费者的需求。

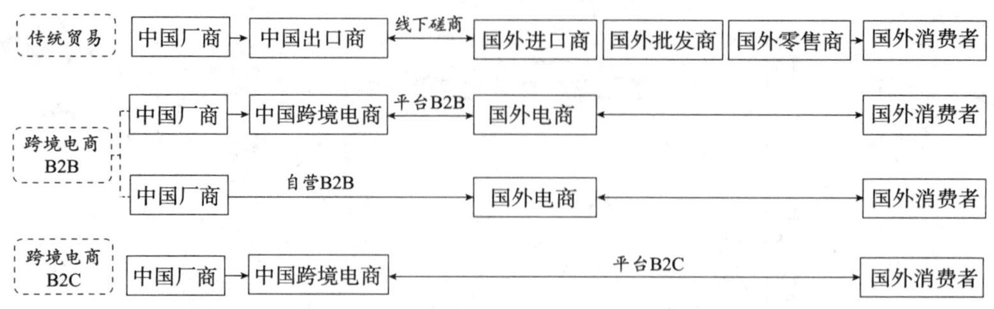

图 1-11 跨境电商的流通环节

数据来源:公开资料整理。

跨境B2C电商增速遥遥领先。无论是进口电商还是出口电商,共同特点都是B2C业务规模小,但是增速远高于B2B业务。主要原因在于:B2B业务与传统外贸相似程度更高,单次交易规模大,发展更早;而B2C业务订单呈碎片化,数量多,规模小,对于物流、报关、支付等基础设施要求更高。2016年出口B2C规模为1.02万亿元,进口B2C规模为0.22万亿元,二者合计1.24万亿元。预计随着跨境支付、跨境物流等环节的完善以及资本的持续涌入,进出口B2C行业在未来相当长的一段时间内仍将处于快速成长期,2020年总规模有望突破4万亿元,复合年均增长率高达34.02%。

出口B2C测算:出口B2C规模=我国出口贸易总额×渗透率。其中我国出口贸易总额几乎保持不变,2014—2016年出口B2C在出口总额中的渗透率保持线性上升趋势,预计这一趋势能够维持。2020年我国预计出口贸易总额为13.8万亿元,出口B2C渗透率14.63%,因此出口B2C规模约为2.02万亿元。如图1-12所示。

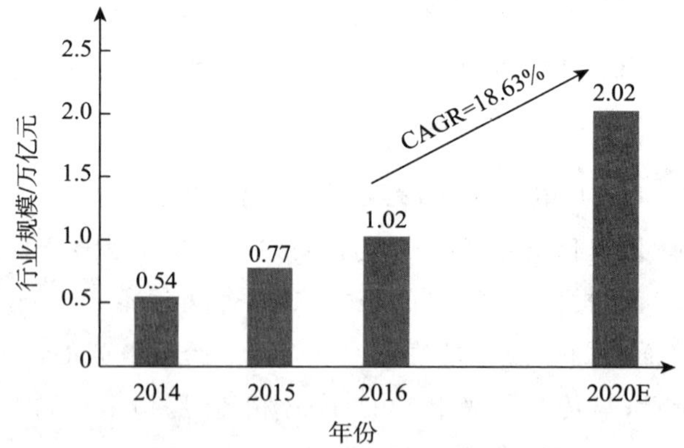

图 1-12 近几年出口 B2C 的行业规模

数据来源:公开资料整理。

任务实施

实训任务 1-3:浏览相关网站,分析跨境电商的发展机遇

实训目的:

- 了解当前我国跨境电子商务发展的现状及趋势;

• 查阅亿邦动力等相关跨境电商媒体，分析跨境电商与外贸的区别；
• 掌握利用网络及相关移动平台资源获取相关跨境网站的方法。

实训指导：

浏览下列网站：

1.中国产业信息网站(https://www.chyxx.com/)
2.中华人民共和国商务部(http://www.mofcom.gov.cn/)
3.亿邦动力网站(https://www.ebrun.com/)
4.中国国际贸易学会(http://gmxh.mofcom.gov.cn/)
5.中华人民共和国海关总署(http://www.customs.gov.cn/)
6.雨果网(https://www.cifnews.com/)

任务评价

任务编号	任务 1-3	任务名称	研究我国的跨境电商
任务完成方式	个人完成、小组协作完成		
任务评价内容			分值
能了解我国跨境电商规模增速迅猛			30
能分析跨境 B2C 电商如何减少流通环节			45
能分析跨境电商与外贸存在不同的发展机遇			25
成绩评定			
自我评价　20%	小组评价　20%		教师评价　60%

任务四　跨境电子商务的法律法规

任务导入

通过查阅相关数据及参考资料后，作为外贸公司的跨境电商专员，小张开始感到跨境电商这个新项目前途一片光明，但从事外贸业务多年的小张知道一般外贸公司出国参展有政府补贴及政策扶持。小张现在从事的外贸业务的国际宣传和推广活动都能得到商务厅的相关补贴，所以小张想学习和落实一下跨境电子商务在产业政策扶持力度及合规经营方面的法律法规政策，防止在经营中触碰违规高压线。

任务分析

根据“任务导入”中的情境进行分析，在跨境电子商务经营中需要理解几个方面的政策：跨境电商的政策环境，国务院、海关及商务部对跨境电商的产业政策或其他部门对跨境电商的政策支持，以及试点城市跨境电商的政策等。

知识学习

跨境电商行业的高速发展离不开政策的支持，从2012年8月商务部颁布《关于利用电子商务平台开展对外贸易的若干意见》到2017年，国家多个重要部门相继颁布相应政策支持跨境出口电商的发展。这些政策深入跨境电商的方方面面，大到总体制度、环境建设，如开展跨境电子商务综合试验区试点，小到跨境电商的具体环节，如税收、支付、通关、海外仓等方面，为跨境出口电商的发展扫除障碍，创造各种有利条件以推动其快速发展。

一、政策环境篇

近年来，我国跨境电商取得爆发式增长，增速明显高于传统贸易，使得传统贸易企业也加快了向跨境电商转型的步伐。2013年9月，商务部、海关总署等八部委《关于实施支持跨境电子商务零售出口有关政策的意见》，为发展跨境电商指明了方向，对外贸转型升级具有重要而深远的意义。国务院到各大相关部委，也纷纷出台针对跨境电商行业的配套政策措施。2013年12月，财政部、国家税务总局《关于跨境电子商务零售出口税收政策的通知》，明确了从事跨境电商零售企业退免税的条件，大大降低了企业成本；2014年2月，海关总署增列“跨境电子商务”海关监管方式代码“9610”；2015年6月20日，国务院办公厅发布了《关于促进跨境电子商务健康快速发展的指导意见》；2017年4月8日，财政部联合海关总署和国家税务总局共同推出《关于跨境电子商务零售进口税收政策的通知》等。跨境电商政策的密集出台，对行业发展起到了积极的推动作用。

随着我国电子商务发展的政策环境、法律法规、标准体系以及支撑保障水平等各方面的完善与提升，根据试点地区的实际情况以及海关等相关部门的统计数字，后续跨境电商相关配套政策措施将不断优化和深化。外贸企业应抓住难得的历史机遇，研究利用好政策红利，完成转方式、调结构，增强我国企业的国际竞争力，塑造“中国创造”的新形象，为我国外贸打开新的上升通道。

二、国务院跨境电商政策

从现有颁布的政策来看，各相关部门工作的主要目的是：大力支持跨境电商新兴业态的发展和积极引导跨境电商运营的规范化。目前，涉及跨境电商政策制定的部门包括国务院、海关总署、商务部、国家发展改革委、财政部、税务总局、工商总局、质检总局、中国人民银行和国家外汇管理局等。

国务院是跨境电商相关政策指导性意见的制定方，自2013年我国跨境电商发展元年起，国务院已相继颁布政策文件批准跨境电商综合试验区，要求各部门落实跨境电商的基础设施建设、监管设施，以及要求优化完善支付、税收、收结汇、检验、通关等过程；海关总署是跨境电商流程层面，特别是通关流程相关政策的重要制定方，具体措施包括提高通关效率、规范通关流程、打击非法进出口；商务部、国家发展改革委、质检总局、外汇管理局等职能部委根据指导意见分别制定相应政策。

如表 1-1 所示，从 2013 年至 2017 年，国务院发布的关于或涉及跨境电商行业的主要政策包括：《关于实施支持跨境电子商务零售出口有关政策意见的通知》《关于支持外贸稳定增长的若干意见》《关于大力发展电子商务加快培育经济新动力的意见》《关于促进跨境电子商务健康快速发展的指导意见》《国务院关于同意在天津等 12 个城市设立跨境电子商务综合试验区的批复》《国务院关于促进外贸回稳向好的若干意见》《国务院关税税则委员会关于调整部分消费品进口关税的通知》等。

表 1-1　2013—2017 年国务院跨境电商政策

时间	主题	名称	意义
2013 年 8 月	对各部门要求	《关于实施支持跨境电子商务零售出口有关政策意见的通知》	政策指导
2014 年 5 月	基础设施	《关于支持外贸稳定增长的若干意见》	政策指导
2015 年 3 月	批准试验区	《国务院关于同意设立中国(杭州)跨境电子商务综合试验区的批复》	政策支持
2015 年 5 月	效率提高	《关于大力发展电子商务加快教育经济新动力的意见》	政策指导
2015 年 6 月	流程优化	《国务院常务会议部署促进跨境电子商务健康快速发展》	政策支持
2015 年 6 月	基础设施	《关于促进跨境电子商务健康快速发展的指导意见》	政策指导
2016 年 1 月	批准试验区	《国务院关于同意在天津等 12 个城市设立跨境电子商务综合试验区的批复》	政策支持
2016 年 5 月	支持新业态	《国务院关于促进外贸回稳向好的若干意见》	政策指导
2017 年 11 月	降进口税率	《国务院关税税则委员会关于调整部分消费品进口关税的通知》	政策支持

数据来源：www.100ec.cn。

三、海关总署跨境电商政策

海关作为跨境电商监管链条的关键环节，在跨境电商政策制定上有着较高的权力。近年来，海关已经通过出台多项举措来保证跨境电商的快速发展。例如，海关对跨境电子商务监管实行全年 365 天无休息日，货到海关监管场所 24 小时内办结海关手续，制定了联动工作作业机制、应急预案和全年无休日跨境电子商务通关总体工作方案等，加大海关便捷措施的宣传力度，全面落实有关要求，确保电商企业充分享受通关便利。

如表1-2所示，海关总署发布的相关跨境电商政策包括《关于跨境贸易电子商务进出境货物、物品有关监管事宜公告》《海关总署关于增列海关监管方式代码的公告》《关于加强跨境电子商务网购保税进口监管工作的函》《海关总署关于天津市开展跨境贸易电商服务试点工作的报告》《关于跨境电子商务零售进出口商品有关监管事宜的公告》《关于跨境电子商务进口统一版信息化系统企业接入事宜公告》《关于增列海关监管方式代码的公告》等。

表1-2　2014—2017年海关总署跨境电商政策

时间	主题	名称	意义
2014年7月	加强监管	《关于跨境贸易电子商务进出境货物、物品有关监管事宜公告》	政策规范
2014年8月	加强监管	《海关总署关于增列海关监管方式代码的公告》	政策规范
2015年5月	效率提高	《海关总署关于调整跨境贸易电子商务监管海关作业时间和通关时限要求有关事宜的通知》	政策支持
2015年9月	加强监管	《关于加强跨境电子商务网购保税进口监管工作的函》	政策规范
2015年10月	试点城市	《海关总署关于天津市开展跨境贸易电商服务试点工作的报告》	政策支持
2015年12月	效率提高	《关于进出口货物报关单修改和撤销业务无纸化相关事宜公告》	政策支持
2016年4月	加强监管	《关于跨境电子商务零售进出口商品有关监管事宜的公告》	政策规范
2016年5月	政策延期	《海关总署关于执行跨境电子商务零售进口新的监管要求有关事宜通知》	政策支持
2016年7月	完税价格	《关税司、加贸司关于明确跨境电商进口商品完税价格有关问题的通知》	政策规范
2016年10月	信息化	《关于跨境电子商务进口统一版信息化系统企业接入事宜公告》	政策规范
2016年12月	加强监管	《关于增列海关监管方式代码的公告》	政策规范
2017年8月	效率提高	《海关监管场所管理办法》	政策支持

数据来源：www.100ec.cn。

四、其他部门跨境电商政策

跨境电商行业因涉及国家多个部门的业务范畴，除国务院和海关总署外，商务部、质检总局、外汇管理局等政府主管部门也纷纷出台或参与出台相关跨境电商政策，涉及的国家相关部门包括：国家发展改革委、财政部、工业和信息化部、农业农村部、商务部、国家税务总局、国家质检总局、食品药品监督管理总局、交通运输部、国家工商总局、国家邮政局、国家外汇管理局、中国人民银行、银监会、中央网信办、濒管办、密码局等多达 17 个部门。

各个部门从自身所属的业务角度出发，给跨境电商行业给予出台或参与出台扶持或监管的相关政策，这些政策措施的出台给跨境电商行业带来了极大的促进作用。同时，监管政策也从行业长远发展的角度出发，更好地规范行业出现的问题。

五、出口跨境电商政策解读

出口跨境电商在近年来火速发展，正成为互联网行业的风口，而这一切的发展都离不开政府政策的大力支持，相关政策如表 1-3 所示。电子商务研究中心监测数据显示，2017 年上半年中国出口跨境电商交易规模达 2.75 万亿元，同比增长 31.5%。

表 1-3　2013—2017 年中国出口跨境电商政策

发布时间	发布部门	政策名称
2013 年 7 月	商务部	《关于促进进出口稳增长、调结构的若干意见》
2013 年 8 月	商务部	《关于实施支持跨境电子商务零售出口有关政策的意见》
2013 年 11 月	商务部	《关于促进电子商务应用的实施意见》
2013 年 12 月	财政部等	《关于跨境电子商务零售出口税收政策的通知》
2014 年 1 月	海关总署	《关于增列海关监管方式代码的公告》
2014 年 5 月	国务院	《关于支持外贸稳定增长的若干意见》
2014 年 7 月	海关总署	《关于跨境贸易电子商务进出境货物、物品有关监管事宜的公告》
2014 年 7 月	海关总署	《关于增列海关监管方式代码的公告》
2015 年 1 月	外汇管理局	《关于开展支付机构跨境外汇支付业务试点的通知》
2015 年 5 月	国务院	《加快培育外贸竞争优势意见》
2015 年 5 月	国务院	《关于大力发展电子商务加快培育经济新动力的意见》
2015 年 6 月	质检总局	《关于加强跨境电子商务进出口消费品检验监管工作的指导意见》
2015 年 6 月	国务院	《关于促进跨境电子商务健康快速发展的指导意见》

续表

发布时间	发布部门	政策名称
2016 年 4 月	海关总署	《关于跨境电子商务零售进出口商品有关监管事宜的公告》
2016 年 5 月	国务院	《关于促进外贸回稳向好的若干意见》
2017 年 1 月	国务院	《关于同意在天津等 12 个城市设立跨境电子商务综合试验区的批复》
2017 年 8 月	质检总局	《关于跨境电商零售进出口检验检疫信息化管理系统数据接入规范的公告》
2017 年 11 月	商务部等	《关于复制推广跨境电子商务综合试验区探索形成的成熟经验做法的函》

数据来源：www.100ec.cn。

近年来，国务院频繁发文支持“互联网＋外贸”，出口跨境电商正是“互联网＋外贸”的结合体，国家政策不断扶持出口跨境电商有利于带动我国制造业、电子支付、物流、信息服务等产业发展，进一步优化我国的产业结构，加速产业结构的转型升级。出口跨境电商作为近年来多项政策的受益者，且伴随着“一带一路”以及“互联网＋”的趋势，成功实现快速发展，未来有望有更多有利于出口跨境电商的政策出台，出口跨境电商将继续其快速发展的势头。

中国出口跨境电商贸易是中国进出口贸易的重要组成部分，近年来政府对于出口跨境电商所出台的政策越趋密集，而政府出台的大多数政策基本上都是为了消除出口跨境电商在发展中所存在的一些障碍，比如支付、物流、报关等问题。政府力求通过相关政策给予出口跨境电商一个良好的发展环境，具体政策如表 1-4 所示。

表 1-4　支付、物流、报关等方面政策

时间	主题	名称	意义
2013 年 2 月	外汇支付试点	《支付机构跨境电子商务外汇支付业务试点指导意见》	政策支持
2015 年 1 月	开放购汇	《支持机构跨境外汇支付业务试点指导意见》	政策支持
2015 年 1 月	提高网购限额	《关于开展支付机构跨境外汇支付业务试点的通知》	政策支持
2015 年 5 月	负面清单	《关于进一步发挥检验检疫职能作用促进跨境电子商务发展的意见》	政策支持
2015 年 5 月	基础设施	《“互联网＋流通”行动计划》	政策支持
2015 年 6 月	加强监管	《关于加强跨境电子商务进出口消费品检验监管工作的指导意见》	政策支持

续表

时间	主题	名称	意义
2015 年 7 月	加强监管	《关于支持中国(杭州)跨境电子商务综合试验区发展的意见》	政策规范
2015 年 10 月	加强监管	《网购保税模式跨境电子商务进口食品安全监督管理细则(征求意见稿)》	政策规范
2016 年 5 月	推迟执行	“商务部谈话”	政策支持
2016 年 2 月	提高免税限额	《关于口岸进境免税店政策的公告》	政策支持
2016 年 3 月	跨境限额	《关于跨境电子商务零售进口税收政策的通知》	政策支持
2016 年 4 月	商品清单	《关于公布跨境电子商务零售进口商品清单的公告》	政策支持
2016 年 4 月	商品清单备注	《〈跨境电子商务零售进口商品清单〉有关商品备注的说明》	政策规范
2016 年 4 月	商品清单	《关于公布跨境电子商务零售出口商品清单(第二批)的公告》	政策支持
2016 年 4 月	商品清单备注	《〈跨境电子商务零售进口商品清单(第二批)〉有关商品备注的说明》	政策规范
2016 年 5 月	提高效率	《质检总局关于跨境电商零售进口通关单政策的说明》	政策支持
2017 年 6 月	提高效率	《质检总局关于跨境电商零售进出口检验检疫信息化管理系统数据接入规范的公告》	政策规范
2017 年 11 月	经验推广	《商务部等 14 部门关于复制推广跨境电子商务综合试验区探索形成的成熟经验做法的函》	政策支持

数据来源：www.100ec.cn。

商务部、质检总局、外汇管理局等相关跨境电商政策包括《支付机构跨境电子商务外汇支付业务试点指导意见》《关于进一步发挥检验检疫职能作用促进跨境电子商务发展的意见》《关于加强跨境电子商务进出口消费品检验监管工作的指导意见》《关于口岸进境免税店政策的公告》《关于跨境电子商务零售进口税收政策的通知》《关于公布跨境电子商务零售进口商品清单的公告》《关于跨境电商零售进口通关单政策的说明》《关于跨境电商零售进出口检验检疫信息化管理系统数据接入规范的公告》《关于复制推广跨境电子商务综合试验区探索形成的成熟经验做法的函》。

六、试点城市跨境电商政策

在政策具体落实层面，我国通过先试点后推广的方式进行，减少试错成本。目前，跨境电商政策落实试点城市包括由海关总署牵头的“跨境电商试点城市”和国务院牵头的“跨境电商综合试验区”，两者都是选择对外贸易发展较好的地区进行先试先行，在选择城市方面有重叠，但后者是前者的升级版，在具体工作落实上更为规范与成熟。

海关总署牵头的跨境电商试点城市自 2012 年 12 月启动以来，已经拓展至 20 多个城市，如表 1-5 所示。这些城市依托电子口岸建设机制和平台优势，实现跨境电商企业与口岸管理相关部门的业务协同与数据共享，一些重要的运营平台包括重庆的“e 点即成”、上海的“跨境通”、宁波的“跨境购”、杭州的“一步达”、郑州的“E 贸易”等。

表 1-5　我国跨境电商试点城市

	城市	获批时间	出口试点资格	进口试点资格
试点	重庆	2012 年 12 月	√	√
	上海	2012 年 12 月	√	√
	宁波	2012 年 12 月	√	√
	杭州	2012 年 12 月	√	√
	郑州	2012 年 12 月	√	√
逐步推广	广州	2013 年 9 月	√	√
	苏州	2013 年 11 月	√	×
	长沙	2014 年 1 月	√	×
	银川	2014 年 1 月	√	×
	青岛	2014 年 2 月	√	×
	哈尔滨	2014 年 2 月	√	×
	牡丹江	2014 年 2 月	√	×
	烟台	2014 年 3 月	√	×
	西安	2014 年 3 月	√	×
	长春	2014 年 5 月	√	×
	深圳	2014 年 7 月	√	√
	绥芬河	2014 年 8 月	√	×
	张家港	2015 年 9 月	√	×
	天津	2015 年 10 月	√	√
	福州	2016 年 1 月	×	√
	平潭	2016 年 1 月	×	√
	合肥	2016 年 1 月	×	√
	成都	2016 年 1 月	√	√
	大连	2016 年 1 月	√	√

数据来源：www.100ec.cn。

从整体上来看，相比进口试点资格，拥有出口试点资格的城市更多，这表明海关总署对于出口业务更为放开，对于进口业务较为谨慎。此外，海关总署 2015 年 9 月发布加急文件《关于加强跨境电子商务网购保税进口监管工作的函》，要求试点城市严格按照现有的规则执行，不得将政策扩大化，限定了跨境保税进口必须在跨境电商试点城市的海关特殊监管区域或保税物流中心展开，打击了网购保税试点中的不规范行为。

跨境电商在快速发展的同时，对平台、物流、支付、通关等环节也提出了新的需求，“便利、快速、联动”成为关注的重点。跨境电商先试先行从上海、杭州、宁波、重庆、郑州、广州、深圳等 7 个城市展开，后续拓展到 15 个城市。随着试点城市的全面铺开，海关陆续开展跨境电商贸易统计，而相关的配套政策也将更精准地服务于企业，为其发展创造出更好的政策环境、未来跨境电商将在我国全面推开。

两种试点模式均处于探索阶段，政策多由试点当地政府自下而上进行探索，核心目的在于规范行业和提高行政效率。综合试验区是试点城市的升级版，地位高于试点城市。李克强总理亲自敲定了首个杭州综合试验区——中国（杭州）跨境电子商务综合试验区。

首个杭州综合试验区摸索出以“单一窗口”为核心的“六大体系、两大平台”模式。“单一窗口＋综合园区”齐发力，加速通关流程。线上“单一窗口”是指海关、检验检疫、外汇管理、国税、工商、物流、金融等部门数据申报、处理、进度提示集中在同一平台，实现“一次申报、一次查验、一次放行”；线下“综合园区”是指“一区多园”模式，如杭州综合试验区建成了上城、余杭等 13 个跨境电商园区，总面积达 323 万平方米，入驻企业 2188 家。构筑“信息共享＋金融服务＋智能物流＋电商信用＋统计监测＋风险防控”六大配套体系。该体系打通各监管主体，实现了服务、评价、监管的全面电子化。杭州综合试验区共出台 86 条制度创新清单、55 项创新政策，积累了宝贵的发展经验。

近年与跨境电商相关的政策分为规范性政策与提效性政策两种，跨境电商规范与推动并行，规范性政策与提效性政策不断落地。规范性政策重在保障行业健康发展，国务院、海关总署先后出台文件明确了跨境电商出口的企业特征，界定监管界限，在鼓励跨境出口的同时，逐步摸索跨境进口监管之法，严厉打击刷单逃税等行为；提效性政策促使行政效率提高。除了试点政策外，国家还积极推动跨境结算和通关业务，外汇管理局开设支付试点，海关启用 365 天×24 小时通关工作安排，并积极鼓励企业建立海外仓储，增强我国跨境出口实力。

任务实施

实训任务 1-4：浏览跨境电商法规网站，学习电商政策

实训目的：

• 了解中国当前跨境电商的现状，学习出口跨境电商政策；

• 学习试点城市跨境电商政策和跨境电商试验区政策；

• 学习各部门对跨境电商的政策引导及支持，含国务院、商务部、财政部、海关总署等。

实训指导：

浏览下列网站：

1.网络经济服务平台(https://www.100ec.cn/)
2.中华人民共和国商务部(http://www.mofcom.gov.cn/)
3.亿邦动力网站(https://www.ebrun.com/)
4.中国国际贸易学会(http://gmxh.mofcom.gov.cn/)
5.中华人民共和国海关总署(http://www.customs.gov.cn/)
6.中国产业信息网站(https://www.chyxx.com/)
7.商务部网站、财政部网站

学习各部门关于跨境电商所发布的扶持政策,以及阅读各网络平台关于产业方向的政策法规。

任务评价

任务编号	任务1-4	任务名称	学习跨境电商的法规及政策
任务完成方式	个人完成、小组协作完成		
任务评价内容			分值
能查看出口跨境电商政策并解读			30
能查看跨境电商综合试验区政策			40
能够汇总试点城市跨境电商政策			30
成绩评定			
自我评价　20%	小组评价　20%		教师评价　60%

任务五　跨境电子商务岗位及能力分析

任务导入

在了解了跨境电商的扶持政策后,作为启动跨境电商项目的负责人,小张信心饱满,干劲十足。在规划完产品方向后,小张接下来的重要任务就是人才团队的搭建,人才队伍的搭建是跨境电商全球网络零售成功与否的前提。好的跨境电商团队不仅要有学习能力,还要能与外部的公司进行产品竞争,从而提升公司产品在销售中的优势。选人才建团队要有正确的思路,不能凭主观感觉决策,而是要有依据,遵循一定的岗位配置原则。所以接下来,小张要了解跨境电子商务岗位及进行所需具备的能力分析。

任务分析

根据“任务导入”中的情境进行分析,跨境电商运营团队搭建过程中要设置合理的岗位并考核从业人员的技能。

知识学习

一、跨境电商岗位分析

跨境电商企业岗位较多，主要有：跨境电商客服，跨境电商销售/推广专员，跨境电商产品开发专员，跨境电商英语（德语等）编辑/翻译/文案/文案策划、网页设计师/美工、报关员、财务、秘书、技术人员（网络维护等），跨境电商业务总经理、副总经理，跨境电商运营总监，等。

以上岗位主要分为三类人才：管理型人才、专业性人才和商务型人才。

第一，管理型人才。跨境电商业务总经理、副总经理，跨境电商运营总监等中高层管理人员属于此类。这类招聘岗位要求较高，一般要求具有对整个网站的宏观把控能力，如网站的整体框架建设、网络营销、数据库营销及客户管理等，还应具备高度的市场敏感性和丰富的平台规划、建设、运营、管理经验，另外，应具有多年多平台运作经验；学历一般要求本科以上；英语一般要求大学英语六级以上。

第二，专业性人才。这类岗位特征是对专业性要求非常高，其他专业学生无法胜任，企业在招聘时更愿意用该专业学生，其他专业学生不予考虑。如跨境电商英语（德语等）编辑/翻译/文案/文案策划，要求招聘专业是英语、德语等语言类专业；网页设计师/美工岗位，招聘专业是美术设计或艺术类、设计类相关专业；技术人员（网络维护）等岗位，招聘专业是电子商务类、计算机类专业。

第三，商务型人才。例如，跨境电商客服、跨境电商销售/推广专员、跨境电商产品开发专员、跨境电商运营专员、仓储物流员、报关员等。经调研，这类岗位招聘专业集中在国际贸易、电子商务、商务英语等相关专业，既要懂产品、运营、营销、策划、推广、客服，还要熟悉平台运作规则，语言沟通无障碍，需要整合国际贸易、电子商务、商务英语三个专业的复合型人才；学历一般要求专科以上；英语一般要求大学英语四级以上。

二、跨境电商职业技能分析

随着跨境电商行业的迅猛发展，跨境电商企业的销售市场更加广泛，产品品类更加多元化，业务向纵深发展，企业对跨境电子商务人才的需求也不断提高。从事跨境电商行业，需要同时具备国际贸易知识和电子商务知识，这样才能满足行业的发展需求。概括来讲，跨境电子商务行业从业人员需要如下技能：

（一）外贸技能

跨境电商企业的业务范围是全球化的，从业务性质上看属于国际贸易的范畴，这势必要求跨境电商的从业人员具有较强的外贸业务能力：能与国外客户沟通交流，洽谈业务，开发新客户；能熟知外贸业务流程，独立处理国外客户订单；能跟进国际物流、国际保险、国际结算、报关报检的相关业务处理，以及其他相关事项；能了解国际商务法律法规，妥善处理跨境业务纠纷；掌握国际物流相关技能，除普通的集装箱运输外，也要了解小包进出境国际物流途径，使货物快速准确地送到客户手中。

（二）电子商务技能

跨境电商是利用互联网搭建的电子商务平台开展业务活动的，从业务媒介上来看属于电子商务的范畴，这就要求从业人员具有一定的电子商务能力。要熟悉网络客户开发，能在 B2B、B2C 网络平台上发布产品，处理订单。能利用网络平台做好产品互联网推广，装修网店。

（三）英语技能

因为跨境电商活动面向的是国外客户，这就对从业人员的英语能力提出了较高的要求。除了基本的书面表达能力外，对英语口语同样提出了较高的要求。产品的介绍、往来信函的处理、在线客户谈判、售后客服等工作内容都需要用英语来完成。

（四）计算机操作技能

当今业务活动离不开计算机，跨境电商活动更是如此。除了日常的计算机操作与办公软件使用外，跨境电商从业人员还需要更强大的计算机应用能力，要熟悉数据统计软件、网页设计软件、美图软件等，对于互联网的应用也需要更灵活与深入。

（五）较高的职业素养

除了以上所提到的技术技能，跨境电商行业对人才的职业素养也提出了更高的要求。跨境业务面临的是来自世界各地的客户，他们语言不同，思维方式不同，文化习惯不同，跨境电商从业人员将面临更加复杂的商务环境。这势必要求从业人员具有灵活应变的处事能力、良好的沟通交流能力、踏实认真的工作态度与积极合作的团队意识。

除了以上专业素养外，在具体运营中，跨境电商从业人员还需要具备哪些能力呢？

第一，要懂相应专业产品市场的语言表达。跨境电商相当于国内的淘宝，所以有吸引力的专业产品文案很重要，这就离不开优秀的产品文案专业修养。具备英语专业素养后，还需要掌握相应产品的描述及语言表达。

第二，要观察市场（了解平台的特性和操作手段），及时了解竞争对手的动向并做出相应的调整。

第三，要懂优化和推广（学会针对国外市场选品开发）。

总之，要耐心琢磨每一个文案，要了解市场，懂运营和推广（站内推广为主）。当然，还要多方面参考货源和货代，毕竟好质量的产品和通畅的货代是前提。

跨境电商不仅仅需要的是专业人才，更需要的是复合型的人才，是从当地语言、物流管理、平台运营、金融管理到 IT 系统等全方位都懂得运用的人才。

任务实施

实训任务 1-5：学习跨境电商企业的人才招聘和培训机构的人才培训内容

实训目的：

- 了解学习知名跨境电商企业的组织架构；
- 熟悉跨境电商各岗位设置及技能要求；
- 了解人才需求及专业学习的方向。

实训指导：

（1）进入前程无忧招聘网首页（www.51job.com），在搜索栏输入“跨境电商”，点击“搜索”，如图 1-13 所示。

图 1-13　搜索跨境电商岗

（2）查看搜索结果，各个公司有不同的跨境电商人才需求，岗位设置多样，如图1-14所示。

全选　申请职位　收藏职位　已选：跨境电商(全文)+厦门

职位名	公司名	工作地点	薪资	发布时间
运营助理（跨境电商方向）	厦门[illegible]商务服务有限公司	厦门	6-8千/月	06-24
外贸业务员（跨境电商）	厦门[illegible]电子商务有限公司	厦门	3.5-7千/月	06-24
英语外贸跨境电商亚马逊运营助理	厦门[illegible]网络技术有限公司	厦门	4.5-6千/月	06-24
跨境电商买手	厦门[illegible]业有限公司	厦门	4-6千/月	06-24
跨境电商业务员（应届生）	厦门[illegible]科技有限公司	厦门	3-5千/月	06-24
跨境电商运营	厦门[illegible]易有限公司	厦门	4-15万/年	06-24
跨境电商运营助理	厦门[illegible]子商务有限公司	厦门	2-4千/月	06-24
跨境电商业务拓展经理	[illegible]公司上海分公司	厦门	4.5-5千/月	06-24
Amazon 亚马逊运营 外贸销售 跨境电...	厦门[illegible]口有限公司	厦门	3-6千/月	06-23
实习生（跨境电商）	厦门[illegible]科技有限公司	厦门	2-3.5千/月	06-23
跨境电商美工	厦门市[illegible]有限公司	厦门	4-8千/月	06-23
跨境电商运营专员	厦门市[illegible]发展有限公司	厦门	3-5千/月	06-23
跨境电商运营专员（Wish）	厦门[illegible]有限公司	厦门	3-4.5千/月	06-23

图 1-14　跨境电商岗搜索界面

我们通过打开某一公司的人才招聘需求，可以了解到该跨境电商企业的人才需求，知晓他们需要具有哪些专业特长的人才，以及该企业的部门设置。

任务评价

任务编号	任务 1-5	任务名称	跨境电商岗位需求分析
任务完成方式	个人完成、小组协作完成		
任务评价内容			分值
是否了解跨境电商企业的组织架构			30
是否熟悉跨境电商各岗位设置及技能要求			40
是否了解人才需求及专业学习的方向			30
成绩评定			
自我评价 20%	小组评价 20%		教师评价 60%

学习巩固

一、判断题

1.我们一般指的跨境电商是指广义的跨境电商，不仅包含 B2B，还包括 B2C 部分，不仅包括跨境电商 B2B 中通过跨境交易平台实现线上成交的部分，还包括跨境电商 B2B 中通过互联网渠道线上进行交易撮合线下实现成交的部分。

答案选项：对（　　）错（　　）

2.跨境电商缩短了对外贸易的中间环节，提升了进出口贸易的效率，为小微企业提供了新的机会。

答案选项：对（　　）错（　　）

3.目前跨境电商人才供应很充裕。

答案选项：对（　　）错（　　）

4.跨境电商交易环节复杂（生产商—贸易商—进口商—批发商—零售商—消费者），涉及中间商众多。

答案选项：对（　　）错（　　）

5.熟练运用外语和客户交流是无论哪个层次的跨境电商都需要具备的能力。

答案选项：对（　　）错（　　）

6.当前物流已经不是制约跨境电商发展的因素。

答案选项：对（　　）错（　　）

二、选择题

1.【单选题】（　　）在整个跨境电子商务中的比重最大，约占整个电子商务出口的 90%。（　　）虽只占跨境电子商务总量的 10%左右，但却是增长最为迅速的部分。

A.B2B，B2C　　　　B.B2C，B2B

C.B2C，C2C　　　　D.C2C，B2B

2.【多选题】为什么要做跨境电商？（　　）

A.有利于传统外贸企业转型升级

B.缩短了对外贸易的中间环节

C.为小微企业提供了新的机会

D.促进产业结构升级

3.【多选题】跨境电商参与主体有哪些？（　　）

A.通过第三方平台进行跨境电商经营的企业和个人

B.跨境电子商务的第三方平台

C.物流企业

D.支付企业

4.【多选题】和传统国际贸易相比，跨境电子商务呈现出传统国际贸易所不具备的以下哪些特征？（　　）

A.多边化　　B.小批量　　C.高频度

D.透明化　　E.数字化

5.【多选题】以下哪些是跨境电商人员需要具备的素质？（　　）

A.了解海外客户网络购物的消费理念和文化

B.了解相关国家知识产权和法律知识

C.熟悉各大跨境电商平台不同的运营规则

D.具备“当地化/本地化”思维

6.【多选题】跨境电商呈现以下哪些发展趋势？（　　）

A.产业生态更为完善，各环节协同发展

B.产品品类和销售市场更加多元化

C.B2C 占比提升，B2B 和 B2C 协同发展

D.移动端成为跨境电商发展的重要推动力

7.【多选题】以下哪几项是跨境电商人员必须承受的修炼？（　　）

A.外语交流　　B.外贸实务

C.国际营销　　D.人文地理

8.【多选题】在阿里巴巴平台做外贸需要做哪几件事？（　　）

A.增加曝光量让客户找到你

B.提升点击量让客户了解你

C.增加询盘量让客户爱上你

D.增加订单量把客户取回家

三、简答题

1.跨境电商和外贸电商有什么本质区别？

2.国家出台了哪些跨境电子商务法规政策？

3.跨境电商职业技能有哪些？

参考资料

1.韩琳琳，张剑.《跨境电子商务实务》，上海交通大学出版社，2017 年 7 月.

2.跨境电商人才核心岗位及技能需求分析与对策研究. http://www.fx361.com/page/2018/0123/2762397.shtml，2018 年 1 月.

3.张周平，余思敏.2017 年度中国跨境电商政策研究报告.电子商务研究中心，2018 年 3 月.

4.梅蒋巧.跨境电子商务人才需求特征研究.管理观察，2014(31)：119-120.

5.楼淑娟.高职院校跨境电子商务模块化教学改革研究.当代职业教育，2013(11)：30-32.

6.陈礼腾，曹磊.2017 年度中国跨境出口电商发展报告.电子商务研究中心.2018 年 3 月.

7.国务院关于实施支持跨境电子商务零售出口有关政策的意见.国办发〔2017〕89 号.

8.中华人民共和国商务部.国务院办公厅转发商务部等部门关于实施支持跨境电子商务零售出口有关政策意见的通知.2017 年 9 月.

9.我国跨境电商发展现状及促进因素等.电子商务研究中心，2018 年 3 月.

10.郑雪英，赵婷.信息时代下跨境电子商务人才培养路径探析.江苏商论，2014(11)：25-27.

◆学习情境二◆
跨境电商平台基本操作

学习情境导入

如何创建一个内外兼修的跨境电商店铺

小张受聘于厦门一家外贸公司。这是一家有外贸进出口经营权的国际贸易企业，经营多种业务特别是女装产品出口业务。多年来，公司一贯坚持"客户至上、信誉第一、平等互利"的服务原则，不断开发扩大国际、国内市场，同国内外多个国家的客户建立了良好的合作关系。公司为了进一步拓展海外业务，设定小张的岗位为跨境电商专员，要求小张创建一个内外兼修的跨境店铺，为公司开展跨境电子商务做准备。

对于创建跨境电商店铺，小张通过书本学习、参加培训班等手段形成了自己独特的一套方法。他认为只有好的店铺才能衬托出产品的档次，让顾客觉得物有所值，也能使顾客在购物过程中身心愉悦。

学习情境分析

创设一个好的跨境电商店铺是跨境电子商务运营的前提与至关重要的环节。一个内外兼修的跨境电商店铺，可以获得更多的销售力，从而提升销售业绩。小张认为跨境平台的选择与开通、跨境平台选品、产品定价与发布、产品信息优化都是创设跨境店铺过程中必须掌握的功力。在认真分析之后，小张认为以下几部分是创设跨境电商店铺的主要任务：

(1)跨境平台的选择与开通；

(2)跨境电商平台选品；

(3)产品定价与发布；

(4)产品信息优化。

学习情境目标

岗位细分	工作任务	技能转化	知识转化
		技能目标	知识目标
跨境电商专员	任务一 跨境平台的选择与开通	1.能够根据企业及产品特点，选择恰当的跨境电商平台； 2.能够完成跨境电商平台的注册并获得平台认可通过	1.了解主流跨境电子商务平台； 2.熟悉亚马逊平台的特点、优势、规则； 3.掌握店铺注册流程及注册时应准备的资料
	任务二 跨境电商平台选品	能够运用跨境平台选品工具分析最热销的产品、热销产品的款式和热销产品的价格区间等	1.了解各国消费者的跨境产品需求； 2.掌握跨境平台选品的原则； 3.掌握亚马逊站内选品的步骤，掌握辅助选品的站外工具的使用
	任务三 产品定价与发布	1.能对跨境电商产品进行对外报价； 2.能在亚马逊平台发布产品信息	1.了解成本、费用、利润、价格等的基本概念； 2.掌握亚马逊平台产品定价的方法； 3.熟悉亚马逊平台产品刊登规则； 4.掌握产品发布的流程
	任务四 产品信息优化	1.能够拟定产品标题和确定关键词； 2.能用 Photoshop 处理产品图片； 3.能制作并优化产品详情页	1.了解产品标题的一般构成； 2.了解详情页的基本构成； 3.熟悉产品标题优化、关键词优化、主副图优化、产品详情页优化的一般方法

任务一　跨境平台的选择与开通

任务导入

小张认为对于跨境电商卖家来说，在线渠道多元化是拓展网络销售渠道和扩大网络销售规模的重要途径。对于某些产品或品牌来说，选择合适的目标市场进行深耕细作也非常重要。跨境电商行业中的各大平台都有自己的特点、行业优势以及客户群，因此，选择适合自己行业、产品、销售计划的电商平台显得尤为重要。作为跨境电商专员，小张认为他接下来的任务就是要了解熟悉主流跨境电商平台，调研各跨境电商平台的特点，熟悉跨境平台规则，选择适合本公司运营的平台，为公司开展跨境电商相关业务做准备。

任务分析

根据“任务导入”中的情境进行分析，跨境平台的选择与开通需要理解两个问题：(1)熟悉各主流跨境电商平台；(2)掌握开通跨境平台的步骤。

知识学习

一、主流跨境电商平台介绍

目前，主要的跨境电商平台有全球速卖通、敦煌网、Wish、亚马逊等，各大跨境平台各有千秋。

(一)全球速卖通(AliExpress)

全球速卖通(https://www.aliexpress.com/)正式上线于2010年4月，是阿里巴巴旗下唯一面向全球市场打造的在线交易平台，被广大卖家称为“国际版淘宝”。全球速卖通面向海外买家，通过支付宝国际账户进行担保交易，并使用国际快递发货，是全球第三大英文在线购物网站。全球速卖通首页如图2-1所示。

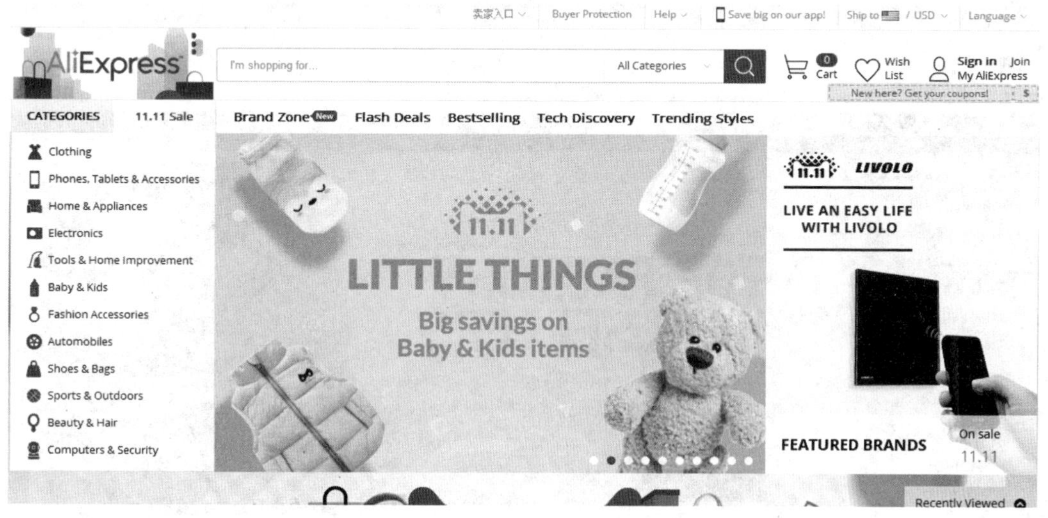

图2-1　全球速卖通首页

1.订单来源最多的国家和地区

全球速卖通的订单主要来自俄罗斯、巴西、以色列、西班牙、白俄罗斯、美国、加拿大、法国、捷克共和国、英国。

2.优势行业

全球速卖通的优势行业主要集中在服饰、手机通信、鞋包、美容健康、珠宝手表、电脑网络、家居、汽车和摩托车配件、灯具等方面。

3.物流服务

全球速卖通提供的物流服务主要有邮政物流、专线物流和商业快递三种。其中邮政物流包括中国邮政小包、中国香港邮政小包、新加坡邮政小包、瑞士邮政小包、中国邮政大包、中国香港邮政大包等;专线物流主要有中俄航空和俄罗斯、南美航空专线;商业快递主要涉及DHL、FedEx、UPS、TNT等。2015年全球速卖通正式开启了包括美国、俄罗斯、印度尼西亚、澳大利亚等九个国家的海外仓服务。

4.金融支付服务

全球速卖通平台支持国际支付宝(Escrow)支付,目前国际支付宝支持多种支付方式:信用卡、T/T银行汇款、Moneybookers、借记卡。

(二)敦煌网

敦煌网(https://www.dhgate.com/)是国内首个为中小企业提供B2B网上交易的网站。它采取佣金制,免注册费,只在买卖双方交易成功后收取费用。PayPal交易平台数据显示,敦煌网是在线外贸交易额中亚太排名第一、全球排名第六的电子商务网站。作为中小额B2B海外电子商务的创新者,敦煌网采用EDM(电子邮件营销)的营销模式低成本、高效率地拓展海外市场,自建的DHgate平台,为海外用户提供了高质量的商品信息,用户可以自由订阅英文EDM商品信息,第一时间了解市场最新供应情况。敦煌网首页如图2-2所示。

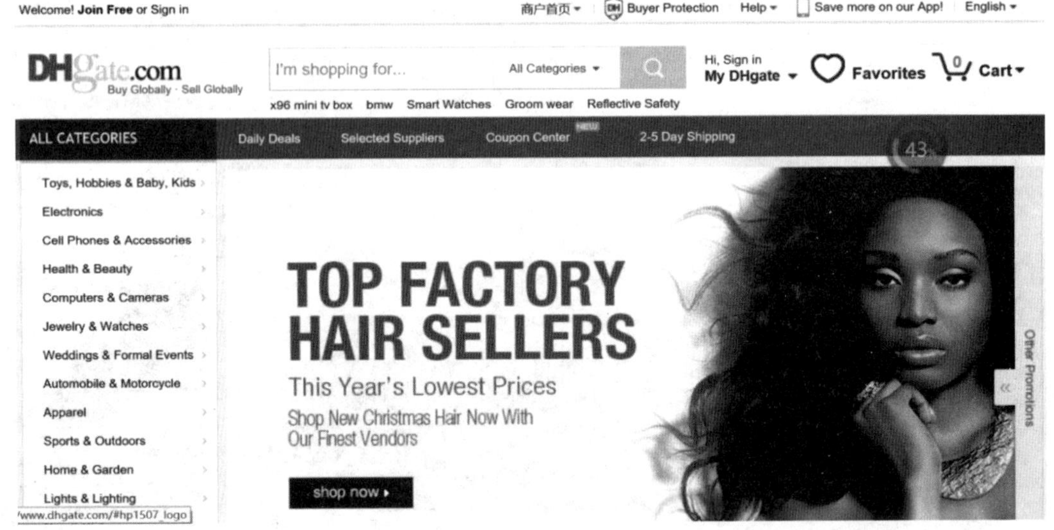

图2-2 敦煌网首页

1.主要销售的国家和地区

敦煌网的买家群体主要集中在北美、欧洲和大洋洲等的发达国家,如美国、俄罗斯、加拿大、澳大利亚等国。

2.优势行业

敦煌网以销售快消品为主,分类包括服装、鞋类、手包、美容美发、照明以及消费电子等。

3.物流服务

敦煌网支持的物流方式有海外发货(DHL 海外发货、UPS 海外发货、TNT 海外发货、FedEx 海外发货、USPS 海外发货)、四大快递(UPS、DHL、FedEx、TNT)、一般快递(俄速通、俄速递、佳成在线、捷利安专线、顺丰国际等)和平邮挂号(中国邮政、中国香港邮政、新加坡邮政、TNT 邮政、瑞典邮政)。2015 年,敦煌网一站式海外仓服务正式投入使用,除了信息系统、整合物流、仓储等基本功能外,还创新性地为卖家提供分销服务。相比国内发货,一站式海外仓具有如下优势:设有专门的产品展示区,并定期举行活动,大大增加了产品的曝光率;实现了本地发货,运输时间短,缩短了交易周期;突破了常规运输的限制;退换货可以在本国完成,提升了海外买家的购物体验;更具价格优势。

4.金融支付服务

敦煌网支持的支付方式有 Visa、MasterCard、American Express、Moneybookers、Bank Transfer、Western Union 等。

5.赢利模式

敦煌网的卖家类型分为企业卖家和个人卖家。在收费上,采用统一的佣金率,实行“阶梯佣金”政策。

(三)Wish

Wish(https://www.wish.com/)是主要的基于 App 的跨境电商平台(Wish-Shopping Made Fun),在 Wish 平台,98%的流量和 95%的订单都来自移动端。Wish 采取基于搜索引擎的匹配技术,即根据用户行为判断用户偏好,并通过数学算法,将用户和商家、商品进行匹配,每天给用户推送其可能感兴趣的商品和商家。Wish 首页如图 2-3 所示。

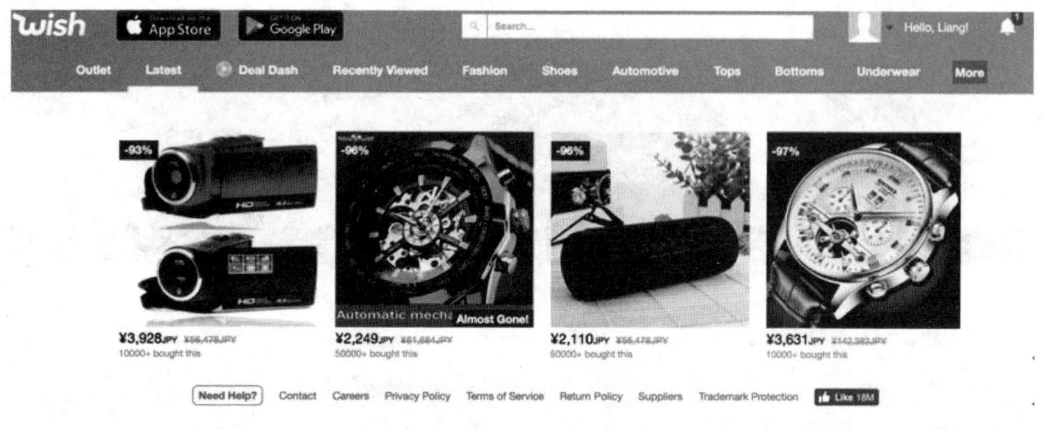

图 2-3　Wish 首页

1.主要销售的国家和地区

Wish 目前的卖家大多集中在中国,产品主要销售到北美、欧洲等的发达国家和地区。

2.优势行业

Wish 的主要销售类目是服装服饰,尤其是时尚类服装服饰,其他销售类目还有母婴用品、家居用品、3C 配件、美妆、配饰等。

3.物流服务

Wish 平台销售支持的物流服务有邮政渠道、商业快递、自主专线和海外仓。

4.金融支付服务

Wish 平台支持的网络支付方式有:Google Wallet(谷歌钱包)、易联支付(PayEco)以及 Bill.com。

5.赢利模式

Wish 平台主要收入来自卖家每次交易的佣金,收费以交易额的 15%(即产品和运费综合的 15%)为基准。

(四)亚马逊(Amazon)

亚马逊(https://www.amazon.com/)是中国最大的一家电子商务公司,总部位于美国华盛顿州的西雅图。亚马逊成立于 1995 年,起初是自营在线书籍销售业务,现在已经发展成为全类目、平台化的电子商务网站。目前亚马逊平台所销售的商品一部分是自营商品,一部分由第三方卖家提供。2012 年亚马逊项目向中国卖家开放,大量中国卖家涌入亚马逊平台开启了跨境电子商务。从此,中国商品在亚马逊的北美和欧洲市场占据了重要的份额。亚马逊首页如图 2-4 所示。

图 2-4 亚马逊首页

亚马逊"全球开店"项目对中国卖家开放的站点有:美洲站(包括美国、加拿大、墨西哥)、欧洲站(包括英国、法国、德国、意大利、西班牙)、亚洲站(日本)。另外,印度站有待开放。如果卖家要向前 3 个站点销售商品,则需要分别在 3 个站点注册账号。

1.亚马逊的特点

(1)强调商品,弱化店铺。平台的运营定位是纳入第三方卖家商品,使平台的商品库更丰富,同时必须确保亚马逊平台统一的品牌形象,所以平台没有给卖家店铺过多自定义的选择项，卖家上传商品也必须符合亚马逊平台统一的形象要求。

(2)高门槛，严要求。平台会严格审查申请入驻的卖家企业资质，经过亚马逊筛选通过的卖家才可以入驻；卖家必须遵守亚马逊对买家的承诺，一旦卖家无法达到就会被严厉惩罚，甚至永久封号。

(3)去个性化，重视价格、配送、售后服务。亚马逊不希望卖家上传的商品有太鲜明的特点，引导卖家把精力放在加强售后服务的能力上。

2.主要销售的国家和地区

亚马逊目前主要销售的国家和地区有澳大利亚、巴西、加拿大、中国、法国、德国、印度、意大利、日本、墨西哥、西班牙、英国。

3.优势行业

亚马逊的优势行业主要集中在亚马逊 Kindle、婴儿用品、书籍、电子类、厨具、办公用品、个人电脑、体育器材及户外用品、汽车用品及家居装饰、视频、DVD 和蓝光碟方面。

4.物流服务

亚马逊为卖家构建了亚马逊体系内的完美生态循环，包括海运、空运、国际快递、船务代理、仓储及配送、码头服务、清关服务等。跨境物流服务包括货运代理(海外仓预约、订单管理、报关报检、提单及各类文件管理、码头和空港现场操作)、相关增值服务(贴标签、商品分拣包装等)以及合规服务(检验检疫及清关)。

5.金融支付服务

亚马逊的五种收款方式有美国银行账户、中国香港银行账户、World First、P 卡和“金融服务公司”。美国银行账户需要用户本人到美国或者由中介公司代理注册美国公司，然后开通美国银行账户。中国香港银行账户需要先注册香港公司，费用约为几千元人民币，周期在一个月以上。World First 账户分为个人账户和公司账户，个人账户持个人身份证即可开通，公司账户需要提交公司营业执照，开通时间一般在 1～3 天；World First 支持开通美元、欧元、英镑和加元四个币种，开户过程全免费。P 卡可开通个人账户和企业账户，支持美元和欧元两个币种。金融服务公司主要指 Ping Pong 金融，这是 2014 年成立的国内首家跨境收款平台，专注为中国跨境电商提供亚马逊收款服务。

6.目标客户

亚马逊的目标客户主要是两类：一类是买家，另一类是卖家。卖家分为专业卖家和个人卖家。在收费上，亚马逊向专业卖家每月收取 39.99 美元的固定费用，个人卖家则按照每笔 0.99 美元的手续费收取。除此之外，亚马逊还会根据所卖产品的不同，收取不同比例的交易费。平台收费细则如表 2-1 所示。

表 2-1 亚马逊平台收费细则

产品类目(Categories)	佣金比例(Referral Fee Percentage)	最低佣金(Applicable Minimum Referral Fee)
亚马逊设备配件	45%	$1.00
婴幼儿产品(包括婴幼儿服饰和配件)	15%	$1.00
图书	15%	—
相机、照片、手机设备、消费电子	8%	$1.00
DVD 音乐	15%	—
电子配件	总销售额小于或等于$100的部分按15%计算;总销售额大于$100的部分按8%计算	$1.00
家具装饰、家具和园艺(包括宠物用品)、厨房用品	15%	$1.00
大家电	总销售额小于或等于$300的部分按15%计算;总销售额大于$300的部分按8%计算	$1.00
个人电脑	6%	$1.00
珠宝	20%	$2.00
鞋、包、太阳镜	15%	$1.00
手表	总销售额小于或等于$1500的部分按16%计算;总销售额大于$1500的部分按3%计算	$2.00

注:"亚马逊平台收费细则"参考跋涉文化传媒.《跨境电商多平台运营实战基础》,电子工业出版社,2017年9月.

亚马逊是世界范围内最成功的电子商务企业,其平台开放,流量优质,利润高,吸引着全球各地的卖家。近几年亚马逊在中国发展得风生水起,不少中国卖家也通过入驻亚马逊拓展海外贸易的销售渠道。亚马逊平台是一个非常优质的 B2C 平台,消费者主要为发达国家的中产优质客户,对价格并不敏感,产品利润率有保证,非常适合中国的工厂或是在供应链方面有优势的品牌商。

二、亚马逊平台注册

亚马逊平台是面向全球的跨境平台,目前中国卖家主要是在以下站点:

美洲:美国、加拿大、墨西哥、巴西;

欧洲:英国、法国、德国、意大利、西班牙;

亚洲：中国、印度、日本；

大洋洲：澳大利亚。

亚马逊账户现有北美卖家账户、欧洲卖家账户、日本卖家账户。

(一)账号注册渠道

亚马逊卖家账号注册申请渠道可以分为三种：第一种是卖家个人通过网络进行注册；第二种是联络商务经理进行注册；第三种是找代注册公司进行注册，读者可以根据需要自行选择注册渠道。

(二)专业卖家注册的准备

由于大多数卖家都为专业卖家且多数以做美国站、英国站为主，所以本书主要以美国站的专业卖家为示例来进行讲解。要想在亚马逊美国站开店，在注册时需要进行一些准备工作，主要包括以下几点：

(1)一台具有独立 IP 地址的电脑。亚马逊美国站在账户关联上有非常强的侦查手段，所以最好为亚马逊账户准备独立的电脑和网络，而亚马逊账号的操作也最好只限于在这台电脑上进行。

(2)一张可透支的 Visa 信用卡或 Master 信用卡与有效的账单地址。国内很多银行可以帮你，如招商银行的 Visa 双币信用卡、华夏银行的 MasterCard 双币信用卡。信用卡主要用来进行账户验证以及支付亚马逊平台中的各种费用。

(3)一个从未注册过亚马逊卖家账号的手机号码。

(4)一个从未注册过亚马逊卖家账号的邮箱。最好用国际邮箱，如 yahoo.com，gmail.com，hotmail.com 等，该邮箱为亚马逊登录邮箱。尽量不要使用企业邮箱。

(5)需要企业的营业执照及组织机构代码证，三证合一的只需要提供营业执照。

(6)一张用来收款的银行卡 Payoneer 或者 World First 卡。建议使用 P 卡即 Payoneer 卡。此卡主要用来收款，卡的申请是免费的。需要注意的是，国内的银行卡是不能使用的。但是可以将 P 卡的资金转到国内银行卡后再提现，这样扣的手续费会更少。

(三)亚马逊卖家账号注册

亚马逊卖家账户分为专业卖家账户和个人卖家账户，两种账户的注册流程大同小异。作为新手卖家，可以销售超过 20 个产品品类，如果只是计划卖出少量的产品，可以考虑注册个人卖家；如果计划每月卖出超过 40 个规格的产品，应该考虑注册专业卖家。下面以美国站专业卖家账户为例，介绍卖家账户的注册流程(亚马逊平台每次注册卖家账号的流程略有不同，但原理是相同的)。

(1)登录 www.amazon.com，在网页最底部点击“Sell on Amazon”—“Start selling”，然后开始创建账户。如图 2-5、图 2-6 所示。

图 2-5　点击"Sell on Amazon"

图 2-6　点击"Start selling"

(2)创建新账户,填写姓名、邮箱地址、用户密码(用拼音或英文填写姓名),如图2-7所示。

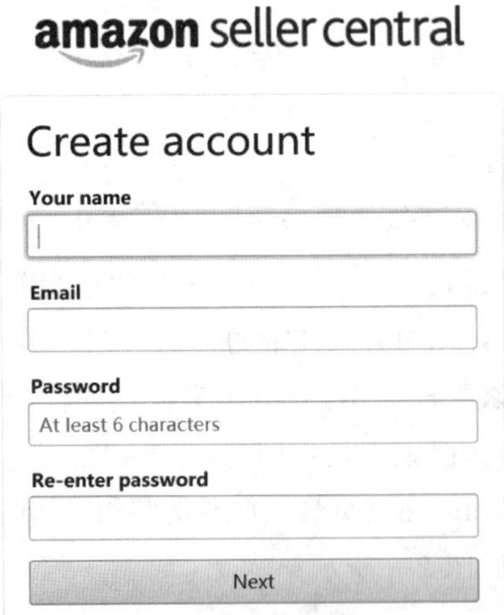

amazon seller central
Create account
Your name
Email
Password
At least 6 characters
Re-enter password
Next

图 2-7　填写账户相关信息

(3)填写名称(必须用英文填写),如果是企业就输入企业的名称,如果是个人就输入个人的名称，然后同意亚马逊的条款。如图 2-8 所示。

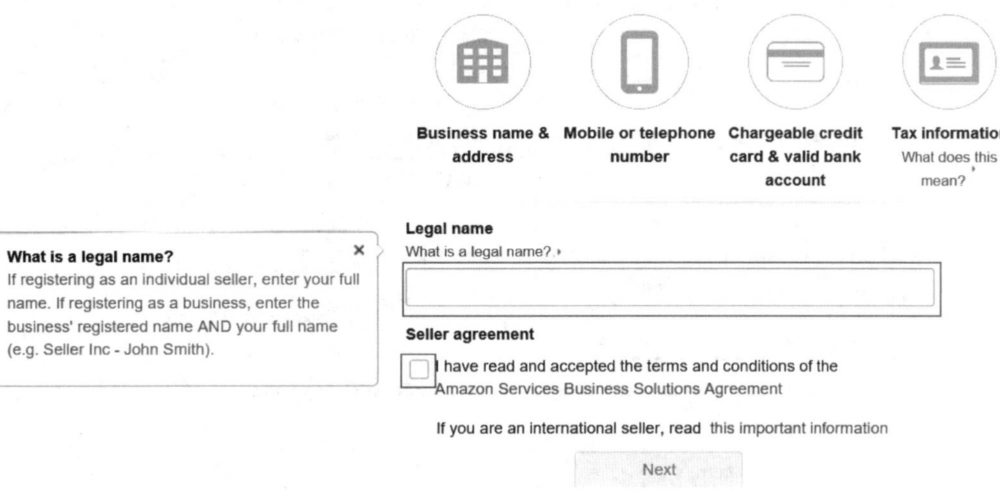

图 2-8　填写名称

(4)填写地址信息。如果不会写英文的地址，可以用拼音代替。如果在其他网站上还有开店，可以把店铺 URL 贴过来，如果没有就不用填，这不是必填项。最后是认证：

①有三次机会，如果一直接不到电话，请尽快更换为短信认证。

②特别要注意确认填写的手机号之前是否在亚马逊卖家系统出现过，如果有过，不管当时是出于什么用途，现在都不要用了，很容易产生关联。

③选择“Call”时，会弹出一个页面显示 PIN 以及四位数字，电话响后，输入进去即可；选择 SMS 时，会收到一位六位的 PIN 编码，输入弹出的页面即可，如图 2-9、图2-10 所示。

Hello. Tell us about your business.

Street address

The Huli District of Xiamen City, Fujian Province

City / Town

Xiamen

State / Region / Province

Fujian

Country

China

ZIP / Postal Code

361000

Choose your unique business display name

What is a business display name?

→ 用于前台显示，买家看得到的名称

If you sell your products online, enter your website URL (optional)

Why do we ask for this?

www.example.com

Select an option to receive a PIN to verify your phone number

Call SMS

Mobile number

+86 189 5923 8235

E.g. +1 206 266 1000

→ PIN码获取方式

SMS Verification Language

Chinese

Text me now

Next

图 2-9 填写地址信息及验证

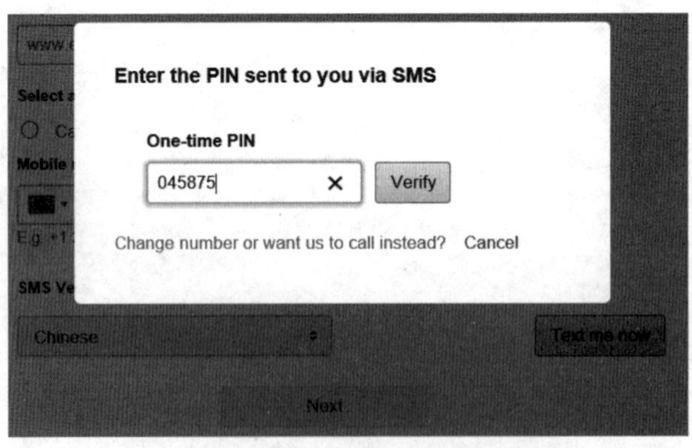

图 2-10 SMS 方式输入 PIN 码

(5)设置你的计费方式和收款方式,根据亚马逊的要求填写银行卡信息。如图2-11所示。

Set up your billing method

Your selling plan:
Professional selling plan　　view plan details

Your credit card information

Card Number　**Valid through**

4　6　1　/　2017

Cardholder's Name

XU HUITING

Huli District, Xiamen, Fujian, Xiamen, Fujian, 361000, CN

Add a new address

Set up your deposit method

Enter your bank information to receive payments from Amazon

Why do we ask for your bank information?

Bank Location

United States

Account Holder's Name　**9-Digit Routing Number**

XU HUITING　6　6

Bank Account Number　**Re-type Bank Account Number**

6　8　6　48

Back　Next

图 2-11　设置计费方式和收款方式

(6)上述信息通过后,接着进行税务信息调查。如图 2-12、图 2-13 所示。

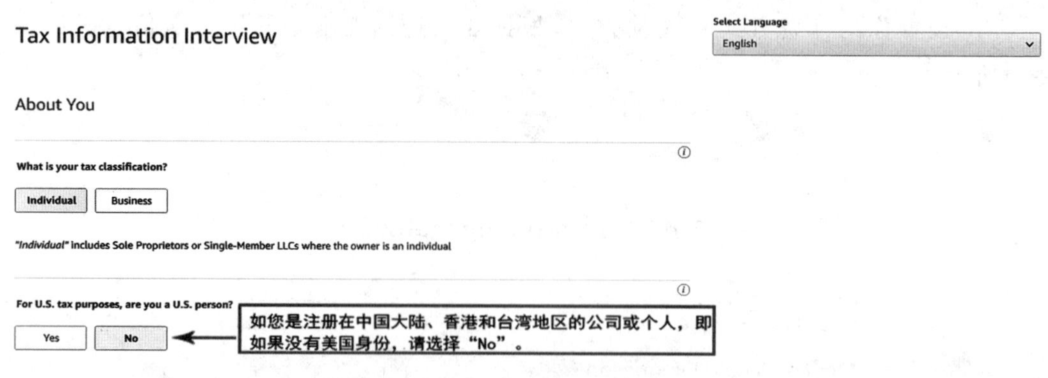

图 2-12 税务身份信息采集窗口

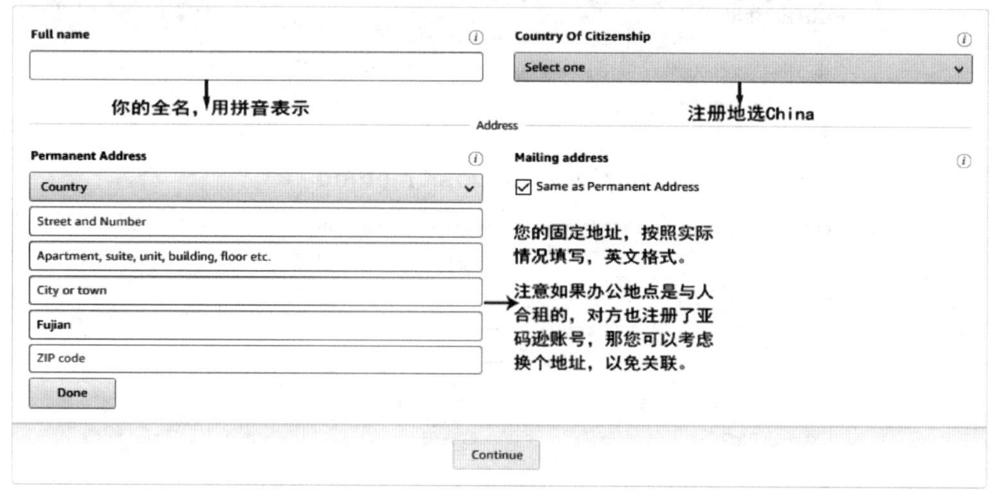

图 2-13 根据注册主体的性质，填写注册主体信息

（7）预览 W-8BEN 内容，如信息经检查后无误，请点击"Save and continue"，如图 2-14 所示。

amazon services seller central

Your Progress 50%

Tax Help

Tax Information Interview Guide

Tax Information Interview

Review

Review the taxpayer identification form to ensure the accuracy of your previous inputs. If any fields are not correct, please go back to the relevant screen and update your information.

Form W-8BEN

Certificate of Foreign Status of Beneficial Owner for United States Tax Withholding and Reporting (Individuals)

SUBSTITUTE (February 2014)

Do NOT use this form if:	Instead, use Form:
• You are NOT an individual	W-8BEN-E
• You are a U.S. citizen or other U.S. person, including a resident alien individual	W-9
• You are a beneficial owner claiming that income is effectively connected with the conduct of trade or business within the U.S. (other than personal services)	W-8ECI
• You are a beneficial owner who is receiving compensation for personal services performed in the United States	8233 or W-4
• A person acting as an intermediary	W-8IMY

Part I　Identification of Beneficial Owner

1 Name of individual who is the beneficial owner

Ka Haolin

2 Country of citizenship

China

3 Permanent residence address (street, apt. or suite no., or rural route). Do not use a P.O. box or in-care-of address.

chang ping qu tian long yuan

City or town, state or province. Include postal code where appropriate.

Beijing Beijing 102218

Country

China

4 Mailing address (if different from above)

City or town, state or province. Include postal code where appropriate.

Country

Part III　Certification

Under penalties of perjury, I declare that I have examined the information on this form and to the best of my knowledge and belief it is true, correct, and complete. I further certify under penalties of perjury that:

1. I am the individual that is the beneficial owner (or am authorized to sign for the individual that is the beneficial owner) of all the income to which this form relates or am using this form to document myself as an individual that is an owner or account holder of a foreign financial institution,
2. The person named on line 1 of this form is not a U.S. person,
3. The income to which this form relates is (a) not effectively connected with the conduct of a trade or business in the United States, (b) effectively connected but is not subject to tax under an income tax treaty, or (c) the partner's share of a partnership's effectively connected income,
4. The person named on line 1 of this form is a resident of the treaty country listed on line 9 of the form (if any) within the meaning of the income tax treaty between the United States and that country, and
5. For broker transactions or barter exchanges, the beneficial owner is an exempt foreign person as defined in the instructions.

Furthermore, I authorize this form to be provided to any withholding agent that has control, receipt, or custody of the income of which I am the beneficial owner or any withholding agent that can disburse or make payments of the income of which I am the beneficial owner. **I agree that I will submit a new form within 30 days if any certification made on this form becomes incorrect.**

Sign Here

Signature of beneficial owner (or individual authorized to sign for beneficial owner)　Date (MM-DD-YYYY)

Capacity in which acting

Exit without saving　Previous　Save and continue

图 2-14　预览 W-8BEN 内容

(8)提供电子签名。这里建议大家选择同意提供电子签名而不是通过 E-mail 发送表格,简单有效。选择电子签名后,会弹出多选项和输入框,全部勾选上,然后填写公司名或者你的名字、邮箱地址以及国家,点击“提交”即可。如图 2-15 所示。

Tax Information Interview

Tax Help

Tax Information Interview Guide

Consent to electronic signature

In order to electronically sign your tax identity document, it is necessary to obtain your consent. If you do not provide your consent, you will be presented with a printable version of your form after clicking the "Submit" button below. You will be required to print the form, sign it with blue or black pen, and mail it to the address that will be provided on the next page.

Electronic signature ◉ I consent to provide my electronic signature ○ No, I will mail the documents to you

电子签名的获取方式,建议用第一种,直接提供电子签名

Electronic signature

Under penalties of perjury, I declare that I have examined the information on this form and to the best of my knowledge and belief it is true, correct, and complete. I further certify under penalties of perjury that:

全选

- I am the beneficial owner (or am authorized to sign for the beneficial owner) of all income to which this form relates,
- The beneficial owner is not a U.S. person,
- The income to which this form relates is (a) not effectively connected with the conduct of a trade or business in the United States, (b) effectively connected but is not subject to tax under an income tax treaty, or (c) the partner's share of a partnership's effectively connected income, and
- For broker transactions or barter exchanges, the beneficial owner is an exempt foreign person as defined in the instructions.

Furthermore, I authorize this form to be provided to any withholding agent that has control, receipt, or custody of the income of which I am the beneficial owner or any withholding agent that can disburse or make payments of the income of which I am the beneficial owner.

The Internal Revenue Service does not require your consent to any provisions of this document other than the certifications required to establish your status as a non-U.S. person and, if applicable, to obtain a reduced rate of withholding.

By typing my name, date, and the e-mail address I use to access my account, I acknowledge I am signing the tax documentation under penalties of perjury.

Signature of beneficial owner (or Individual authorized to sign for beneficial owner) Type your name: 个人身份注册,就在此处填写个人姓名

The Internal Revenue Service does not require your consent to any provisions of this document other than the certifications required to establish your status as a non-U.S. person and, if applicable, to obtain a reduced rate of withholding.

个人身份注册,不需要填这些内容

By typing my name, date, and the e-mail address I use to access my account, I acknowledge I am signing the tax documentation under penalties of perjury.

Signature of beneficial owner (or Individual authorized to sign for beneficial owner) Type your name: Yan Dandan —— 此处写法人拼音名字

Capacity: - Select One - —— 职位,个人就写 individual

Date mm-dd-yyyy: 09-24-2014

E-mail address Your Amazon account login: yiwuyiwei@sina.com —— 你注册的亚马逊账户邮箱

Once you are satisfied with the information presented in your W-8BEN, and you have signed the certification above, select the Submit button to send your document to Amazon.

Exit without saving Previous Submit

图 2-15 填写电子签名信息

(9)生成 W-8BEN 表格,点击“Exit interview”,结束调查,如图 2-16 所示。

amazon services
seller central

Your Progress 100%

Tax Help
Tax Information Interview Guide

Tax Information Interview

Your IRS Form W-8 has been received

Your information has been received. There is nothing else you need to do. We will contact you if we require additional information.

Form W-8BEN

Certificate of Foreign Status of Beneficial Owner for United States Tax Withholding and Reporting (Individuals)

SUBSTITUTE (February 2014)

Do NOT use this form if:	Instead, use Form:
• You are NOT an individual	W-8BEN-E
• You are a U.S. citizen or other U.S. person, including a resident alien individual	W-9
• You are a beneficial owner claiming that income is effectively connected with the conduct of trade or business within the U.S. (other than personal services)	W-8ECI
• You are a beneficial owner who is receiving compensation for personal services performed in the United States	8233 or W-4
• A person acting as an intermediary	W-8IMY

Part I　Identification of Beneficial Owner

1 Name of individual who is the beneficial owner

2 Country of citizenship: China

3 Permanent residence address (street, apt. or suite no., or rural route). Do not use a P.O. box or in-care-of address.

City or town, state or province. Include postal code where appropriate.

Country: China

4 Mailing address (if different from above)

City or town, state or province. Include postal code where appropriate.

Country

Part III　Certification

Under penalties of perjury, I declare that I have examined the information on this form and to the best of my knowledge and belief it is true, correct, and complete. I further certify under penalties of perjury that:

1. I am the individual that is the beneficial owner (or am authorized to sign for the individual that is the beneficial owner) of all the income to which this form relates or am using this form to document myself as an individual that is an owner or account holder of a foreign financial institution,
2. The person named on line 1 of this form is not a U.S. person,
3. The income to which this form relates is (a) not effectively connected with the conduct of a trade or business in the United States, (b) effectively connected but is not subject to tax under an income tax treaty, or (c) the partner's share of a partnership's effectively connected income,
4. The person named on line 1 of this form is a resident of the treaty country listed on line 9 of the form (if any) within the meaning of the income tax treaty between the United States and that country, and
5. For broker transactions or barter exchanges, the beneficial owner is an exempt foreign person as defined in the instructions.

Furthermore, I authorize this form to be provided to any withholding agent that has control, receipt, or custody of the income of which I am the beneficial owner or any withholding agent that can disburse or make payments of the income of which I am the beneficial owner. I agree that I will submit a new form within 30 days if any certification made on this form becomes incorrect.

Sign Here

Signature of beneficial owner (or individual authorized to sign for beneficial owner)　Date (MM-DD-YYYY)

Individual

Capacity in which acting

Print　　Exit interview → 点击此处结束调查

图 2-16　W-8BEN 表格

(10)填写产品信息并选择销售分类。完成上述步骤后,恭喜你！账户注册已完成,可以进入卖家后台进行管理了。

任务实施

实训任务 2-1:浏览跨境电商相关网站,对比主要的跨境电商平台

实训目的:

- 了解当前的国际贸易及跨境电商的国际国内经济形势;
- 理解一些重要的跨境电商相关热点问题;

• 掌握利用网络资源获取相关信息的方法。

实训指导：

浏览下列网站：

1.雨果网(http://www.cifnews.com/)

2.中华人民共和国商务部(http://www.mofcom.gov.cn/)

3.中国国际贸易学会(http://gmxh.mofcom.gov.cn/)

4.中国国际贸易促进委员会(http://www.ccpit.org/)

5.中华人民共和国海关总署(http://www.customs.gov.cn/)

6.亚马逊英文首页(https://www.amazon.com/)

7.全球速卖通(https://www.aliexpress.com/)

8.Wish(https://www.wish.com/)

9.敦煌网(https://www.dhgate.com/)

10.eBay(https://www.ebay.com/)

任务评价

任务编号	任务 2-1	任务名称	分析主要跨境电商平台
任务完成方式	小组协同完成		
任务评价内容			分值
跨境电商的国际国内经济形势分析是否全面详细			50
是否熟悉跨境电商相关的热点问题			25
是否掌握利用网络资源获取相关信息的方法			25
成绩评定			
小组评价　20%			教师评价　80%

任务二　跨境电商平台选品

任务导入

作为外贸公司的跨境电商专员，在开通跨境电商平台后，小张接下来的任务就是选品，选品是跨境电商全球网络零售成功与否的关键。好的产品不仅能带来可观的销量，还能提升店铺的整体流量，从而提升产品在搜索结果中的排序。选品要有正确的思路，不能凭主观感觉决策，而是要有依据，遵循一定的市场原则。选品要掌握一定的技巧，才能做到有的放矢。所以接下来，小张要了解海外消费者的消费特征和消费需求，了解跨境电商平台选品的原则，掌握亚马逊等平台销售产品的品类、特点，跨境电商平台选品的方法与工具。

任务分析

根据“任务导入”中的情境进行分析，跨境电商平台选品过程中要理解三个问题：(1)跨境电商选品的原则；(2)跨境电商选品的技巧；(3)跨境电商选品的工具。

知识学习

一、跨境电商选品的原则

选品过程不可只靠个人主观判断，应有市场调研、数据分析作为客观依据。以下是跨境电商选品的四项原则：

(一)判断目标市场用户需求和流行趋势

世界各地区买家的生活习惯、购买习惯、文化背景都不一样，一件商品不可能适合所有地区的买家。比如针对欧美市场的服装应该比针对亚洲市场的大几个尺码，针对巴西市场的饰品应该选择夸张且颜色鲜艳的款式。所以在选品之前，要先研究目标市场买家的需求，了解他们的消费习惯和流行趋势。

(二)了解平台特性及其产品定位

不同的跨境电商平台产品的定位也不同。卖家要对不同的跨境电商平台有足够的了解，掌握不同平台的特性和商业理念，掌握网站综合性定位对产品集成的要求。知道自己做的平台哪些品类是热销品，哪些品类是平台大力扶持的，明白什么样的产品更容易获得平台的推荐。比如 eBay 平台主要针对欧美、澳大利亚等发达国家，其平台优势在于拥有一些比较有特色的产品，产品质量要求相对较高，但是拼价格就不占优势，这一点除了生产型工厂之外。而全球速卖通则比较适合做发展中国家、欠发达国家，比如巴西、俄罗斯等市场，它的优势是可以利用价格优势攻克更多客户，同时全球速卖通还有一个优势就是即使是单一品类，它的供应链也是非常齐全的。对卖家要求最高的是亚马逊，它对产品质量要求高，致力于集中优势品牌做最好的跨境电商平台。

(三)适应跨境电商的物流运输方式

跨境电商的物流具有运输时间长、不确定因素多的特点，在运输途中可能出现天气突变、海关扣留、物流周转路线长等状况。不同国家和地区的物流周期相差较大，最快的 4～7 天送达，慢的需要 1～3 个月才能送达。在漫长的运输途中，包裹难免会受到挤压、抛掷等损害，也可能经历从冬天到夏天的温差变化。

所以，在选品时要考虑产品的保质期、耐挤压程度等因素；由于跨境物流费用高，选品时也要考虑其相应重量和体积所产生的物流费用是否在可承受范围内。

(四)判断货源优势

满足以上条件的情况下,还需要考虑自身是否有货源优势。对于初级卖家,如果其所处的地区有成规模的产业带,或者有体量较大的批发市场,则可以考虑直接从市场上寻找现成的货源。在没有货源优势的情况下,再考虑从网上寻找货源。

对于有一定销量基础且已经积累了销售经验的卖家,能够初步判断哪些商品的市场接受度较高时,可以考虑寻找工厂资源,针对比较有把握的产品,进行少量下单试款。

对于经验丰富且具有经济实力的卖家可以尝试先预售,确认市场接受度后再下单生产,这样可以减少库存压力和现金压力。

二、跨境电商选品的技巧

选品的技巧有很多,卖家可以去尝试不同的技巧,找到适合自己的选品方法,下面分享3种选品技巧。

(一)评价数据分析法

评价数据分析包括差评数据分析和好评数据分析。其中,差评数据分析就是通过收集平台上热卖产品的差评数据,从中找出顾客不满意的地方,然后对产品进行改良,或者是开发能够解决客户痛点的产品。评价数据分析法抓取产品差评数据为主,同时也要兼顾分析商品好评数据,从中寻找客户对产品真正的需求点和期望值。

概括来说,评价数据分析法就是从产品好评中挖掘需求痛点,从差评中寻找产品的不足之处并对产品进行完善。

(二)产品组合分析法

产品组合分析法是指利用产品组合的思维来选品。在建立产品线时,核心产品占20%,用以获取高额利润;爆款产品占10%,用以获取流量;基本产品占70%,用以配合销售。选品应该兼顾到不同的目标客户,不能将所有的产品都选在同一个价格段和保持同一品质等级。不同价格和不同的品质等级产品能吸引不同的目标客户,从而产生更多的订单。

对于核心产品来说,应该选择小众化、利润高的产品;爆款产品应该选择热门产品或者是紧跟当前热点并要流行的产品;基础产品应该选择性价比高的产品。无论是核心产品、爆款产品还是基础产品,选品的时候都必须对产品的毛利进行评估。简单地说,计算毛利的公式如下:

单品毛利=销售单价-采购单价-单品运费成本-平台费用-引流成本-运营成本

(三)行业动态分析法

从行业的角度研究品类,每个品类都是建立在中国制造的产品面向国外出口的整个行业背景下。了解中国出口贸易中某个品类的市场规模和国家分布,对于认识品类的运作空间和方向,有较大的指导意义。目前,了解某个品类的出口贸易情况,主要有以下3种途径:

1.第三方研究机构或贸易平台发布的行业或区域市场调查报告

第三方研究机构或贸易平台具备独立的行业研究团队和全球化的研究视角与资源，因此，他们发布的研究报告，往往可以给我们带来较系统和全面的行业信息。以下为目前公开发布的行业研究报告：

(1)中国制造网行业分析 http://service.made-in-china.com/market-analysis.html。

(2)敦煌网行业动态 http://seller.dhgate.com/industry-trends/report/list_1.html。

2.行业展会

行业展会是行业中供应商为了展示新产品和技术、拓展渠道、促进销售、传播品牌而进行的一种宣传活动。参加展会，可以获得行业最新动态和企业动向。可登录深圳会展中心官网(http://www.szcec.com/)和中国行业会展网官网(http://www.31expo.com/)查询展会信息。

3.出口贸易公司或工厂

产品专员在开发产品时，需要与供应商进行直接的沟通。资质较老的供应商，对所在行业的出口情况和市场分布都很清楚，通过他们，产品专员可以获得较多有价值的市场信息。需要注意的是，产品专员需要先掌握一定的行业知识后，再与供应商进行沟通。

三、跨境电商选品的工具

从选品数据来源看，数据分为外部数据和内部数据。外部数据是指企业以外的其他公司、市场等产生的数据；内部数据是指企业内部经营过程中产生的数据信息。卖家可以通过跨境电商平台卖家后台提供的数据，或者第三方数据分析平台提供的数据了解到产品的相关市场信息。

(一)第三方选品数据分析工具

常用的第三方选品数据分析工具有 Google Trends、KeywordSpy、Alexa 等，如表 2-2 所示。通过 Google Trends 工具分析品类的周期性特点，把握产品开发先机；借助 KeywordSpy 工具发现品类搜索热度和品类关键词，同时借助 Alexa 工具，选择出至少 3 家该品类中以该市场作为主要目标市场的竞争对手网站，作为对目标市场产品品相分析和选择的参考。

表 2-2 常用选品分析工具

工具名称	工具地址	查询条件
Google Trends	https://trends.google.com	关键词、国家、时间
KeywordSpy	http://www.keywordspy.com/	关键词、站点、国家
Alexa	http://alexa.chinaz.com/	站点

1.Google Trends

工具地址 https://trends.google.com。

Google 搜索对于跨境电商卖家来说是很实用的工具。在 Google Trends 里可以看得到每个关键词的搜索趋势，可以根据升高或降低来判断产品最近的销售趋势。下面以“swimwear”为例讲解 Google Trends 的使用方法。

如图 2-17 所示，搜索“swimwear”(泳装)关键词，可以看到在过去一段时间内该关键词在全球被搜索的趋势变化。图中曲线显示，过去 5 年时间“swimwear”的搜索量没有明显变化，但是随着季节变化有明显的起伏规律。可以确定全球市场对“swimwear”的需求是稳定的，而且会集中在天气温暖的几个月份。

图 2-17 显示不同国家搜索“swimwear”的热度。很明显，澳大利亚对“swimwear”的需求最多，其次是英国与新西兰。右侧显示了搜索量最高的几个地区，接下来结合国家来具体分析。

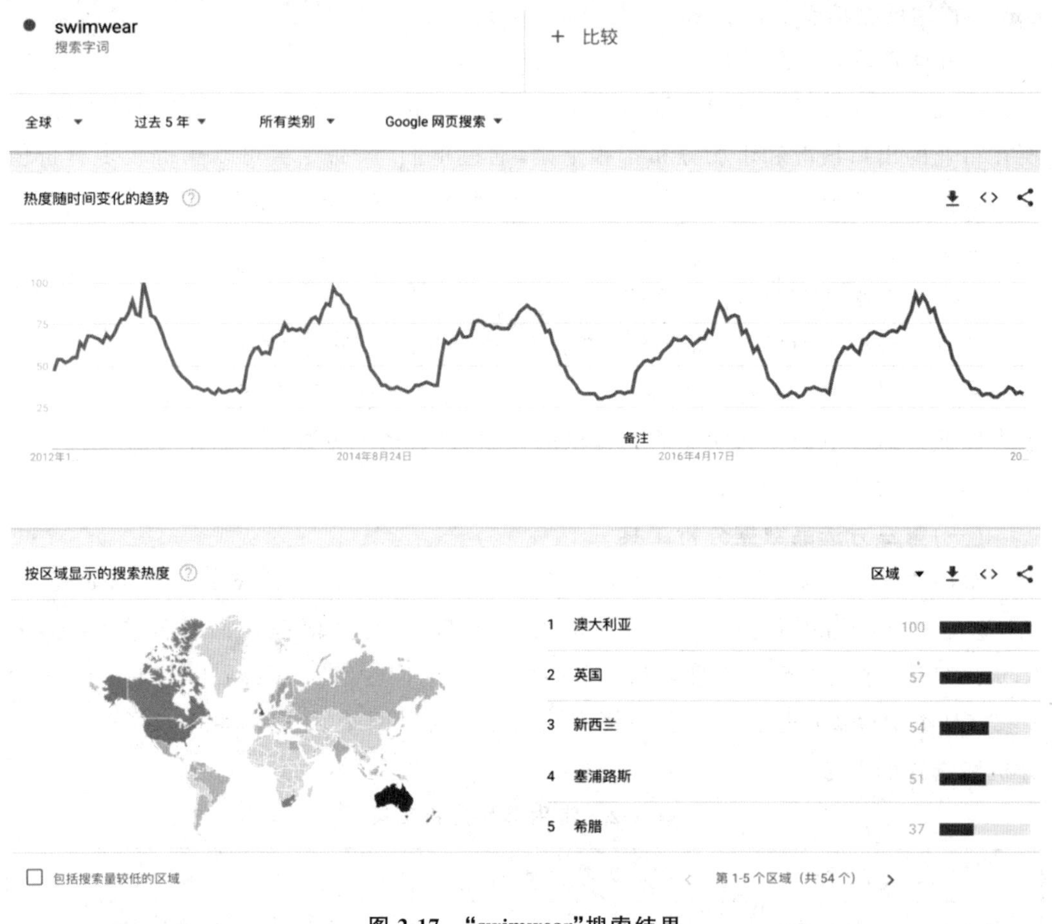

图 2-17 “swimwear”搜索结果

选择国家分别为美国和澳大利亚，设置搜索时间范围为“过去 12 个月”。美国的搜索结果如图 2-18 所示，澳大利亚的搜索结果如图 2-19 所示。

由图 2-18 与图 2-19 可以看出，在北半球的美国，5～7 月为“swimwear”搜索的高峰期，而在南半球的澳大利亚，9 月至次年 1 月为“swimwear”搜索的高峰期。因此，对于美国市场的产品开发，要在 3～4 月完成，而对澳大利亚市场的产品开发，则需要在 8～

9 月内完成。卖家需要把握目标市场品类热度的周期规律，否则会错过市场高峰。

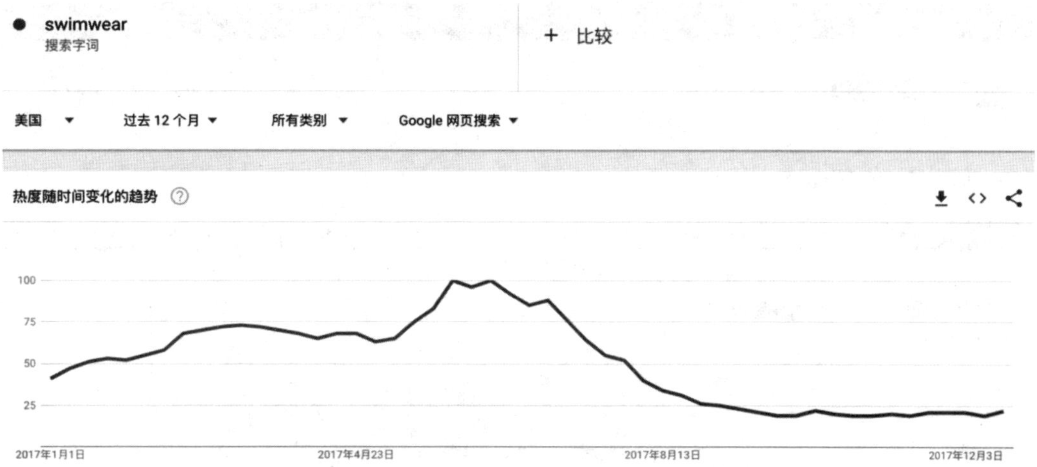

swimwear
搜索字词
＋ 比较
美国 ▾　过去 12 个月 ▾　所有类别 ▾　Google 网页搜索 ▾
热度随时间变化的趋势
100
75
50
25
2017年1月1日　2017年4月23日　2017年8月13日　2017年12月3日

图 2-18　"swimwear"过去 12 个月在美国的搜索热度

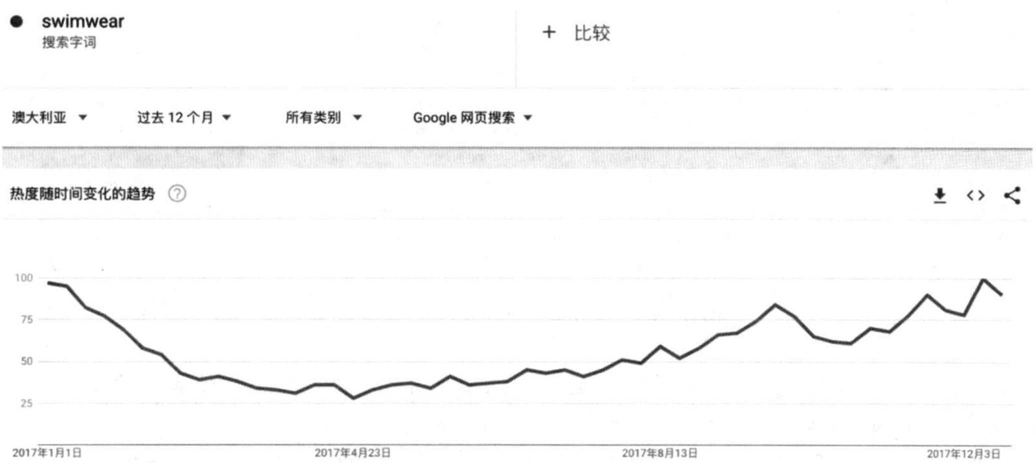

swimwear
搜索字词
＋ 比较
澳大利亚 ▾　过去 12 个月 ▾　所有类别 ▾　Google 网页搜索 ▾
热度随时间变化的趋势
100
75
50
25
2017年1月1日　2017年4月23日　2017年8月13日　2017年12月3日

图 2-19　"swimwear"过去 12 个月在澳大利亚的搜索热度

2.KeywordSpy

以"swimwear"为例，选择美国为分析市场，查询条件选择 Keywords，单击"Search"，如图 2-20 所示。

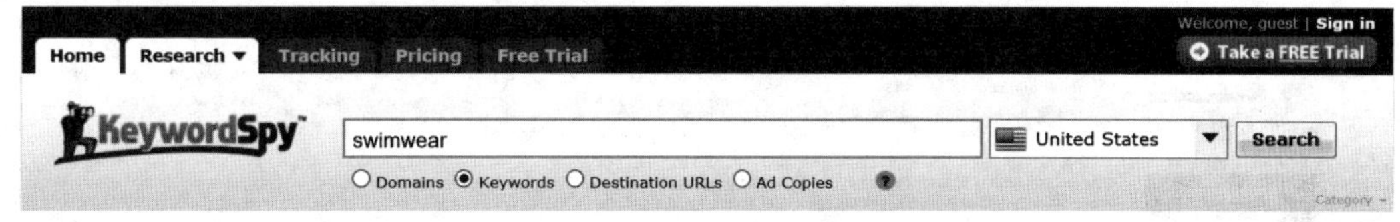

图 2-20　设置搜索条件

搜索结果如图 2-21 所示。图 2-21 数据表明，在美国市场，"swimwear"的月搜索量达到约 500 万次，市场热度较高。搜索量最大的几个关键词，如 swimsuits、swimsuit、bathing suit、swim suits 等，而其他关键词可以作为长尾关键词，这些关键词用于产品搜索、产品信息加工中的命名及描述，会大大提升 SEO 的优化水平。

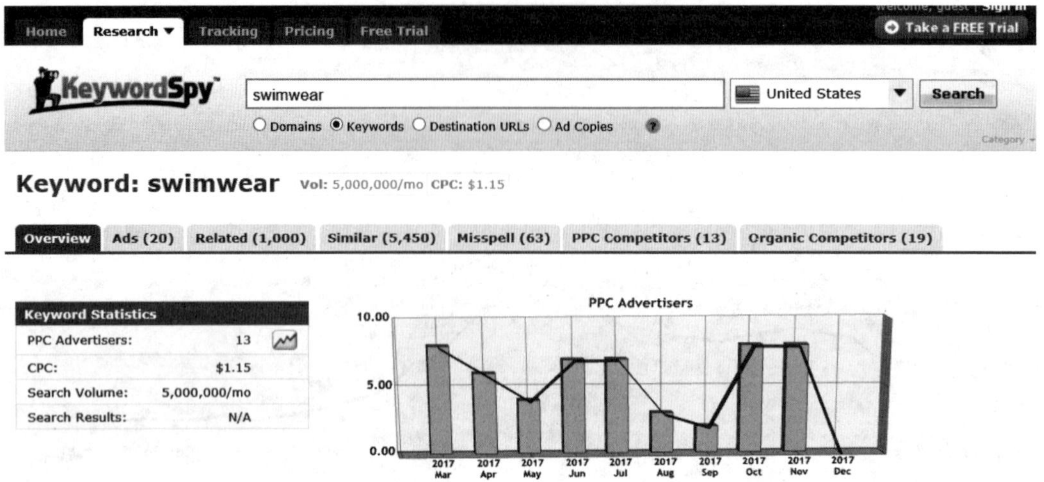

Related Keyword Overview

Related (1,000)	Search Volume	CPC	Related	Search Volume	CPC
swimsuits	5,000,000/mo	$1.12	tankini top	27,100/mo	$1.38
swim suits	3,350,000/mo	$1.19	ladies swimwear	33,100/mo	$1.53
swimsuit	11,100,000/mo	$1.12	one piece bathing suits	110,000/mo	$1.27
swim wear	1,220,000/mo	$1.13	man swimwear	18,100/mo	$1.07
womens swimwear	90,500/mo	$1.64	sexy swimware	480/mo	$0.93
large cup size swimwear	390/mo	$1.30	string bikinis	135,000/mo	$0.64
large bust swimwear	22,200/mo	$1.09	bathing suit	4,090,000/mo	$1.11
brazilian swimwear	18,100/mo	$0.64	designer swimwear	49,500/mo	$1.15
bathing suits	4,090,000/mo	$1.09	bandeau swimsuit	60,500/mo	$1.22
women's swimwear	110,000/mo	$1.52	swimwear for women	301,000/mo	$1.51

图 2-21 “swimwear”在美国的搜索热度

图 2-22 所示为“swimwear”这个关键词所对应的主要竞争对手网站的站点列表。

Search Results: **1 - 10** out of **13** ppc competitors

No.	Screenshot	Domain	PPC Budget	PPC Statistics	Organic Statistics	Last/First Seen
1.		ae.com	$236	PPC Keywords: 7,589 PPC Competitors: 26,057	Organic Keywords: 3,685 Organic Competitors: 850	19 Nov 2017, 03:47 PM 11 Nov 2011, 04:38 AM
2.		SwimsuitsForAll.com	$59	PPC Keywords: 1,506 PPC Competitors: 1,236	Organic Keywords: 2,094 Organic Competitors: 424	15 Nov 2017, 04:38 PM 06 May 2011, 06:17 AM
3.	Tunic SALE	WomanWithin.com	$45	PPC Keywords: 2,425 PPC Competitors: 7,334	Organic Keywords: 3,125 Organic Competitors: 464	15 Nov 2017, 04:38 PM 15 Nov 2017, 04:38 PM
4.		SwimOutlet.com	$143	PPC Keywords: 7,627 PPC Competitors: 18,138	Organic Keywords: 12,772 Organic Competitors: 692	15 Nov 2017, 04:38 PM 11 Aug 2009, 01:11 PM

图 2-22 “swimwear”所对应的主要竞争对手网站列表

3.Alexa——网站目标市场及分布

以 www.amazon.com 为例，在搜索框输入网址，如图 2-23 所示。

当前位置： 站长工具 > Alexa排名查询 > amazon.com网站Alexa排名

迅速提升网站世界排名	关键词推广竞价创意查询	提升世界排名—7A团队	招代理 世界排名+艾瑞	金丝缘保暖内衣 招代理
提升排名+提升IP流量	站长词库--关键词挖掘分析	快速！提升排名+IP	QQ：80073	提升世界排名-选7A团队

amazon.com　查看分析　更新网页缓存

图 2-23　在搜索框输入网址

在查询结果页面，重点关注 amazon.com 这个网站的日均 IP(代表网站整体知名度)(如图 2-24 所示)及该网站在各个地区的排名(代表网站在各个地区的知名度)(如图2-25所示)。

图 2-24　amazon.com 的日均 IP 浏览量和日均 PV 浏览量

国家/地区排名、访问比例

国家/地区名称 [14 个]	国家/地区代码	国家/地区排名	页面浏览比例	网站访问比例
印度	IN	23	1.2%	2.5%
西班牙	ES	36	0.4%	0.8%
美国	US	4	77.3%	68.6%
澳大利亚	AU	18	0.5%	0.8%
英国	GB	30	0.7%	1.6%
法国	FR	47	0.4%	0.8%
韩国	KR	20	1.0%	1.1%
意大利	IT	41	0.4%	0.8%
墨西哥	MX	29	0.4%	0.6%
加拿大	CA	14	1.0%	1.7%
日本	JP	17	2.9%	3.4%
中国	CN	45	4.7%	3.8%
其他	O	--	8.6%	12.2%
德国	DE	43	0.5%	1.1%

图 2-25　amazon.com 在各个地区的排名

通过图 2-25，可以得出结论：amazon.com 这个网站以美国为主要目标市场，且在美国有较高的知名度。再结合 KeywordSpy 工具的分析，可以确定：amazon.com 可以作为在美国乃至北美市场的泳装类别参考网站，用于研究适合美国市场的泳装产品的品相及价格。

此外，可用 Google Analytics(http://www.google.cn/analytics/)对内部数据进行分析。内部数据是已上架的产品产生的销售信息(流量、转化率、跳出率、客单价等)，可作为选品成功与否的验证，也可用于以后选品方向的指导。

(二)站内选品工具

站内选品是通过跨境电商平台站内的一些工具来辅助卖家选品。如卖家可以参考亚马逊平台的自有销售排行榜来分析平台产品销售数据。以美国站为例,亚马逊自有排行榜有5个。

1.Best Seller(热销产品)

Best Seller排行榜列举的是亚马逊每个分类下最热销的产品款式,即亚马逊上最受欢迎的产品,数据每小时更新一次。

卖家可登录https://www.amazon.com/Best-Sellers/zgbs查找各个类目的热销产品,如图2-26所示,点击左侧查看各个类目的热销产品。

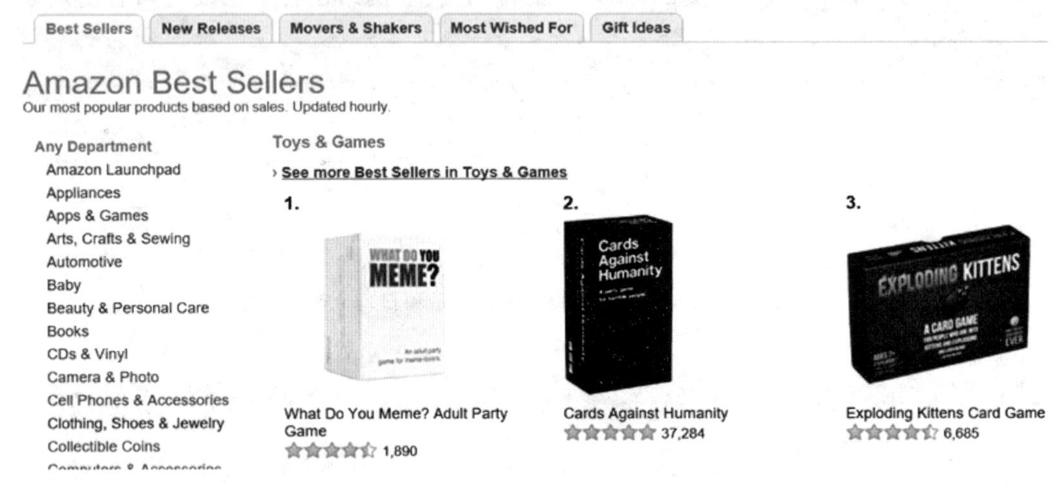

图2-26 单击查看每个类目的Best Seller

2.Hot New Releases(热销新品榜)

Hot New Releases是亚马逊平台基于产品销量得出的热门新品榜单,数据每小时更新一次。在这个榜单中可以查看目前在亚马逊平台最热销的新品,也可以预计将在亚马逊上热卖的潜力爆款产品。

卖家可以登录https://www.amazon.com/gp/new-releases,或者点击图2-26中的“New Releases”查看热销新品榜。如图2-27所示。

图 2-27　Children's Books 类目下 Hot New Releases 搜索结果

3.Movers & Shakers(销量飙升榜)

Movers & Shakers 工具与 Hot New Releases 有一定相似性，不同的是，它反映了一天内同类目销量涨幅最快的产品，通过它你可以找到哪些是潜力比较大的产品。

卖家可以登录 https://www.amazon.com/gp/movers-and-shakers，或者点击图 2-26 中的"Movers & Shakers"查看销量飙升榜。如图 2-28 所示。

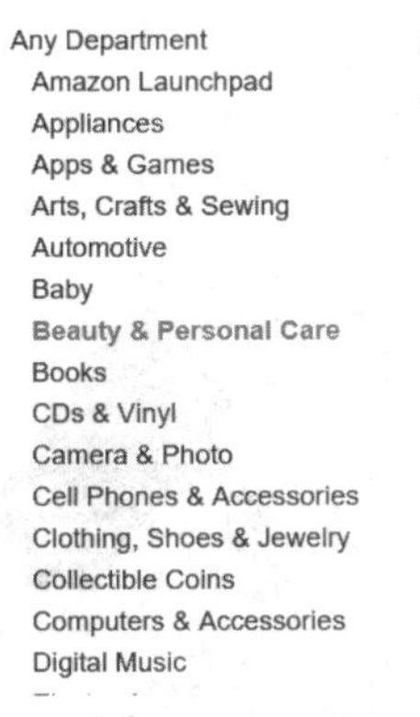

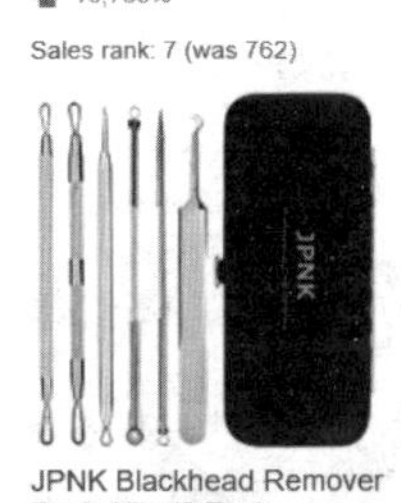

图 2-28　Beauty & Personal Care 类目下 Movers & Shakers 搜索结果

4.Most Wished For(收藏排行榜)

由于运费或其他原因，某些产品被很多买家加入了购物车却未付款，Most Wished For 收集的就是过去一段时间内买家最想买的一款产品的排名。

卖家可以登录 https://www.amazon.com/gp/most-wished-for，或者点击图 2-26 中的"Most Wished For"查看收藏排行榜。如图 2-29 所示。

图 2-29 Gift Cards 类目下子类目 New Year's 的 Most Wished For 搜索结果

5.Gift Ideas(礼品推荐榜)

Gift Ideas 是经常被买家作为礼品的产品榜单。买家们可以通过这个榜单来选择最心仪的礼物;而对卖家来说,这个榜单可以作为选品的参考,通过这个榜单可以知道目前买家们更愿意选择哪些产品作为礼物。

尤其在旺季的时候,作为礼品的产品会有很高的销量,如果卖家销售的产品带有节日元素,或者包装有节日元素,或者产品是针对某个年龄段的消费者设计的,通过关注这个榜单,卖家可以在节日来临之际更有针对性地备货。

卖家可以登录 https://www.amazon.com/gp/most-gifted/ref=zg_bs_tab,或者点击图 2-26 中的"Gift Ideas"查看礼品推荐榜。如图 2-30 所示。

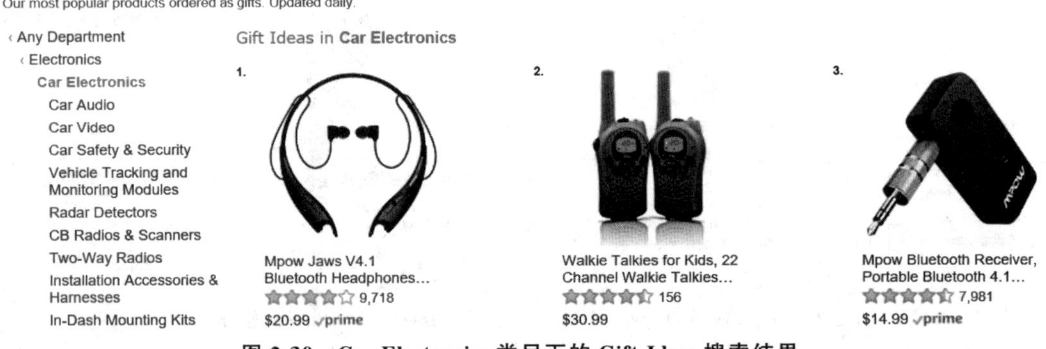

图 2-30 Car Electronics 类目下的 Gift Ideas 搜索结果

此外,卖家还可以使用专门针对亚马逊的第三方数据分析工具 TrendsAmazon(需要付费使用)来收集并整理产品信息。TrendsAmazon 可调研最佳卖家销量排名趋势、商品历史价格信息、客户评论数、好评百分比、卖家数量、各项产品信息得分、综合得分评比等,可以帮助卖家更方便地进行选品调研。

任务实施

实训任务 2-2:查看亚马逊平台产品品类以及受限商品,并查找产品所属类目

实训目的:

• 了解适合在亚马逊平台销售的产品和不适合销售的产品；
• 熟悉亚马逊平台产品品类；
• 掌握查看亚马逊平台产品禁限目录的方法；
• 掌握查看产品所属类目的方法。

实训指导：

(1)查看亚马逊平台产品类目。进入亚马逊美国站 https://www.amazon.com，查看首页产品类目，如图 2-31 所示。每个一级产品类目下有二级类目和三级类目。

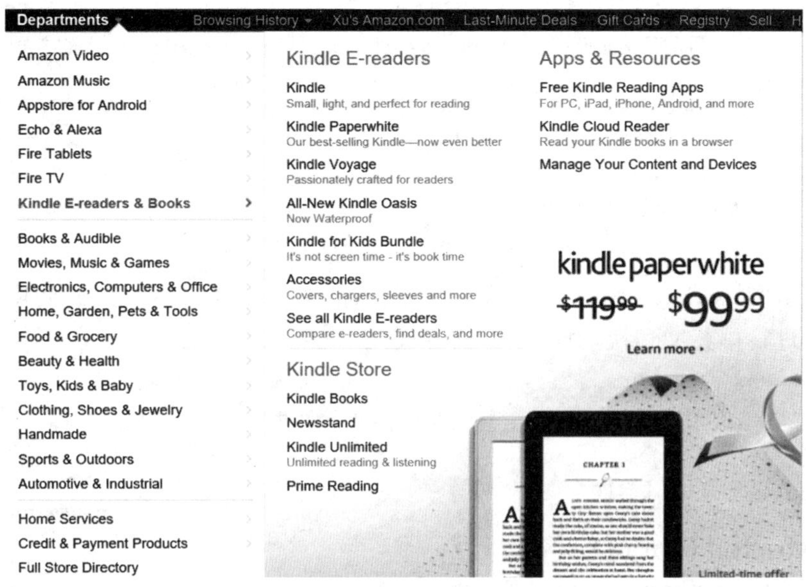

图 2-31　首页产品类目

(2)查看亚马逊受限商品目录。打开亚马逊卖家中心 https://sellercentral.amazon.com，如图 2-32 所示，输入账号与密码登录。

图 2-32　亚马逊卖家中心

(3)进入卖家后台，点击右上角的“Help”，如图 2-33 所示。在弹出的搜索栏中输入“Restricted Products”(或“受限商品”)，搜索结果如图 2-34 所示。

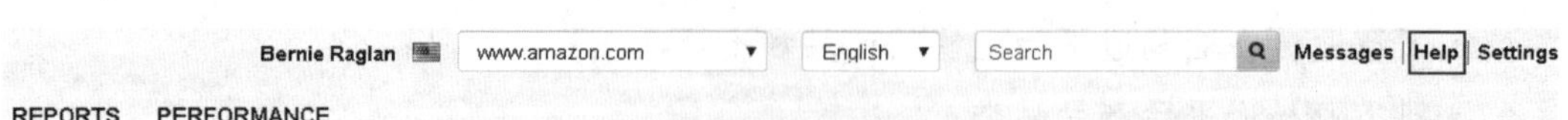

图 2-33　点击“Help”

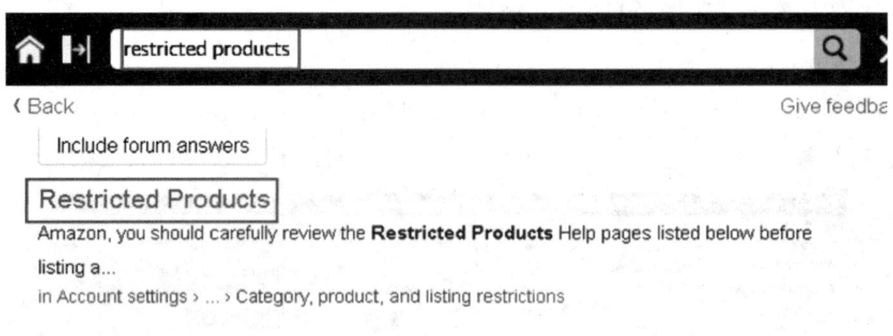

图 2-34　“Restricted Products”的搜索结果

(4)点击“Restricted Products”查看受限商品，如图 2-35 所示，熟悉受限商品目录(卖家可以进行中英文切换，查看中英文界面)。

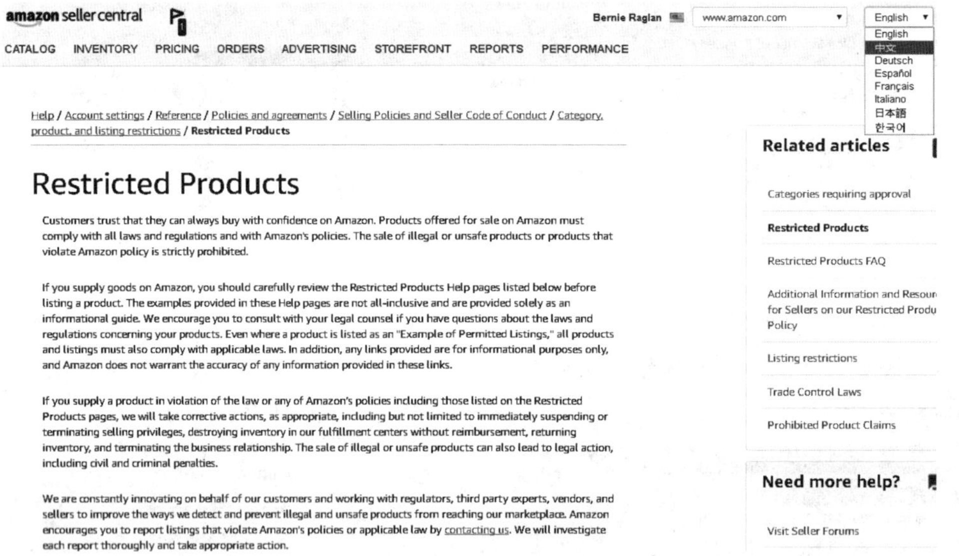

图 2-35　亚马逊受限商品

(5)点击图 2-36 查看每个产品类目所对应的受限商品，如点击“Lighting”，禁止销售的产品实例为：Incandescent light bulbs that violate applicable energy efficiency standards(不符合适用能效标准的白炽灯泡)。

(6)查找产品所属类目。找对产品分类直接影响日后产品的搜索排名，产品与类目的关联性越强，对搜索越有利。以产品手机壳 phone case 为例：在亚马逊前台页面搜索栏输入“phone case”，如图 2-37 所示。页面显示“phone case”搜索结果大部分都在“Cell Phones & Accessories”分类里，如图 2-38 所示。因此“phone case”的分类类目选择“Cell Phones & Accessories”比较合适。卖家也可以利用后台搜索功能，在后台搜索关键词“phone case”，亚马逊会给出推荐类目。

Restricted Products

- Alcohol
- Amazon Device Accessories
- Animals & Animal Products
- Art - Fine Art
- Art - Home Décor
- Automotive and Powersports
- Cosmetics & Skin/Hair Care
- Currency, Coins, Cash Equivalents, and Gift Cards
- Batteries and Chargers
- Dietary Supplements
- Drugs & drug paraphernalia
- Eclipse glasses and filters for solar viewing
- Electronics
- Fidget spinners
- Fire and other safety products
- Fire & Smoke Masks
- Food & Beverage
- Gambling & Lottery
- Hazardous & Dangerous Items
- Hoverboards
- Human Parts & Burial Artifacts
- Infant Car Seats
- Infant sleep positioners
- Jewelry & Precious Gems
- Laser products
- Lighting
- Medical Devices and Accessories
- Offensive and Controversial Materials
- Postage Meters & Stamps
- Recalled Products
- Seller Central intellectual property rights
- Stolen Property & Lock Picking Devices
- Surveillance Equipment
- Throwable Personal Flotation Devices (PFDs)
- Tobacco & Tobacco-Related Products
- Pesticides
- Plants, Plant Products, and Seeds
- FBA Prohibited Products exceptions
- Recycling electronics
- String Lights
- Subscriptions and Periodicals
- Warranties, Service Plans, Contracts, and Guarantees
- Weapons and related items
- Other

图 2-36　查看亚马逊受限商品

图 2-37 phone case 前台搜索栏

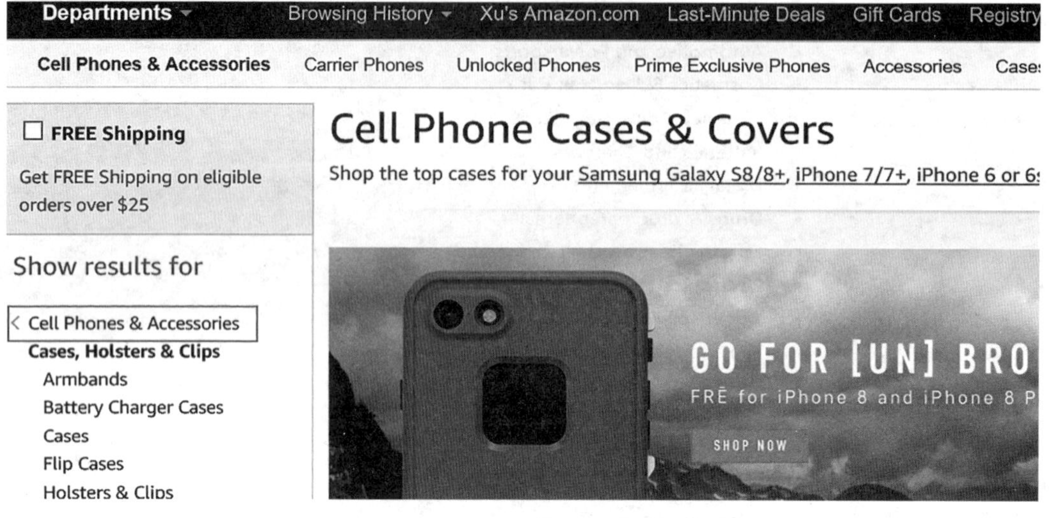

图 2-38 phone case 所属分类类目

任务评价

任务编号	任务 2-2	任务名称	查看亚马逊平台选品任务
任务完成方式	个人完成、小组协作完成		
任务评价内容			分值
能查看并汇总亚马逊平台产品类目			30
能查看并汇总亚马逊平台禁售产品			40
能快速查找产品所属品类			30
成绩评定			
自我评价 20%	小组评价 20%		教师评价 60%

任务三 产品定价与发布

任务导入

作为外贸公司的跨境电商专员，在掌握海外市场调研与选品的一般方法，了解了美国、欧盟和东南亚等国家和地区消费市场的特点后，近一段时间小张的主要任务是负责产品的价格核算，为产品的刊登和发布业务做准备。

任务分析

根据“任务导入”中的情境进行分析，在产品定价与发布任务中需要理解四个问题：(1)与跨境电商产品价格相关的术语；(2)影响商品定价的因素；(3)跨境电商产品定价的方法；(4)产品发布流程。

知识学习

一、与跨境电商产品价格相关的术语

与跨境电商产品价格相关的常用术语有上架价格、销售价格或折后价和成交价。

上架价格(List Price，LP)：是企业或个人的产品上传时在上传界面上所填写的价格。

销售价格或折后价(Discount Price，DP)：是产品在促销活动或打折等情况下，显示给客户的价格。

成交价格(Order Price，OP)：是买家在最终下单成交后，显示的所付款的单位价格。

这几个价格之间的联系如下：

销售价格＝上架价格×折扣

上架价格＝销售价格/(1－折扣率)

成交价格＝销售价格－营销优惠

二、影响商品定价的因素

(一)平台佣金

卖家在跨境电商平台销售产品，不同类目需要收取不同的佣金，佣金会影响卖家对产品的定价。

(二)生产成本或采购成本

不同类目的产品，所涉及的原材料、造价、工艺、生产周期不同，生产成本也不同。生产成本或采购成本对定价也有直接影响，倘若产品的生产成本或采购成本高，卖家为了保证利润，定价也会高一些。

(三)市场供需

市场需求对产品价格有很明显的影响。当市场出现受追捧的产品，造成供不应求，产品价格也会随之上调。但当这个产品被其他商家发现了，越来越多的店铺销售同样的产品，买家的选择多样化，卖家之间的竞争也会加大，利润会被稀释，也会影响到价格。

(四)营销推广费用

如果产品要做站内外的推广，会产生相应的推广费用。这些费用都会计入价格

之中。

(五)竞争对手价格

很多卖家在定价时,会先查看同行的售价,一些销量好的竞争对手的价格,有时也会成为卖家的参考价格。

(六)品牌形象定位

如果是大众品牌,针对一般消费能力的买家,价格也就较为亲民;如果是高端品牌,产品价格就会拔高。

(七)预期利润

预期利润也是影响价格的一个重要因素。卖家选品时会考虑产品是否有市场价值和利润可图。卖家对产品的预期利润越高,产品的定价也会越高。

(八)促销策略

每个电商平台都会有不同主题的促销活动。例如亚马逊有7.12会员日、"黑色星期五",这些重大促销节日来临时,卖家们会调整价格。

(九)资金周转

有些企业为了减少风险,快速运转资金,力求将产品快速售出,也会对价格进行控制调整,必要时会采用薄利多销的手段来刺激市场。

(十)运输费

卖家若是选择亚马逊FBA方式,那么在头程运输费和FBA仓的相关费用都会被计算到成本里面。

三、跨境电商产品定价的方法

(一)成本导向定价法

成本导向定价法,比较简单易懂,即在产品单位成本的基础上,加上预期利润作为产品的销售价格。采用成本导向定价方式的关键点,一是要准确核算成本,二是要确定适当的利润加成率,也就是百分比。根据成本价加费用加利润,来确定产品的销售价格,确定完产品的销售价格后,决定上架价格,要依据营销计划的安排来确定。

例如:从1688平台采购或从工厂采购某产品,成本是每件9元人民币,共100件,产品总重量为2500克(每件产品重量为25克),国内快递费或运输成本为8元人民币,银行美元买入价按1美元=6.5元人民币计算,假设平台目前的平均毛利润率15%,固定的平台技术服务费或佣金费率5%,部分订单产生的联盟费用3%~5%,我们可以按以下步骤计算推导:

首先,计算跨境物流费用。查询中国邮政小包价格表,按照第10区运费即最贵的运费报价包邮(价格:176元/千克,挂号费:8元,折扣8.5折),则跨境物流费用为:运费×折扣×计费重量+挂号费=176×0.85×25/1000+8=11.74(元人民币);

下一步计算销售价格,销售价格=(采购价+采购运费+跨境物流单位运费)/(1-平台佣金费率-联盟费用)/(1-利润率)/银行外汇买入价=(9+8/100+11.74)/(1-0.05-0.05)/(1-0.15)/6.5=4.187(美元/件)。其中,5%的联盟费用或营销费用不是所有订单都会产生，但以5%作为营销费用，较为合理。

其中还可以加入可预知风险，如可能投入的丢包及纠纷损失，如果按邮政小包丢包率1%来算，可以推算出：销售价格=（采购价+采购运费+跨境物流单位运费）/（1－平台佣金费率－联盟费用－丢包率）/（1－利润率）/银行外汇买入价=（9+8/100+11.74）/（1－0.05－0.05－0.01）/（1－0.15）/6.5=4.234（美元/件）。

（二）竞争导向定价法

竞争导向定价法，即定价基本依据市场上同类商品的价格，特点是随着同行竞争情况的变化随时来确定和调整其价格水平。如想要了解某商品同行的平均售价，具体做法是：在自己想要进入的跨境电商平台搜索产品关键词，按照拟销售产品的相关质量属性和销售条件，依照销售量大小进行排序，可以获得销量前10的卖家价格；如果想获得销量前10卖家的平均价格，可以按照销量前10的卖家价格做加权平均，再根据平均售价倒推上架价格。也可以依照产品的相关性进行排序，例如，在亚马逊平台，搜索产品关键词“iPhone X Case”（iPhone X手机套），依照相关性（Relevance）进行排序，搜索同行竞争卖家的价格，如果搜索到的前10卖家的价格差别很大，有益的参考价值有限，就需要依据销量前10的卖家价格计算其价格加权平均数，得到平均售价作为参考。

采用竞争导向定价法，更多地要参考商品的差异性和市场的变化因素。如果企业商品进入一个新的电商平台，可以参照销售商品十分近似企业的售价试水，并不是比竞争对手低的价格才是最好的定价。在与同行的同类商品竞争中，最重要的是不断培育自己商品的新卖点，培育新的顾客群，通过错位竞争和差别性的定价方法，找到商品最合理的价格定位。

四、产品发布流程

（一）商品上架流程

不同跨境电商平台的产品上传方式不尽相同，但都需涵盖设置产品标题、放置产品图片、计算产品价格、填写商品属性信息等环节。国外的一些跨境电商网站如亚马逊等则在上传产品时需制作表格。

由于上架的产品数量不断增多，为了便于管理，还需要填制产品信息表格，表格内容涵盖产品的编号、成本、重量、不同利润率下的价格等。一般产品的发布流程如图2-39所示。

（二）商品上架流程详解

（1）制作上架产品信息。在实际操作之前，应该制作出一系列的产品信息文件，包括：

主副图、详情页图.jpg　　价格.xls

标题.doc　　属性填写.doc

（2）创建新商品，选择产品所属类目。产品和类目的关联性越强，越有利于后期的搜索排名。那么卖家在发布产品的过程中怎么避免类目放错呢？

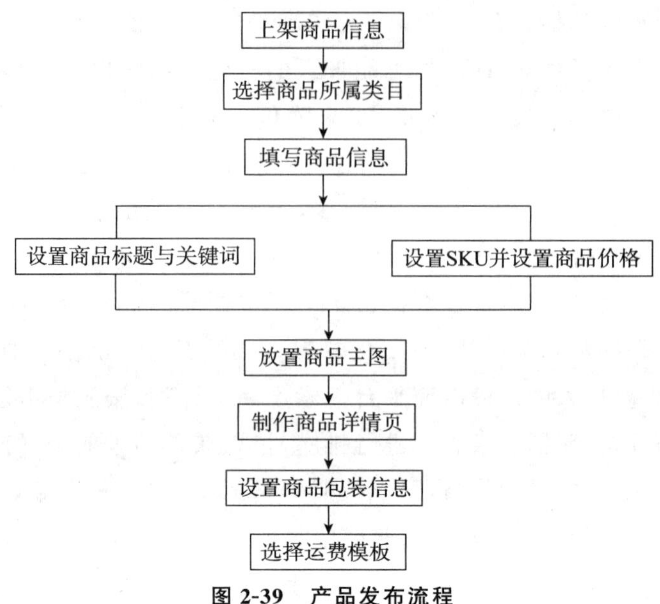

图 2-39 产品发布流程

首先,要对平台的各个行业、各层类目有所了解,知道自己所售商品从物理属性来讲应该放到哪个大类目下。

其次,可在线上通过商品关键词查看此类商品的展示类目,作为参考。

最后,根据自己所要发布的商品逐层查看推荐类目层级,也可以参考使用商品关键词搜索推荐类目,从而在类目推荐列表中选择最准确的类目,发布时要注意正确填写商品的重要属性。

(3)填写商品属性信息。产品属性是指产品各方面的信息。在网上交易时,卖家无法看到产品的真实信息,只能根据产品的图片、描述来进行判断,因此真实准确的属性信息对一个产品尤为重要。在发布产品时,属性填写应尽量准确,因为如果属性填写不准确,将会使买家在搜索时不能准确搜到自己想要的商品。

(4)创建多属性商品——变体。多属性商品一般适用于服饰类、珠宝首饰类商品。这种商品有多种尺寸、颜色等,我们称之为变体商品。卖家需要设置每种颜色、各个型号所对应的 SKU(Stock Keeping Unit,库存量单位)和价格。买家可以选择尺寸和颜色,当买家选择不同颜色时,商品的图片会随之变化,选择不同尺寸和颜色时,价格和库存等都将随之变化。

(5)制作商品详情页,具体阐述在后续章节展开。

(6)设置产品的包装信息和选择物流模板。产品包装信息要填写准确,避免不必要的纠纷。物流运费模板制作好之后,在发布产品的时候选择相应的物流模板即可。

任务实施

实训任务 2-3:亚马逊产品报价实训

实训目的:

• 了解亚马逊产品成本的构成；
• 掌握进行成本核算的方法；
• 掌握销售利润的计算方法。

以亚马逊平台销售到巴西市场的枪式安防监控摄像机为例，采用竞争导向定价法，即随行就市，根据竞争者的定价来制定报价。比如在网站批量采购该款产品的成本为 89.9 元人民币/台，而亚马逊平台同行的竞争者给的最终包邮定价为 41.72 美元/台，那么我们将报价定在 41.69 美元/台。请估算销售该产品的利润空间。

实训指导：

1.进行成本核算

(1)物流成本：根据 FBA 计算器，假设周转足够快，使用到的速递费为 91 元人民币，勘定物流成本为 100 元人民币。

(2)平台费用：平台的所有费用以 20%来估计(参考亚马逊的含税价，15%佣金等其他)，勘定为 18 元人民币。

(3)经营费用：需计算各种经营性费用，包括销售费用和管理费用等。计提为 10%，勘定 9 元/台。

(4)不可预测风险：主要包括退货、外汇损失以及其他风险。

退货风险是企业无法避免的风险之一，由于种种原因，当前没有针对跨境电商行业的退运费保险。运营初期，企业面临的道德压力较大，无理由退货应当作为企业的一种经营理念，因此应高估风险损失。我们假设有 20%的顾客选择退货，我们要为每一位顾客承担单程运费 100 元。因此可勘定 20 元/台的退货风险准备金。

对于外汇损失以及其他风险，考虑近期美元升值势头强劲，计提 5%作为汇兑损失，勘定为 4.5 元。大致的成本核算如表 2-3 所示。

表 2-3　成本核算表

项目	费用(元人民币)
进货价格	89.9
物流	100
平台	18
经营费用	9
退货	20
外汇及其他风险	4.5
合计成本	241.4

2.估算利润空间

根据 2018 年 1 月 6 日 11:00 时公布的美元买入价为 6.4875 元人民币，核定售价为 270.46 元人民币。综上所述，有：

销售利润＝销售收入(售价)－成本＝41.69×6.4875－241.4＝29.06(元人民币)

利润率＝销售利润÷销售收入×100%＝29.06÷(41.69×6.487)×100%＝10.75%

实训任务 2-4:亚马逊产品分类审核申请实训

为了保证对顾客的服务质量,亚马逊官方规定了卖家在添加部分产品时必须经过亚马逊官方的允许。这就是通常所说的"Categories Requiring Approval",也就是分类审核。

亚马逊的销售类目又把所有的可销售的类目分为限制类目和非限制类目。通常卖家申请账号后,只能够销售非限制类目的产品,如电子、家居等。其他的就是限制类目的产品,如服装、珠宝、食品、手表等。如果卖家想要销售限制类目的产品,就需要通过做分类审核来获取销售权限。简单来说,亚马逊的分类审核就是为了卖家的亚马逊账号能拥有限制类目产品的销售权而进行的一项单独的审核。

实训目的:

- 了解产品分类审核的原因;
- 掌握判断需要分类审核的类目的方法;
- 掌握分类审核申请的操作步骤。

实训指导:

(1)查看分类审核目录。进入亚马逊美国站卖家后台,点击右上角的"Help",如图 2-40 所示。在弹出的搜索栏输入"approval",搜索结果如图 2-41 所示。

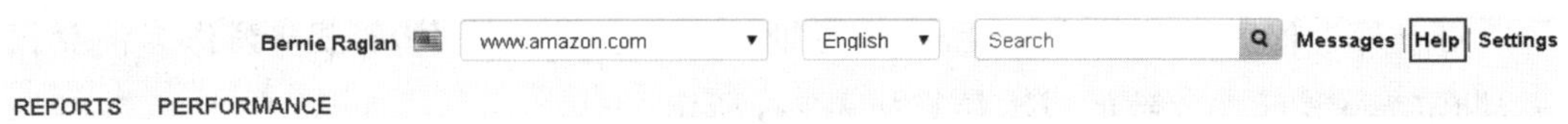

图 2-40 点击"Help"

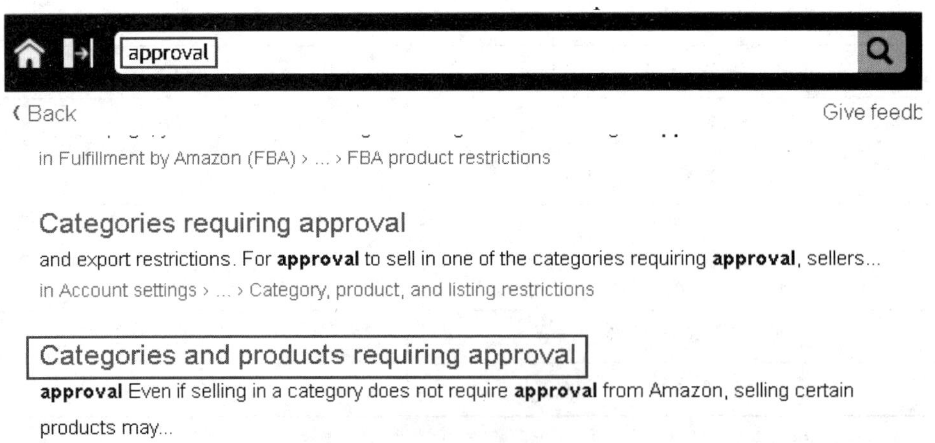

图 2-41 "approval"的搜索结果

(2)点击"Categories and products requiring approval "查看需要分类审核的商品,

查询结果如图 2-42 所示。需要说明的是，每个类目所填申请页面是不相同的。

图 2-42　需要批准的分类和商品

(3)点击“Watches”，进入新页面，点击下面的“Request approval”进入申请界面，如图 2-43 所示。

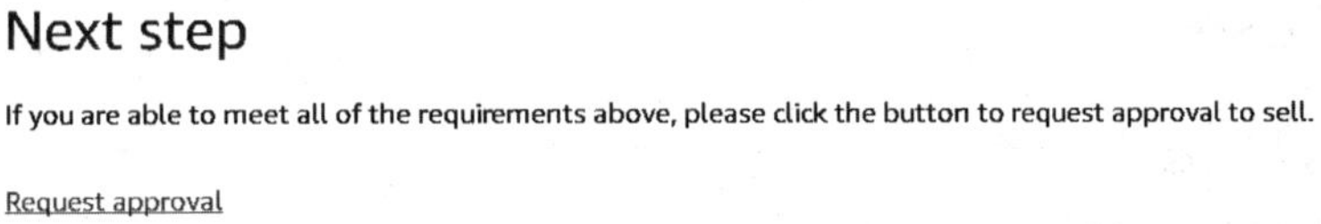

图 2-43　点击“Request approval”

(4)进入分类的销售许可申请界面，按要求提交所需的资质文档，如图 2-44 所示。

Selling application for Category

You are requesting approval to sell in the Watches category.

Submit required documents

At least 1 purchase invoice for products from a manufacturer or distributor

Make sure your invoices:

- Dated on or after Jul 7, 2017 (within 180 days)
- Include your name and address
- Include the name and address of the manufacturer or distributor
- Show the combined purchase of at least 10 units
- Omit pricing information (optional)
- Please note that we may verify your submitted documentation by contacting product vendors you identify in your application.

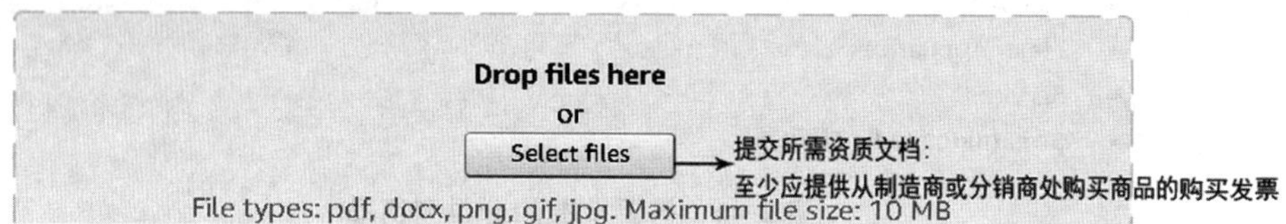

图 2-44 提交资质文档

（5）提供联系方式，同意并提交。如图 2-45 所示。

Optional **Comments**

Provide contact information

Email addresses Best email to contact you for questions

Use commas to separate addresses

Optional **Phone** Best number to call you for questions

Review and agree to the selling conditions

I agree that the products I sell in this category are:

- My products have UPCs or are registered in the Amazon Brand Registry Program.
- All products I intend to sell are NEW.
- All products I intend to sell are authentic. Counterfeit, replica, or knock-off products are prohibited on Amazon.

By clicking on Agree and Submit, I agree to the conditions. Save draft Agree and Submit

图 2-45 同意并提交

提交申请之后亚马逊会向卖家的注册邮箱发送一封邮件，告知申请已收到，会在 24 小时内回复。此外，卖家的后台将会产生一个手表分类审核的 case。卖家要做的就是跟踪并及时回复，按照亚马逊的要求进行操作即可。

实训任务 2-5：亚马逊产品发布实训

实训目的：

• 熟悉亚马逊产品发布的一般流程；
• 掌握亚马逊产品上传的操作步骤；
• 掌握销售亚马逊平台已有商品的操作步骤。

实训指导：

1.创建新商品

(1)进入卖家后台，点击屏幕左上角“Inventory”下面的“Add a Product”，如图2-46所示。

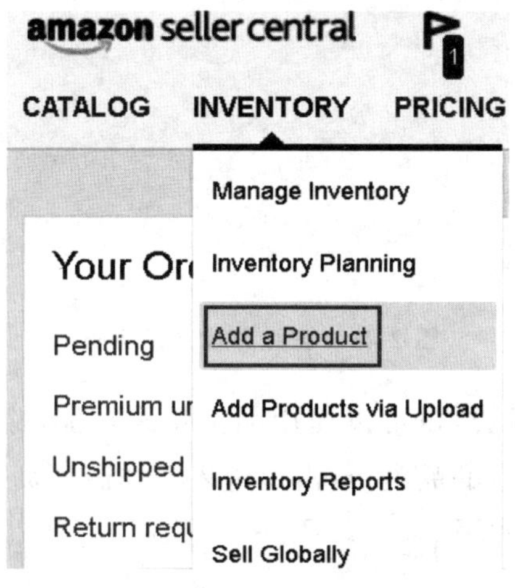

图 2-46　点击“Add a Product”

(2)在“Add a Product”页面点击“Create a new product listing”，如图 2-47 所示。

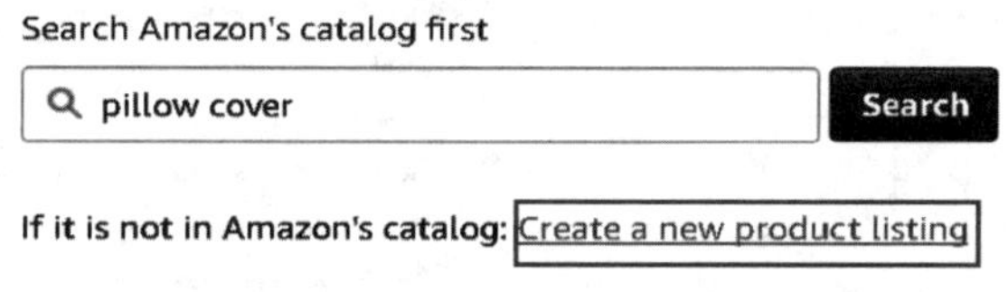

图 2-47　点击“Create a new product listing”

(3)在列表中选择商品详细品类，点击“Select”确认品类，如图 2-48 所示。

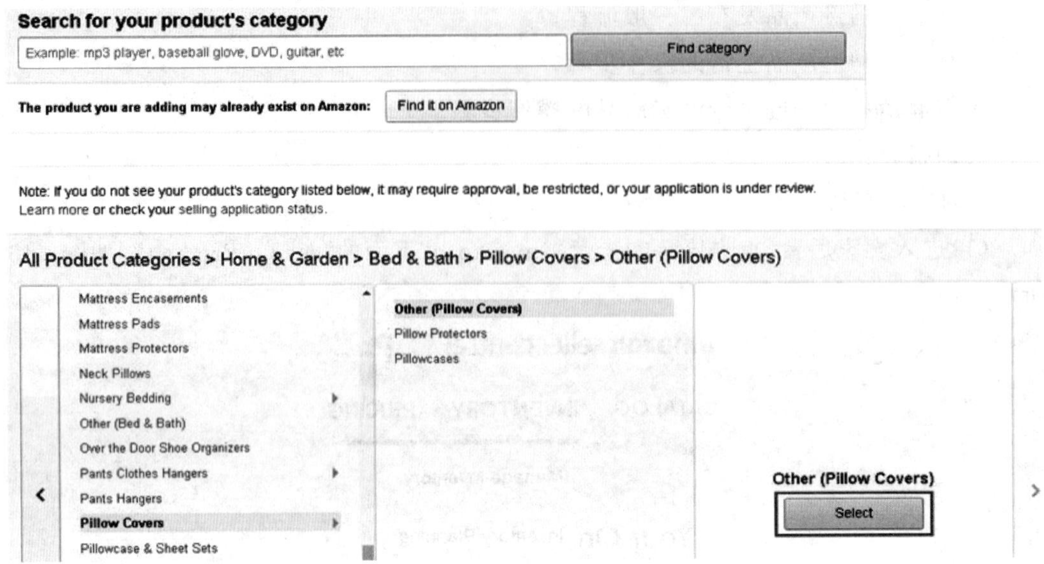

图 2-48　逐级寻找产品品类

(4)如果不确定商品品类,也可以使用品类搜索功能,输入品类关键字后,进行搜索。在搜索结果中选择相应的品类,点击后进入添加商品页面,如图 2-49 所示。

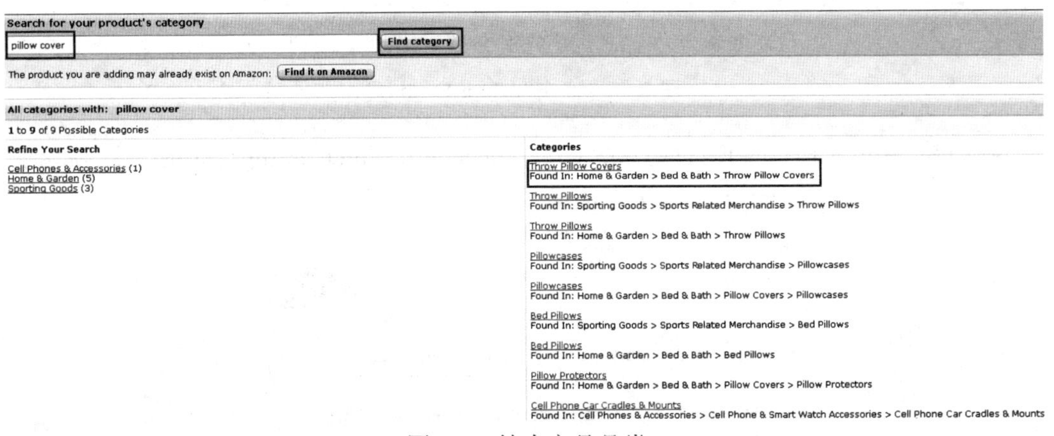

图 2-49　搜索产品品类

(5)接下来输入重要的商品信息,完成 Listing 的编辑,如图 2-50 所示(注意:不同产品的 Listing 界面不同)。

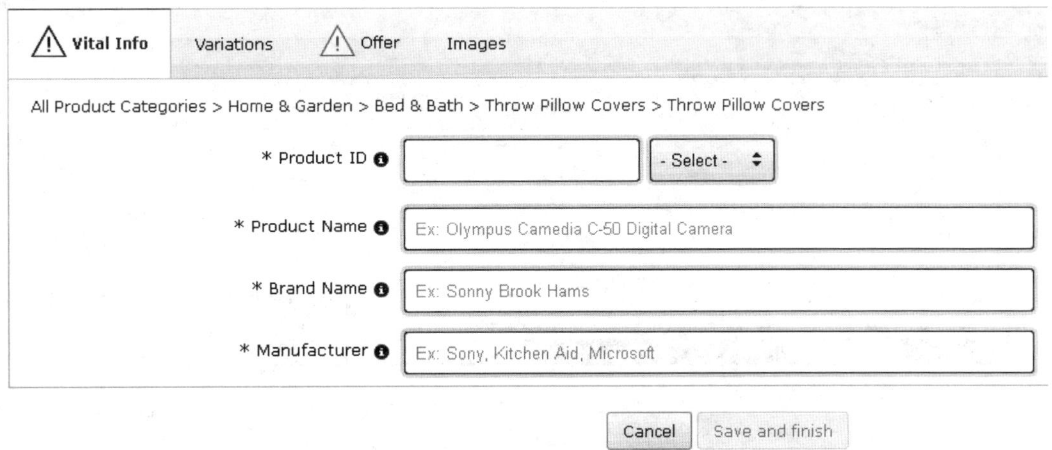

图 2-50　产品 Listing 的编辑

(6)创建多属性商品——变体。在 Variations 选项卡下找到"Variation Theme"，在"Variation Theme"中选择变体主题如尺寸、颜色或者尺寸＋颜色的组合等。如图 2-51 所示。

图 2-51　属性商品——变体设置

(7)选择变体主题后点击"Variations"标签进入增加尺寸颜色页面。在 Color、Size 菜单里增加商品的尺寸、颜色。点击"Add variations"按钮创建变体主题的组合，如图 2-52 所示。

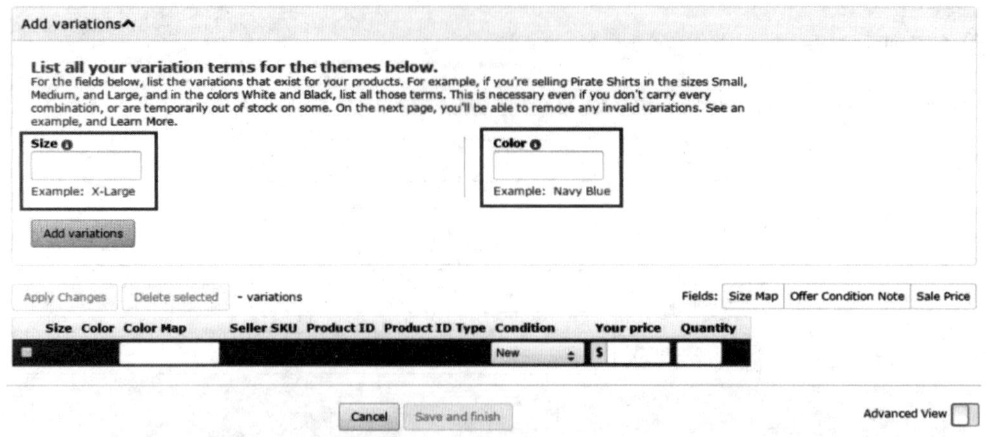

图 2-52　创建变体组合

(8)之后会出现不同的尺寸颜色组合,在每个组合后面添加 Color Map、Seller SKU、Product ID、Product ID Type、Condition、Your price、Quantity。如图 2-53 所示。

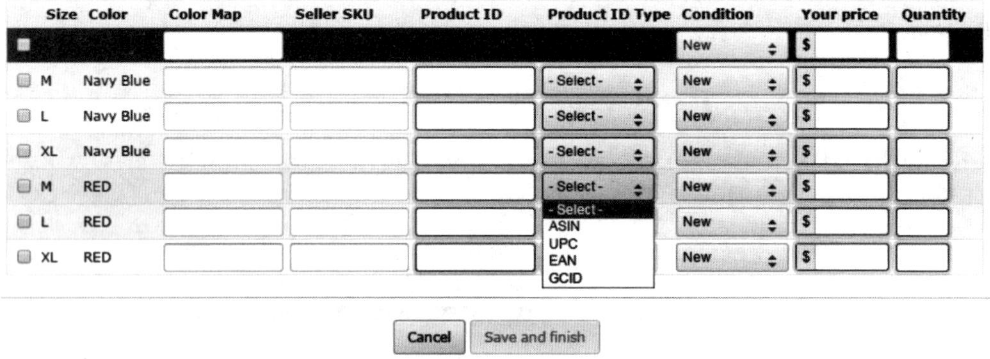

Size	Color	Color Map	Seller SKU	Product ID	Product ID Type	Condition	Your price	Quantity
						New	$	
M	Navy Blue				- Select -	New	$	
L	Navy Blue				- Select -	New	$	
XL	Navy Blue				- Select -	New	$	
M	RED				- Select -	New	$	
L	RED				- Select - ASIN UPC EAN GCID	New	$	
XL	RED					New	$	

Cancel　Save and finish

图 2-53　变体属性设置界面

(9)选择运输方式:自发货或亚马逊 FBA,如图 2-54 所示。

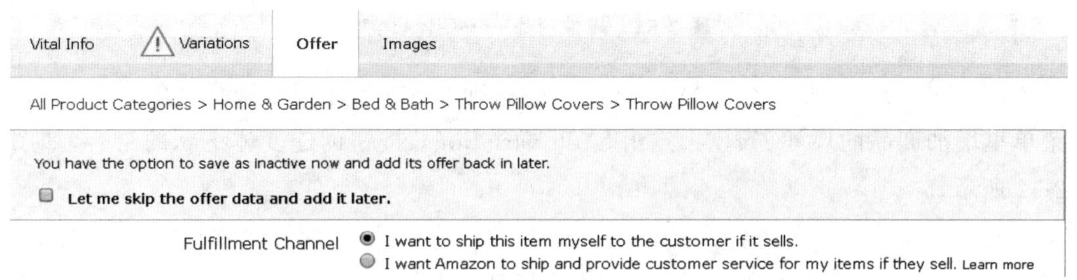

图 2-54　选择运输方式

(10)上传产品图片,如图 2-55 所示。最基本的图片上传模式就是通过后台产品信息填写时上传,或是在全部信息填写完成之后再另行上传;如果国内网络很差,无法上传的情况下,可考虑批量上传,至于产品图片的问题,可通过提前上传产品图片至图片空间,获取图片链接,并将链接填写至表格中即可,如 tinypic(如图 2-56 所示)。

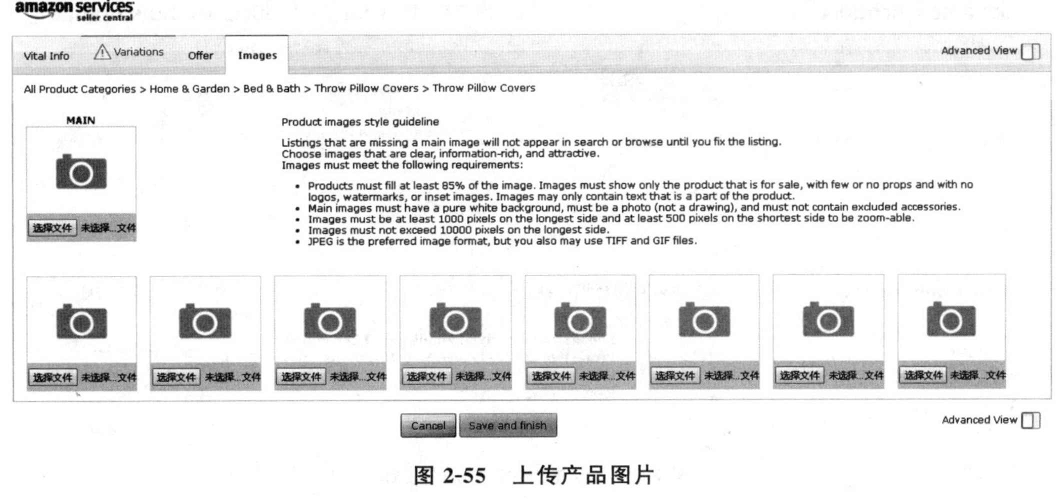

图 2-55　上传产品图片

图 2-56　tinypic 免费网络相册

(11)所有必填项都填好以后，点击“Save and finish”按钮保存商品。添加成功后在“Manage Inventory”页面会出现该商品。

2.销售亚马逊平台已有商品

亚马逊允许卖家销售已经在亚马逊平台创建好了的商品，卖家必须确认商品的所有信息完全一致才能销售已有商品，包括 UPC、品牌、厂商、包装，及商品各种参数，都必须完全一致，并且卖家必须有该品牌拥有者的授权经销许可。

(1)在“Add a new product”页面搜索框中输入要销售商品的标题或者 UPC、EAN、ASIN，点击搜索。搜索出商品之后，确认 UPC 与你商品外包装上的 UPC 完全一致，点击“Sell yours”按钮，进行添加，如图 2-57 所示。

(2)填写商品必要信息。在商品信息录入页面只需输入“Condition”(新旧程度)、“Your price”(价格)和“Quantity”(数量)后点击保存，如图 2-58 所示。

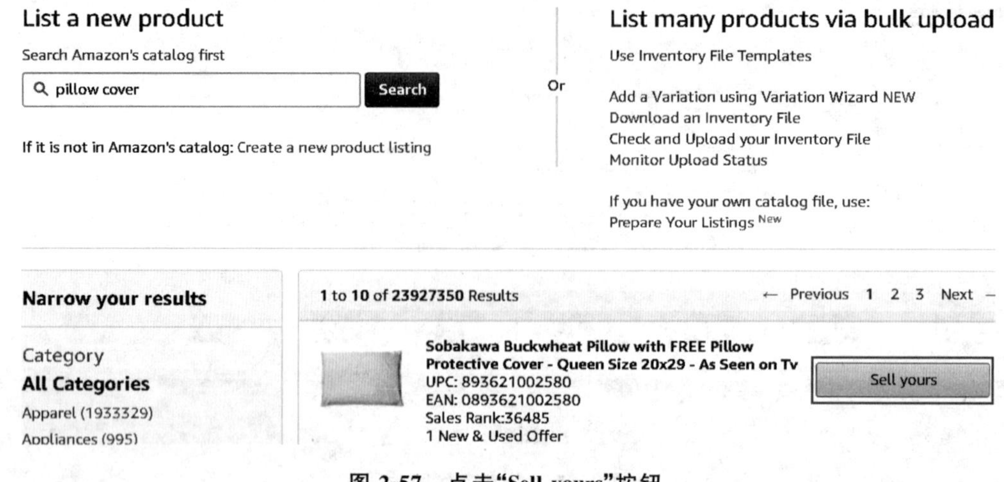

图 2-57　点击“Sell yours”按钮

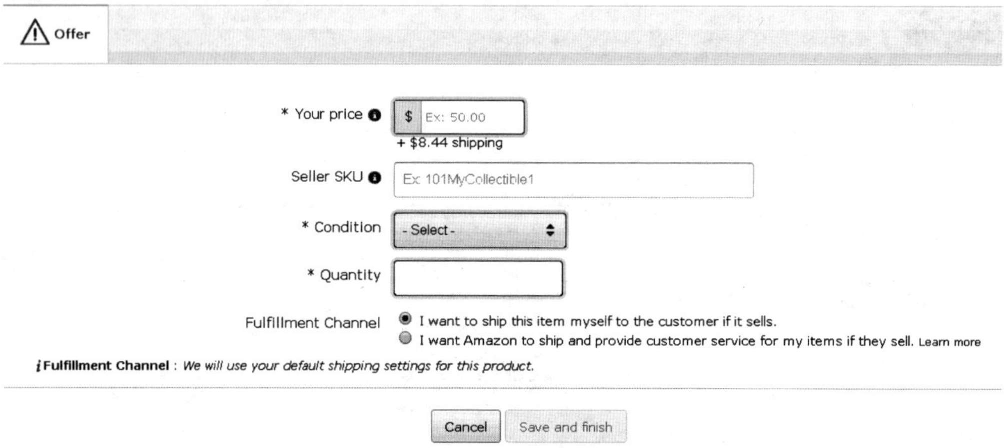

Offer
* Your price $ Ex: 50.00
+ $8.44 shipping
Seller SKU Ex 101MyCollectible1
* Condition - Select -
* Quantity
Fulfillment Channel ◉ I want to ship this item myself to the customer if it sells.
○ I want Amazon to ship and provide customer service for my items if they sell. Learn more
Fulfillment Channel : We will use your default shipping settings for this product.
Cancel Save and finish

图 2-58　填写商品必要信息

(3)添加成功后在“Manage Inventory”页面出现该商品。

实训任务 2-6:亚马逊批量上传商品实训

实训目的:

- 熟悉亚马逊批量上传商品界面;
- 掌握亚马逊库存模板 Template 的填写;
- 掌握亚马逊批量上传商品的操作步骤。

实训指导:

(1)进入卖家后台点击“Inventory”→“Add Products via Upload”,如图 2-59 所示。

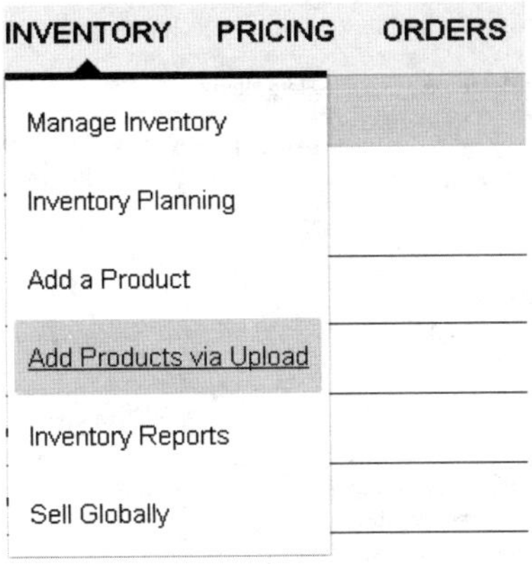

图 2-59　点击“Add Products via Upload”

（2）进入“下载库存文件”页面后，选择所需要的类目，并点击“Generate Template”下载批量上传的模板文件，如图 2-60、图 2-61 所示。

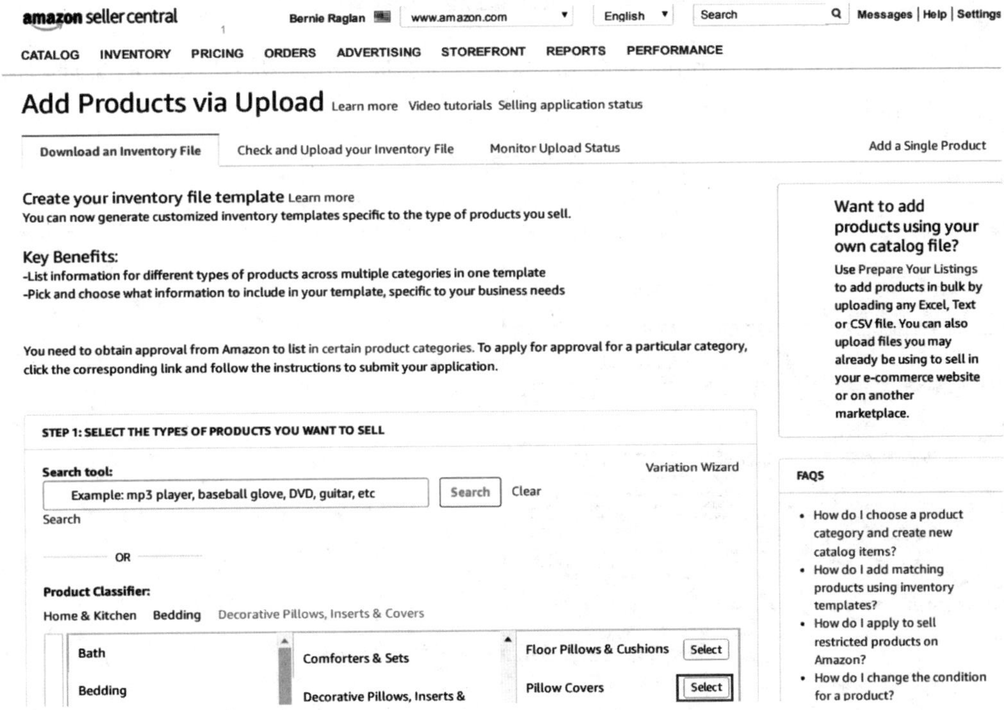

图 2-60　选择类目

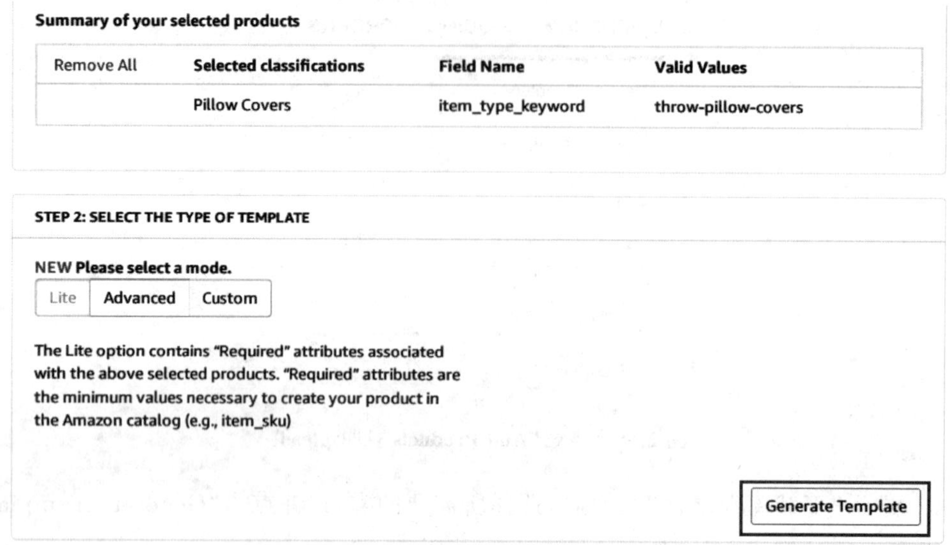

图 2-61　下载批量上传的模板文件

(3)点击"Generate Template"按钮后,会下载生成一个后缀为.xlsm 的文件,打开如图 2-62 所示。

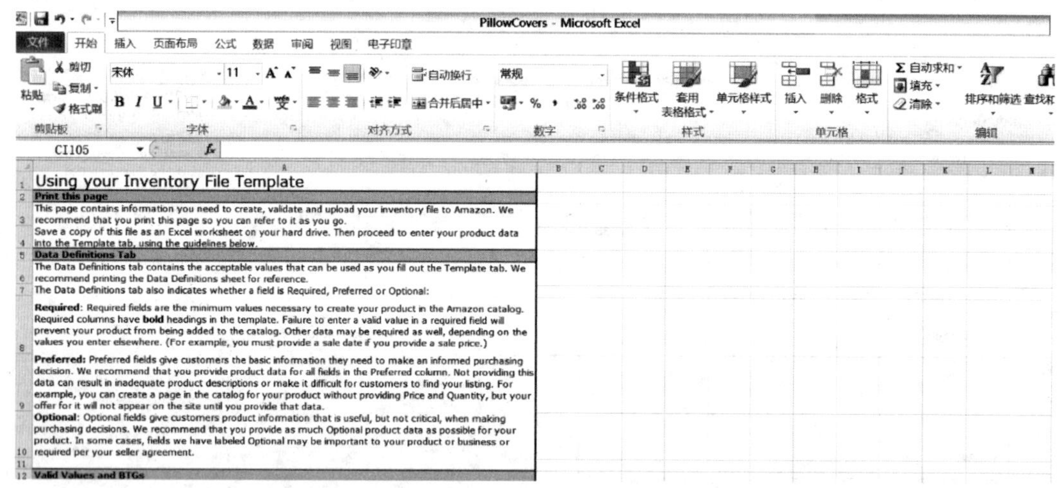

图 2-62　生成后缀为.xlsm 的模板文件

在 Excel 底部共有七个标签,Instructions 告诉我们如何使用模板,Images 说明如何正确上传图片,Data Definitions 教我们如何填写模板,Template 才是我们要填写的模板,Valid Values 说明填写哪些数值是有效的,Browse Data 用于浏览数据,Example 是一个填好的模板案例,通过模仿模板可以填写自己的商品信息。单击"Template",如图 2-63 所示。

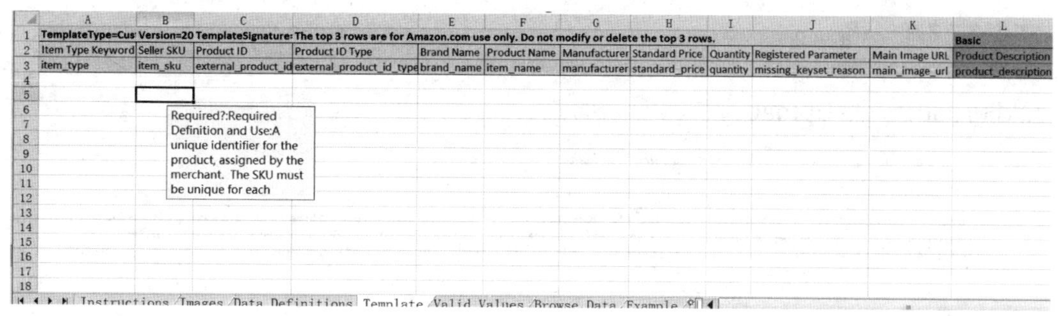

图 2-63　Template 标签

在图 2-63 中会发现此步骤与单个上传需要填写的内容几乎是一样的，只是排列不同。这里要说明的是以下文档填好，直接保存即可，不要保存为其他格式的文件。然后在“批量上传商品”页面点击“Check and Upload your Inventory File”标签，打开页面如图 2-64 所示。

Add Products via Upload Learn more Video tutorials Selling application status

Download an Inventory File | Check and Upload your Inventory File | Monitor Upload Status

STEP 1 - CHECK YOUR FILE

This feature will not add products to your catalog.

Use Check My File to
- Automatically configure variations. Learn more
- Check for common listing errors in your inventory file.

File type　Select type of file to upload

File to check　选择文件　未选择任何文件

Email Alert　Send an email alert　email@example.com　when my upload is complete.

Check my file

STEP 2 - UPLOAD FILE

File type　Select type of file to upload

File Upload　选择文件　未选择任何文件

Email Alert　Send an email alert　email@example.com　when my upload is complete.

Upload

图 2-64　选择要上传的库存文件

(4)点击图 2-64 中的“选择文件”按钮，选择模板文件，点击“Check my file”按钮开始上传。上传成功后跳转到如图 2-65 所示的页面。

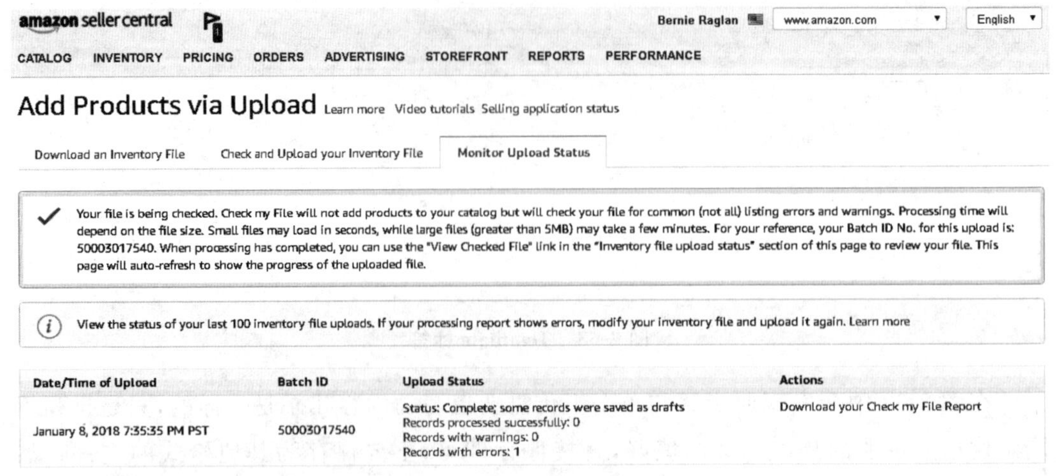

图 2-65 “监控上传状态”页面

任务评价

任务编号	任务 2-3～2-6	任务名称	产品定价与发布
任务完成方式	个人完成、小组协作完成		
任务评价内容			分值
亚马逊产品报价实训			20
掌握亚马逊分类审核的申请			20
产品发布实训			30
批量上传商品实训			30
成绩评定			
自我评价　20%	小组评价　20%		教师评价　60%

任务四　产品信息优化

任务导入

作为外贸公司的跨境电商专员，小张在亚马逊平台店铺上传了一些产品，产品上架之后，产品的曝光量、访客数、页面停留时间、客户访问深度都表现不佳。经理浏览了店铺情况后发现，产品在标题与关键词、图片设计、详情页描述等方面均存在一些问题，经理建议小张对其进行优化，以进一步提升店铺访客数等指标，从而提高用户转化率。

任务分析

根据“任务导入”中的情境进行分析，在产品信息优化任务中需要理解三个问题：(1)产品标题与关键词优化；(2)产品主副图制作与优化；(3)产品详情页制作与优化。

知识学习

一、产品标题与关键词优化

在搜索排名中，标题是非常重要的一个因素，它是吸引顾客上门的第一要素，更是后续营销、推广、引流的基础。做好产品标题，能够大大提高产品成功销售的概率。

(一)产品标题构成分析

不同跨境平台，不同品类的商品标题不尽相同。一般来说，亚马逊上的产品标题主要包括以下七大要素：品牌、商品描述、商品系列或型号、材料或主要成分、颜色、尺寸及数量。不同产品在标题构成上有所差异。例如：

1.Cookware，Cutlery

样式：品牌＋种类＋尺寸＋产品类型

示例：Calphalon Professional Hard-Anodized 8-1/2-Quart Saucier with Lid

示例：Sabatier Precision 14-Piece Stainless-Steel Knife Block Set

2.Small Appliances，Home Environment

样式：品牌＋产品型号＋型号名称＋产品类型，颜色

示例：KitchenAid KSM150PSER Artisan 5-Quart Mixer，Empire Red

3.Tableware

样式：品牌＋款式＋产品类型，数量

示例：Pfaltzgraff Charlotte 16-Piece Dinnerware Set，Service for 4

4.Bedding

样式：品牌＋种类/款式＋线数＋材料＋尺寸＋产品类型，颜色

示例：Wamsutta Luxury 400-Thread-Count Sateen Queen Sheet Set，Halo

5.DVD Players

样式：品牌＋产品型号＋尺寸＋产品类型＋屏幕样式(如果需要)＋(颜色/包装尺寸)

示例：Panasonic PV-D4743S Progressive Scan DVD/VCR Combo (Silver)

值得注意的是，在拟定标题时要将这些要素写清楚，尽量让 Listing 标题中的每一个词都可以独立被搜寻，提高出现在搜索结果中的概率。

(二)亚马逊 Listing 标题规则

(1)为了改善买家的购物体验，亚马逊规定，从 2015 年 7 月 15 日之后，亚马逊卖家所创建的 Listing 标题不能超过 200 个字符。

(2)每个单词的首字母必须大写(a，an，and，or，for，on，the 之类的词除外)。

(3)不能有特殊字符,如＄、*等,不能使用中文输入法输入任何内容。否则,标题里可能会出现乱码。

(4)商品的标题中不能有商标符号。

(5)不能有公司、促销、物流、运费或其他任何与商品本身无关的信息。

(6)如有数字描述,使用阿拉伯数字,而不能使用文字。比如,要写“1”,而不能写“one”。

(7)商品名称不能有自己的SKU号码或者其他编码。

(8)如包含批量销售,要在商品名称后添加“pack of XX”。

(9)如果产品有多种用途,只能写一种用途或兼容信息,其他的在“Bullet Point”或“Description”里填写。例如某电池适用于某种电脑的各种机型,不能写超过2款机型。

(10)珠宝类商品的名称中要有材质信息(Metal Type、Material Type),德国站需要额外填写此类商品的出品季和年份款式(Season、Model Year)。

(11)非服饰类商品有不同颜色的,要单独创建一个新商品,品名里面写清楚颜色,不能把几个颜色混写在一起,不能随机发货。

(12)服饰类商品命名规则如下:

父商品命名规则:Brand+Department/Target audience+Product name/Style。

子商品命名规则:Brand+Department/Target audience+Product name/Style+Size/style+Color。

(13)鞋类商品命名规则(包括手包、钱包、皮带、眼镜等商品)。

父商品命名规则:Brand+Gender/Age Group+Product Line+Material+Shoe Type。

子商品命名规则:Brand+Gender/Age Group+Product Line+Color+Material+Color+Shoe Type+Size。

(三)产品标题优化方法

标题优化最重要的是找出核心关键词,核心关键词是顶级热搜词(该词影响排行和点击率)。核心词可以是产品名称、所属类目,甚至是某个知名品牌。买家主动搜索时,往往会输入该词。卖家可以通过以下方式找出关键词:

(1)使用搜索栏自动推荐关键词。例如在亚马逊搜索栏输入关键词,系统即时提示的关键词基本就可认定为是核心关键词,用这些关键词再搜一下,在搜索结果前2页,如果可以看到同类产品的“Best seller”,就可以确认这些词就是核心关键词了。图2-66为输入“girl shirts”的即时提示关键词。

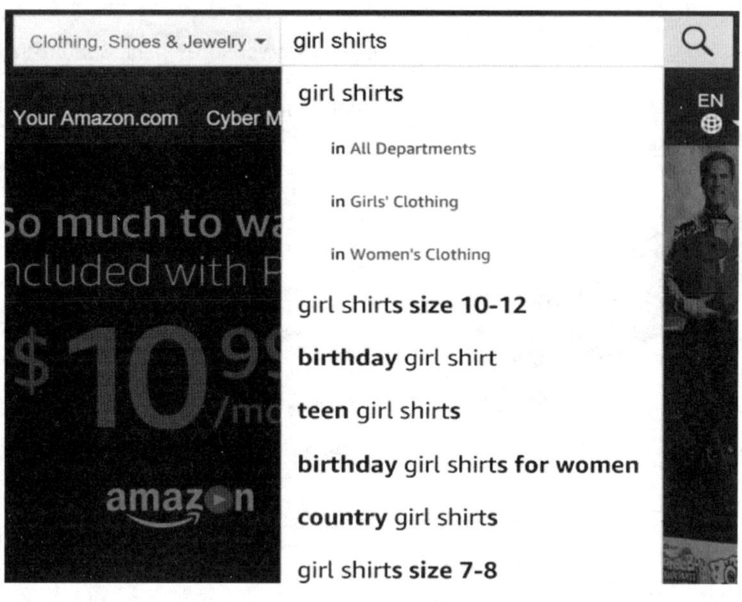

图 2-66　即时提示关键词

(2)参考亚马逊等平台的 Best Sellers(https://www.amazon.com/BestSellers/zgbs)的标题所用到的词语，如图 2-67 所示。

图 2-67　热销产品标题用词参考

(3)参考销售国家主流跨境电商平台前台热销产品的用词习惯：eBay、AliExpress 等。

(4)利用 Google Trends 、Google AdWords、Keyword Discovery、Wordze、KeywordSpy、Keyword Tracker、SEO Digger 等关键字规划工具。

(四)产品标题优化实例

选取亚马逊上 Anker 卖得最好的一款移动电源的标题作为案例，分析如何设置一个具有吸引力的标题，标题如图 2-68 所示。

图 2-68 Anker 标题

Anker 的 Listing 标题：

Anker PowerCore ＋ mini，3350mAh Lipstick-Sized Portable Charger（3rd Generation，Premium Aluminum Power Bank)，One of the Most Compact External Batteries

移动电源包含的三个核心关键词：Power Bank，Portable Charger，External Batter，都在 Anker 的标题中出现了，而且出现在恰当的位置。

产品卖点提炼：Anker 产品提炼出的卖点包括 Anker PowerCore＋(既是系列商标又能够强调品质的好)、Lipstick-Sized(强调了自己产品的迷你精致)、3rd Generation(第三代更新换代产品，突出产品的传承性和升级)等。这些都是吸引消费者的独特卖点。

从美感的角度看，Anker 的标题在体现关键词的同时，把各个卖点分别和关键词结合，同时用逗号和括号把独立的意思区隔开来，从而形成了一系列的小句子。短小的句子给人最直接的感受就是，可以毫无压迫感地将一句句读完，短句子更易于阅读，更能够加深顾客对产品的感受力。

注：产品标题优化实例源自 Anker 的亚马逊 Listing 标题优化，雨果网，http://www.cifnews.com/article/23633.

二、产品主副图制作与优化

在跨境店铺的运营过程中，产品照片是直观的展现方式，产品照片的品质直接影响买家对产品及品牌的印象。在产品属性、品牌、价格等相同的情况下，图片质量好的产品，更容易被买家接受。

(一)产品拍摄前期准备

在拍摄商品时，怎样把商品的细节和特色展现出来，这是很多卖家都关心的问题。要拍摄好商品，选择合适的相机与辅助器材是前提。

1.相机具备的基本功能

(1)手动功能。

拍摄商品时,为了根据光线和拍摄需要自由调节相机的设置,手动功能是必选的。手动功能在相机上以“M”表示,如图 2-69 所示。

(2)微距功能。

微距是拍网店宝贝时经常用到的一个功能,它可以很清楚地展现产品的细节。该功能一般在相机上以一朵小花为标志,如图 2-70 所示。

图 2-69　手动功能

图 2-70　微距功能

微距的主要作用如下:

①表达细质:在展示商品局部细节特征的时候,可以使用微距功能,非常实用。

②体现质感:使用微距功能可以将商品的质感完美表现,特别是对于一些有纹理的商品。

③虚化背景:当注意力放在近处时,视野远处就变得模糊和虚化了,相机也同样如此,微距功能可以加强商品的表现力。

图 2-71 为使用微距功能拍摄的产品细节图。

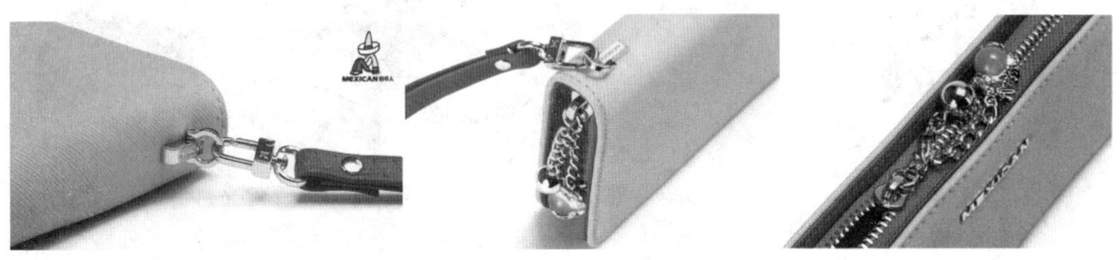

图 2-71　产品细节图

(3)手动白平衡。

另外,相机最好还具有自定义白平衡功能,即手动白平衡功能,如图 2-72 所示。

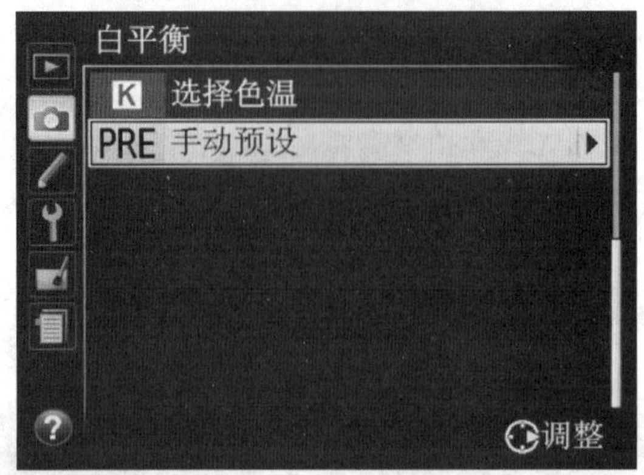

图 2-72 手动白平衡功能

2.拍摄所需的辅助器材

(1)三脚架。

三脚架的主要作用就是能稳定照相机,保证摄像的清晰度。微距拍摄就会使用到三脚架,图 2-73 所示为三脚架。

(2)灯光设备。

灯光设备是室内拍摄的主要工具,主要用于在光线不足的情况下照亮场景,以便获得正确曝光的影像。节能灯、摄影灯以及外置闪光灯等都是常用的灯光设备,如图 2-74 所示。

图 2-73 三脚架

图 2-74 节能灯、摄影灯和外置闪光灯

(3)自然光。

人工照明需要很多技巧,直接利用自然光也可以拍摄出非常高水准的产品图。

自然光的选择,能够帮助呈现最自然的照明效果,但是也需要卖家选择在室内靠窗户的地方进行拍摄,不要在室外。如果产品曝光太过,或者阴影太强烈,就意味着自然光太强,卖家只需要用白纸覆盖窗户就可以减弱光源。

在产品摆放位置上,窗户不能处在相机前方或者后方,为了提升效果,光源应该从产品的左侧或右侧射向产品。最理想的环境就是两扇窗户相互对着,从两边同时照射产品。如果卖家只有一扇窗户,光源只能从一个方向射入,那么卖家会发现光线分布的不是很均匀,这时候可以在产品的另一侧放辅助光,比如利用反光板来平衡光线,这样能使光线反射。

(4)摄影棚。

专业的柔光摄影棚是拍摄小件商品的首选地点,除了购买专业的摄影棚外还可以自制摄影棚,如图 2-75 所示。

(5)反光板或反光伞。

反光板的最主要作用就是为主光照明不到的暗部提高亮度,再现暗部原有层次,调节和控制画面阴暗反差,使亮暗过渡的层次丰富细腻,立体感和质感能得到较好的体现。反光板和反光伞如图 2-76 所示。

图 2-75　柔光摄影棚

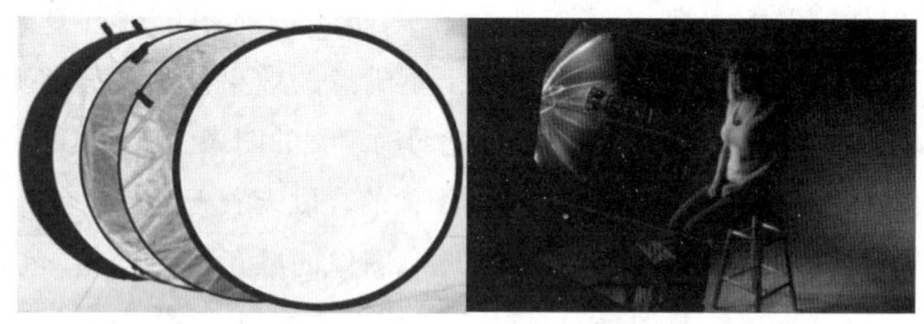

图 2-76　反光板和反光伞

(6)背景纸或背景布。

我们常使用的背景道具有各种颜色的背景纸和背景布,可以让你有一个明快、干净的背景,如图 2-77 所示。

图 2-77　背景纸和背景布

(二)产品图片优化工具

产品拍摄后,还需要进行后期的处理与美化,以使产品更加吸引买家。下面介绍几种在产品处理与美化中常用的工具。

1.美图秀秀

美图秀秀,是一款免费的图片处理软件,具有“图片特效、美容、拼图、场景、边框、饰品”等功能。相对 Photoshop,美图秀秀更简单易学,比较适合没有基础的初学者。

2.光影魔术手

光影魔术手是一款对数码照片进行后期处理及修饰的图像处理软件。其操作简单,使用者不需要任何专业的图像技术就可以制作出专业胶片摄影的色彩效果,是摄影作品后期处理、图片快速美容、数码照片冲印整理时必备的图像处理软件，具有强大的调图参数、丰富的数码特效、海量的边框素材、随心所欲的拼图、边界的文字、水印等功能。其优势是操作简单、易用，不需要任何专业的图像技术，能够满足绝大部分照片后期处理的需要，批量处理功能非常强大，足够胜任淘宝商品的图片处理。其不足是功能不够全面，部分图片的处理仍需要借助 Photoshop 才能完成。

3.Photoshop

Photoshop 具有强大的图像编辑和修饰功能，其核心内容包括抠图，图像的修饰、调色、合成等功能。编辑和修饰图像是图像处理的基础，可以对图像进行缩放、旋转、斜切、翻转、透视、变形等基本操作，也可以对图像进行复制、删除、去除斑点、修补、修饰残损等操作，以便去除图像上不满意的效果。图像合成则是将几幅图像通过图层操作、工具应用合成为完整的、传达明确意义的图像。Photoshop 提供的绘图工具让外来图像与创意能够很好地融合，可以使图像的合成天衣无缝。校色和调色是 Photoshop 中深具威力的功能之一，可以方便快捷地对图像的颜色进行明暗、色调的调整和校正。

特别要注意的是对自己的产品不要编辑太多，不要过度 PS 美化，尤其是加一些滤镜，这都是完全没必要的行径，用户要的是最真实的产品照片，要编辑的话，只需要调整对比度和亮度即可，如使用 PS 的色阶功能，就可以很好地控制光线分布。如图 2-78，利用 PS 色阶功能对产品的亮度和对比度进行了调整。

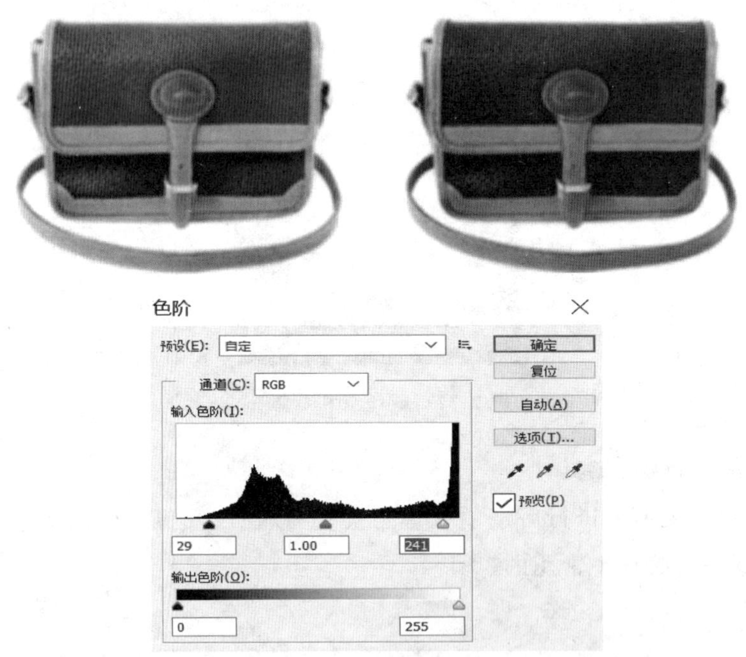

图 2-78　产品亮度与对比度调整

(三)产品图片规范化

每个跨境平台对产品图片的上传都有一定的要求，比如亚马逊平台上的图片无论在使用还是在管理过程中都应遵循规范化原则，保持亚马逊整体视觉形象的统一。如果图片质量和标准没达到亚马逊的要求，那么亚马逊有权拒绝卖家上传的图片。同时，产品图片在产品 Listing 的优化中至关重要，亚马逊产品图片对销量的影响非常大。

1.亚马逊的主图、辅图、详情描述

商品主图：亚马逊商品 Listing 的第一张图片，其他的则为辅图。商品主图必须是纯白色背景，展示单一商品。

商品辅图：对商品做不同侧面的展示，对无法在主图中凸显的商品特性、形状做补充，亚马逊商品 Listing 中最多可以配 8 张辅图。建议也和主图一样，用纯白色背景。

商品详情描述：除亚马逊中国站以外，只有大卖家才可以在详情里放置图片，普通卖家只能在商品详情录入文本，用以介绍商品详情。

2.亚马逊产品图片尺寸格式

亚马逊平台对图片的要求：

Images must be at least 1000 pixels on the longest side and at least 500 pixels on the shortest side to be zoom-able. Images must not exceed 10000 pixels on the longest side.

(1)图片最长边必须至少为 1000 像素。当图片的高度或宽度至少 1000 像素时，该图片具有缩放功能，卖家能放大图片局部查看商品细节，这个功能具有增加销售量的作用。

(2)图片最短的边长(相对的宽或高)不能低于 500 像素，否则无法上传到亚马逊后台。图片太小，也不方便买家查看商品，建议卖家在上传商品图片时，边长在 1001 像素以上。

(3)在上传主图与辅图时，建议尺寸一致，这样会比较美观。

(4)JPEG is the preferred image format, but you also may use TIFF and GIF files. 图片的格式可以使用 JPEG、TIFF、GIF，这几种在亚马逊上是可以上传的，建议使用 JPEG 格式，这种格式的图片上传的速度比较快。

(5)图像的横向和纵向比例是 1∶1.3 时，可以在亚马逊上达到最佳的视觉效果。

3.亚马逊产品主图要求

亚马逊平台对图片的要求：Products must fill at least 85% of the image. Images must show only the product that is for sale, with few or no props and with no logos, watermarks, or inset images. Images may only contain text that is a part of the product. Main images must have a pure white background, must be a photo (not a drawing), and must not contain excluded accessories.

(1)主图的背景必须是纯白色(亚马逊搜索和产品详情界面的背景也必须是纯白色的，纯白色的 RGB 值是 255,255,255)。

(2)主图要是产品的实际图，不是插图，更不是手绘图或漫画图。

(3)主图不能带 logo 和水印，也最好不要有不在订单内的配件、道具等(产品本身的 logo 是允许的)。

(4)主图中的产品最好占据图片大约 85%左右的空间。

(5)对于有变体的商品,父子商品都要有主图。

(6)产品必须在图片中清晰可见,需要显示整个产品,不能只有部分或多角度的组合图。

(7)有些类目允许有模特(如 Apparel、内衣、袜子),但只能使用真人模特,不能使用服装店里的模型模特。模特必须是正面站立,不能是侧面、背面、多角度组合图、坐姿等。主图模特身上不能有非售物品。有些类目主图则不允许使用模特(如 Bag、Jewelry、Shoes)。

(8)不能包含裸体信息。

(9)小部分 home 装饰用品主图不强制一定要用纯白背景,如床上四件套、蚊帐、窗帘、沙发、墙挂画、灯。这些产品的主图可以用非纯白背景的情景图等。

4.亚马逊产品辅图要求

(1)辅图可以展示细节、其他面或搭配图等。辅图应该对产品做一个不同侧面的展示,如产品使用的展示,或对在主图中没有凸显的产品特性做补充。亚马逊产品 Listing 中卖家最多可以添加 8 张辅图。

(2)辅图最好也和主图一样用纯白的背景,但这不做强制要求。

(3)辅图不能带 logo 和水印(产品本身的 logo 是允许的)。

(4)产品必须在图片中清晰可见,如果有模特,那么模特不能是坐姿,最好站立,用真人模特,不能使用服装店里的模型模特。

(5)不能包含裸体信息。

对于那些知名产品、卡通、影视等形象(包括 logo、brand name、设计、知识产权、版权、肖像权等),未经正规授权,不能私自盗用,不能有任何形式的侵权行为。同时要注意对原始图片信息的保存,不排除日后会有别的卖家恶意投诉你所使用的图片存在侵权行为。

(四)产品图片优化实例

本模块将以“优化亚马逊 Listing 图片”为例来说明上传产品图片时应掌握的要点。

1.反光

为了避免图片上出现刺眼的反光点,拍照时最好使用一个柔光罩,如果没有,可以用白色透明塑料盒或白胶带遮挡反光点。为了呈现出渐变效果,可以把产品放在一个帐篷内,在照相机和产品之间再放一个柔光罩。或者,通过相片编辑来消除反光点。如图 2-79 所示。

图 2-79 消除反光点

2.阴影

阴影能够增强图片效果，突出展现产品的优点，但阴影过多容易使人们的注意力从产品本身转移开来。产品图片优化的目标是让产品自然呈现，所以要小心处理阴影和亮点。如图 2-80 所示，左图的阴影有点扰乱人的注意力；右图去除多余阴影后产品看起来更加自然。

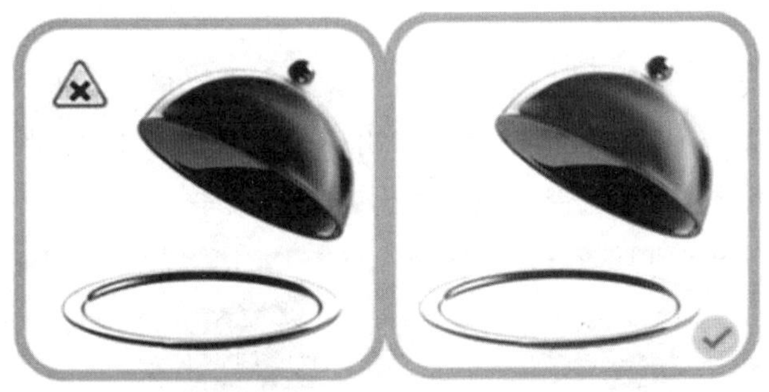

图 2-80 去除多余阴影

3.背景色

亚马逊主图只接受白色背景，副图背景色可随意。优化亚马逊 Listing 的一个简单方法，就是选择合适的图片背景。根据产品的类型和编辑的图片数量来选择背景色，若产品是深色或彩色，应选择简单的白色背景；若产品是白色，应选择深色背景，更易突出产品。如图 2-81 所示。

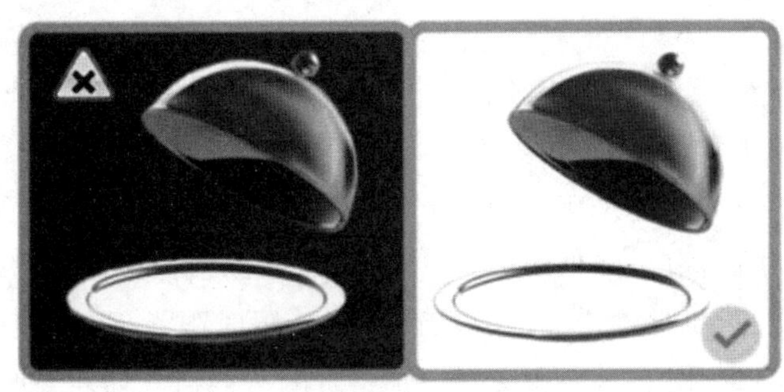

图 2-81 选择白色背景

4.产品尺寸

仅看图片，很容易误导消费者买到不合适尺寸的产品。出售玩具屋小家具或微型轿车的卖家，更容易遇到这种情况。并不是所有购物者都会仔细阅读产品描述，检查尺寸或重量。因此，如果可能的话，借助测量工具，标明产品尺寸，可有效改善亚马逊 Listing 效果。如图 2-82 所示。

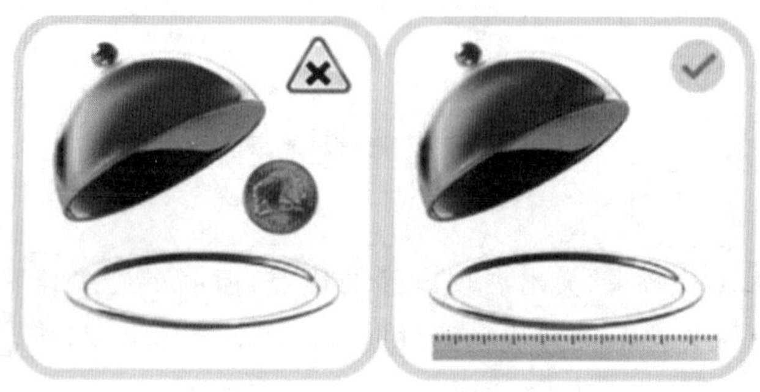

图 2-82 产品尺寸

5.产品描述

亚马逊 Listing 主图需清楚展示产品外观、产品数量、颜色、部件和配饰等。图 2-83右侧的图片更加具体明确，清楚地显示出产品尺寸和具体数量。副图可不必这么详细，每次展示一款产品，可附带支架、型号，甚至是文本。

图 2-83 产品描述详细

注：产品图片优化实例源自优化亚马逊 listing 图片，雨果网，http://www.cifnews.com/article/21994.

三、产品详情页制作与优化

(一)产品详情页构成

产品详情页的重要性是众所周知的。优质的详情页，不仅能够提高店铺的成交转化率，还可以增加访问深度，降低跳失率，增加产品的搜索权重等。产品详情页的内容主要包含以下几点：店铺促销产品、关联营销模块、限时限量促销信息，以及产品描述图、细节图、场景图、对比图、售后服务等。详情页的一般格式如表 2-4 所示。

表 2-4　详情页的一般格式

区域	图片类型
广告区	欢迎光临图
	关联营销模块
产品图区	尺码表、产品图
	细节图
	效果图
与产品相关的图片区	特点介绍图
	真假对比图
	消费者分享图
	包装图
售后服务区	物流示意图
	售后赔付图
	请给好评图
	FAQ 常见问题解答
	公司图

不同跨境电商平台、不同卖家所呈现的详情页内容不尽相同。不同店主可根据产品特点或自身偏好选择以上的部分内容进行展示。但同一个店铺的商品详情页应该风格统一，这样才能给买家留下专业、不杂乱的印象。

注意：在编辑产品信息时，要基于事实，全面而细致地描述产品。

例如：电子类产品需将产品功能及使用方法给予全面的说明，避免买家收到货后因无法合理使用而引起纠纷。

又如，服饰、鞋类产品建议提供尺码表，以便买家选择，避免买家收到货后因尺寸不合适而引起纠纷等。

产品描述中对产品的瑕疵和缺陷也不应有所隐瞒。

产品描述中建议注明货运方式、可送达地区、预期所需要的运输时间。同时也建议向买家解释海关缴税、产品退回责任和承担方等内容。

(二)产品详情页模板

全球速卖通与亚马逊等跨境平台都提供了一些行业产品的详情页模板，下面以 Anker 的一款充电宝为例，介绍亚马逊产品详情页一般包含的内容。如图 2-84 所示。

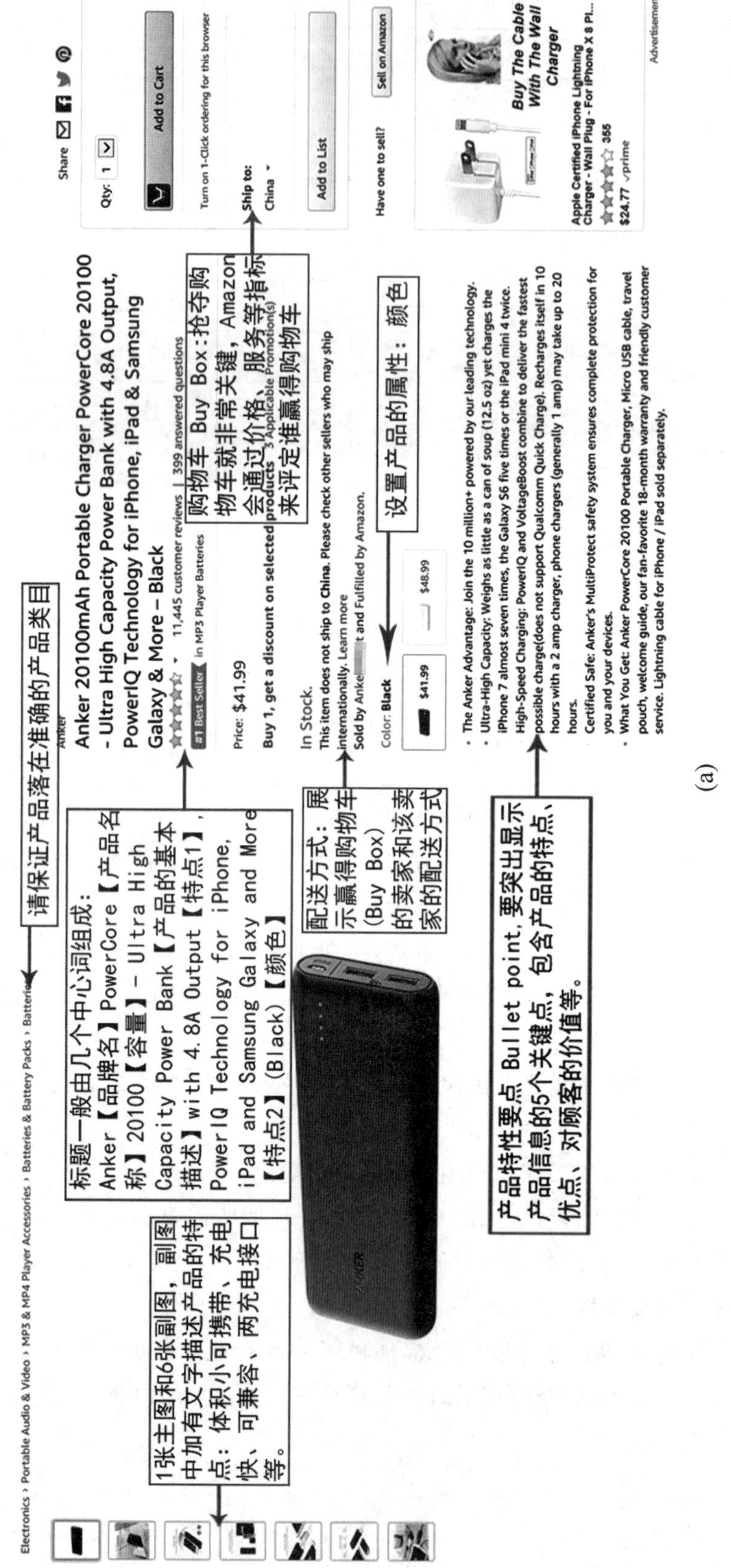
Electronics › Portable Audio & Video › MP3 & MP4 Player Accessories › Batteries & Battery Packs › Batteries
请保证产品落在准确的产品类目
标题一般由几个中心词组成：Anker【品牌名】PowerCore【产品名称】20100【容量】- Ultra High Capacity Power Bank【产品的基本描述】with 4.8A Output【特点1】，PowerIQ Technology for iPhone，iPad and Samsung Galaxy and More【特点2】(Black)【颜色】
1张主图和6张副图，副图中加有文字描述产品的特点：体积小可携带、充电快、可兼容、两充电接口等。
Anker
Anker 20100mAh Portable Charger PowerCore 20100 - Ultra High Capacity Power Bank with 4.8A Output, PowerIQ Technology for iPhone, iPad & Samsung Galaxy & More – Black
11,445 customer reviews | 399 answered questions
#1 Best Seller in MP3 Player Batteries
Price: $41.99
Buy 1, get a discount on selected products 3 Applicable Promotion(s)
购物车 Buy Box:抢夺购物车就非常关键，Amazon会通过价格、服务等指标来评定谁赢得购物车
In Stock.
This item does not ship to China. Please check other sellers who may ship internationally. Learn more
Sold by Anke t and Fulfilled by Amazon.
配送方式：展示赢得购物车(Buy Box)的卖家和该卖家的配送方式
Color: Black
设置产品的属性：颜色
$41.99
$48.99
The Anker Advantage: Join the 10 million+ powered by our leading technology.
Ultra-High Capacity: Weighs as little as a can of soup (12.5 oz) yet charges the iPhone 7 almost seven times, the Galaxy S6 five times or the iPad mini 4 twice.
High-Speed Charging: PowerIQ and VoltageBoost combine to deliver the fastest possible charge(does not support Qualcomm Quick Charge). Recharges itself in 10 hours with a 2 amp charger, phone chargers (generally 1 amp) may take up to 20 hours.
Certified Safe: Anker's MultiProtect safety system ensures complete protection for you and your devices.
What You Get: Anker PowerCore 20100 Portable Charger, Micro USB cable, travel pouch, welcome guide, our fan-favorite 18-month warranty and friendly customer service. Lightning cable for iPhone / iPad sold separately.
产品特性要点 Bullet point，要突出显示产品信息的5个关键点，包含产品的特点、优点、对顾客的价值等。
Share
Qty: 1
Add to Cart
Turn on 1-Click ordering for this browser
Ship to:
China
Add to List
Have one to sell?
Sell on Amazon
Buy The Cable With The Wall Charger
Apple Certified iPhone Lightning Charger - Wall Plug - For iPhone X 8 Pl...
355
$24.77 prime
Advertisement

(a)

Frequently bought together

Total price: $62.97

Add all three to Cart

Add all three to List

☑ **This item:** Anker 20100mAh Portable Charger PowerCore 20100 - Ultra High Capacity Power Bank with 4.8A Output... $41.99

☑ Hard CASE for Anker 20100mAh Portable Charger PowerCore 20100. With mesh pocket. By Caseling $10.99

☑ [2-Pack] Anker 6ft / 1.8m Nylon Braided Tangle-Free Micro USB Cable with Gold-Plated Connectors for... $9.99

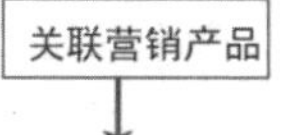

Sponsored products related to this item (What's this?)　　Page 1 of 76

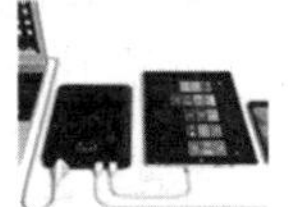

Anker PowerCore II 20000, High Capacity Portable Charger with Dual USB Ports, Upgra... 135 $49.99 prime

Solar charger 24000mah HuaF Portable Battery Pack Phone Charger 3 USB Ports(1A+2A+2... 206 $36.99 prime

Portable AC Outlet Battery Pack by ChargeTech - 27000mAh 85W / 110V (TSA... 481 $229.00 prime

AUKEY 20000mAh Power Bank with Lightning & Micro Input Portable Charger, 3.4A... 655 $34.99 prime

Koharu USB Charger ,Samsung USB Portable Travel Wall Charger Adapter + 6FT... 31 $11.99 prime

Anker Quick Charge 3.0 63W 5-Port USB Wall Charger, PowerPort Speed 5 for Galaxy S7... 730 $35.99 prime

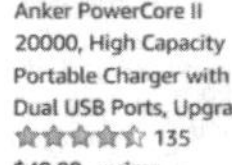

Ad feedback

Customers who bought this item also bought　　Page 1 of 16

Hard CASE for Anker 20100mAh Portable Charger PowerCore 20100. With mesh pocket. By... 243 $10.99 prime

Khanka Hard Case For Anker PowerCore II 20100 Speed Quick Charge 3.0 20100mAh Portable... 52 $9.99 prime

[2-Pack] Anker 6ft / 1.8m Nylon Braided Tangle-Free Micro USB Cable with Gold-Plated Connectors... 2,538 $9.99 prime

for Anker Power Bank Hard Case fits PowerCore 20100 Portable Charger /External Battery Pack... 66 $9.99 prime

Hard Case for Anker PowerCore+ 20100 PowerCore II 20000 Portable Charger... 11 $9.99 prime

Anker 21W Dual USB Solar Charger, PowerPort Solar for iPhone 7 / 6s / Plus, iPad Pro / Air 2 / mini,... 1,134 #1 Best Seller in Solar Battery Chargers... $61.99 prime

Special offers and product promotions

Color: **Black**

- Save 10% on [Upgraded] Anker PowerPort II with Dual PowerIQ Ports when you purchase 1 or more Qualifying items offered by AnkerDirect. Enter code BEST9997 at checkout. Here's how (restrictions apply)
  Add Both To Cart
- Save 25% on 1 Anker SoundSync Drive Bluetooth 4.0 Car Receiver (14.99 USD Only) For every 1 Qualifying items you purchase offered by AnkerDirect. Enter code XMAS3351 at checkout. Here's how (restrictions apply)
  Add Both To Cart
- Save 20% on 1 Anker iPhone X Screen Protector For every 1 Qualifying items you purchase offered by AnkerDirect. Enter code KARAPGLS at checkout. Here's how (restrictions apply)
  Add Both To Cart
- Save 15% on 1 Anker SoundBuds Slim Wireless Headphones For every 1 Qualifying Anker Products you purchase offered by AnkerDirect. Enter code YW6WIXDI at checkout. Here's how (restrictions apply)
  Add Both To Cart

- **Your cost could be $0.00 instead of $41.99**! Get a $50 Amazon.com Gift Card instantly upon approval for the **Amazon Rewards Visa Card** Apply now

(b)

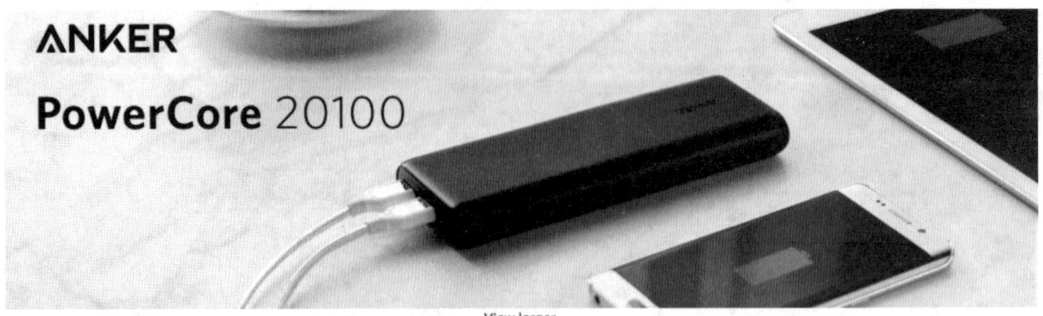

View larger

PowerCore 20100

A new frontier in portable charging. PowerCore 20100 offers an unbelievable size to capacity ratio along with best-in-class charging speeds.

Thanks to Anker's advanced charging technology, you'll wonder why you ever wasted time plugged in to the wall.

- Huge 7-Day Charge Capacity
- Portable, Pocket-Friendly Size
- High-Speed Universal Charging
- Dual-Device Output

PowerCore

Our most popular charging series ever. With faster charging, more advanced technology and even better portability.

Superior Portability: PowerCore 20100's huge power is squeezed into a pocket-sized body that is ready to go anywhere you do. It's the perfect partner whenever, and wherever you need to charge.

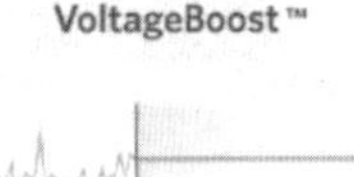

View larger

PowerIQ Technology

By intelligently identifying any connected device, PowerIQ delivers the optimum, high-speed charge to all devices. Includes Apple and Android phones and tablets as well as cameras, consoles and more.

View larger

VoltageBoost

Smart technology that determines when charging output is encountering cable resistance. By compensating for this resistance, VoltageBoost ensures charging speeds are unaffected by long or old cables.

View larger

High-Performance Cells

PowerCore utilizes market-leading battery cells to ensure that you receive the highest possible capacity, efficiency, reliability and safety. Your phone, cables and chargers will thank you.

View larger

Superior Portability

PowerCore 20100's huge power is squeezed into a pocket-sized body that is ready to go anywhere you do. It's the perfect partner whenever, and wherever you need to charge.

(c)

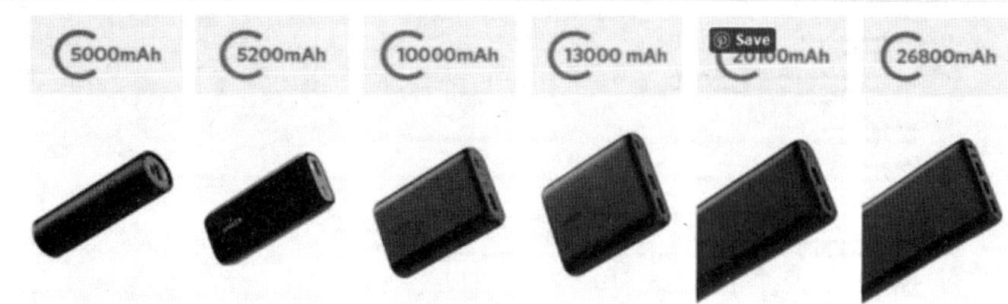

	PowerCore 5000	Astro E1	PowerCore 10000	PowerCore 13000	PowerCore 20100	PowerCore 26800
Color Selection	Black, White	Black	Black, White	Black, White	Black, White	Black
Charging Technology	PowerIQ	PowerIQ	PowerIQ	PowerIQ	PowerIQ	PowerIQ
# of iPhone 6s charges	2	2.5	3.6	4.7	7.3	9.7
# of iPad mini 4 charges	0.6	0.8	1.2	1.5	2.5	3
# of Samsung S6 charges	1.5	1.7	2.2	3.3	5.2	6.9
# of USB Charging Ports	1	1	1	2	2	3
Output	5V 2A	5V 2A	5V 2.4A	5V 3A (3A max per port)	5V 4.8A (2.4A max per port)	5V 6A (3A max pe port)
Max Input	2A	2A	2A	2A	2A	4A (dual input)
Size	4.2 x 1.3 x 1.3in	3.8 x 1.7 x 0.9 in	3.6 x 2.3 x 0.9in	3.8 x 3.1 x 0.9in	6.5 x 2.3 x 0.9in	7 x 3.1 x 0.9in
Weight	136g/4.8oz	120g/4.2oz	180g/6.35oz	240g/8.47oz	356g/12.56oz	490g/17.28oz

产品描述部分

Compare to similar items

	This item Anker 20100mAh Portable Charger PowerCore 20100 - Ultra High Capacity Power Bank with 4.8A Output, PowerIQ Technology for iPhone, iPad & Samsung Galaxy & More – Black #1 Best Seller Add to Cart	Anker PowerCore 10000, One of the Smallest and Lightest 10000mAh External Batteries, Ultra-Compact, High-speed Charging Technology Power Bank for iPhone, Samsung Galaxy and More #1 Best Seller Add to Cart	Anker PowerCore 26800 Portable Charger, 26800mAh External Battery with Dual Input Port and Double-Speed Recharging, 3 USB Ports for iPhone, iPad, Samsung Galaxy, Android and other Smart Devices Add to Cart	Anker PowerCore II 10000, Ultra-Compact 10000mAh Portable Charger, Upgraded PowerIQ 2.0 (up to 18W Output), Fast Charge for iPhone, Samsung Galaxy and More (Black) Add to Cart	[Upgraded] Anker PowerCore Speed 20000, Qualcomm Quick Charge 3.0 Portable Charger, Backwards Compatible With Quick Charge 1 & 2, with PowerIQ, 20000mAh Power Bank for Samsung, iPhone, iPad and More Add to Cart
Customer Rating	(11429)	(7131)	(1647)	(73)	(127)
Price	\$41.99	\$25.99	\$61.99	\$29.99	\$55.99
Shipping	FREE Shipping	FREE Shipping	FREE Shipping	FREE Shipping	FREE Shipping
Sold By	AnkerDirect	AnkerDirect	AnkerDirect	AnkerDirect	AnkerDirect
Item Dimensions	2.28 x 6.64 x 0.87 in	2.36 x 3.62 x 0.87 in	3.21 x 7.09 x 0.87 in	2.44 x 3.78 x 0.87 in	2.36 x 6.54 x 0.87 in
Item Weight	0.71 lb	6 ounces	1.09 lbs	7.04 ounces	0.81 lb

同款产品对比

(d)

Product description

Color:Black

Anker PowerCore 20100
High-speed Charging, long-lasting, portable power.

From ANKER, America's Leading USB Charging Brand
Faster and safer charging with our advanced technology
10 million happy users and counting

Ultra-High Capacity
Enough power to keep you going for days. Charge an iPhone 6 seven times, a Galaxy S6 five times or an iPad mini twice.

High-Speed Charging Technology
Exclusive to Anker, PowerIQ and VoltageBoost combine to ensure your devices charge at their their fastest possible charge speed. Does not support Qualcomm Quick Charge

Enormous 4.8A Output
Industry leading output of 4.8 amps provides enough power to simultaneously charge any combination of devices at full speed.

MultiProtect Safety System
Surge protection, short circuit protection and more advanced safety features keep you and your devices safe.

Matte Finish
Enhances grip and doesn't leave smudges or fingerprints.

World Famous Warranty
At Anker, we believe in our products. That's why we back them all with an 18-month warranty and provide friendly, easy-to-reach support.

For Optimal Use
Use the included cable, your original cable or a third-party certified one (such as MFi).
Compatible with the new 12 inch MacBook 2015 (USB-C to USB 2.0 cable needed), Apple and Android smartphones, tablets (including the Nexus 7) and other USB-charged devices except for the iPod nano, iPod Classic, HP Bluetooth devices.

产品描述：主要描述产品的优势、特点。产品描述的编写比较灵活，既可以成整段文字描述，也可以分点和产品特色方式描述，此部分描述主要是针对所售产品做进一步描述，让顾客对产品有全方位的了解，如详细列出产品的各项参数、包装数量、产品使用注意事项，以及产品特色中未提及的产品特色点，为避免信息点繁多而影响显示效果，这里可用到相应的编辑代码：
常用代码如下：
分段：<p>描述内容</p>
分行：描述内容</br>
加粗：<b>描述内容</b>

Product information

Color:Black

Product Dimensions	6.6 x 2.3 x 0.9 inches
Item Weight	11.4 ounces
Shipping Weight	4.8 ounces (View shipping rates and policies)
Domestic Shipping	Amazon only ships this item within the contiguous 48 United States. Other Sellers on Amazon may ship this item to Alaska, Hawaii and US Territories.
International Shipping	This item is not eligible for international shipping. Learn More
ASIN	B00X5RV14Y
Item model number	AK-A1271011
Batteries	1 Lithium Polymer batteries required. (included)
Customer Reviews	★★★★☆ 11,429 customer reviews 4.6 out of 5 stars
Best Sellers Rank	#26 in Cell Phones & Accessories (See Top 100 in Cell Phones & Accessories) #1 in Electronics > Portable Audio & Video > MP3 & MP4 Player Accessories > Batteries & Battery Packs > Batteries #2 in Cell Phones & Accessories > Cell Phone Accessories > Batteries & Battery Packs > Portable Power Banks #26 in Electronics > Cell Phones & Accessories

Warranty & Support

Product Warranty: For warranty information about this product, please click here

Feedback

If you are a seller for this product, would you like to suggest updates through seller
Would you like to tell us about a lower price?

产品信息：尺寸、重量、运输国家、ASIN码、评分、畅销、保修等信息

Related Video Shorts

Customer Review:
This is my third Anker
Amazon Customer Videos

Customer Review:
Super light charger th
Amazon Customer Videos

Customer Review:
Newly Released &
Amazon Customer Videos

Customer Review:
Great Power Bank fo
Amazon Customer Videos

Customer Review:
here's a video to show
Amazon Customer Videos

Customer Review:
The Anker is a fast
Amazon Customer Videos

Customer Review:
Just one issue ok now
Amazon Customer Videos

产品使用短视频

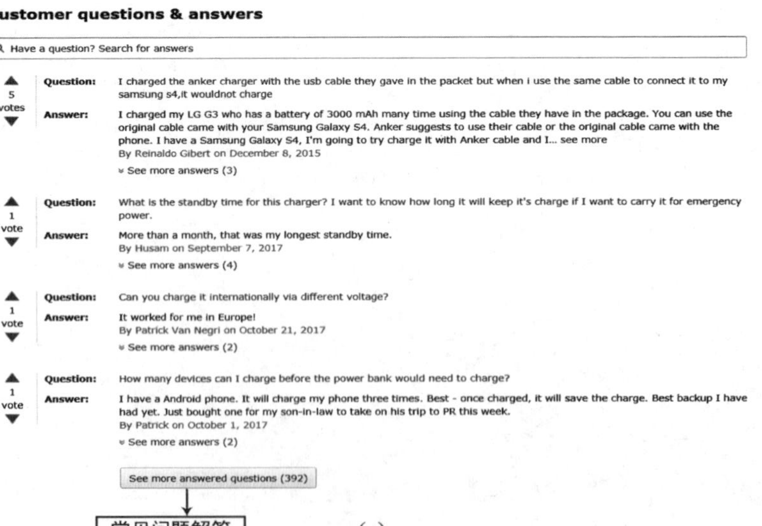

Customer questions & answers

Have a question? Search for answers

5 votes
Question: I charged the anker charger with the usb cable they gave in the packet but when i use the same cable to connect it to my samsung s4,it wouldnot charge
Answer: I charged my LG G3 who has a battery of 3000 mAh many time using the cable they have in the package. You can use the original cable came with your Samsung Galaxy S4. Anker suggests to use their cable or the original cable came with the phone. I have a Samsung Galaxy S4, I'm going to try charge it with Anker cable and I... see more
By Reinaldo Gibert on December 8, 2015
See more answers (3)

1 vote
Question: What is the standby time for this charger? I want to know how long it will keep it's charge if I want to carry it for emergency power.
Answer: More than a month, that was my longest standby time.
By Husam on September 7, 2017
See more answers (4)

1 vote
Question: Can you charge it internationally via different voltage?
Answer: It worked for me in Europe!
By Patrick Van Negri on October 21, 2017
See more answers (2)

1 vote
Question: How many devices can I charge before the power bank would need to charge?
Answer: I have a Android phone. It will charge my phone three times. Best - once charged, it will save the charge. Best backup I have had yet. Just bought one for my son-in-law to take on his trip to PR this week.
By Patrick on October 1, 2017
See more answers (2)

See more answered questions (392)

常见问题解答

(e)

图 2-84　产品详情页

任务实施

实训任务 2-7：Google AdWords 关键词使用实训

实训目的：

• 掌握 Google AdWords 关键词工具的使用；

• 会设置正确的关键词以提升商品的搜索排名和搜索量。

实训指导：

1.创建 Google 账户(如有 Google 账户，此步骤可以忽略)

(1)进入 Google 首页(www.google.com)，看到首页标题栏的“Gmail”按钮，点击进入，如图 2-85 所示。

图 2-85 点击“Gmail”按钮

(2)加载进入后点击图 2-86 中的“创建账户”。

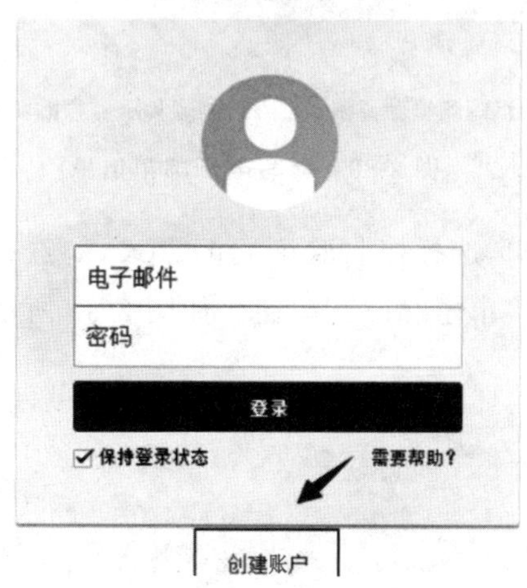

图 2-86 点击“创建账户”

(3)进入"创建账户"页面,根据提示输入姓名,设置用户名、密码,然后输入生日、性别与手机号码等信息。如图 2-87 所示。

图 2-87 创建账户页面

(4)输入一个常用的邮箱地址,方便密码丢失后找回。选中"我同意接受 Google 服务条款和隐私权政策"复选框,单击"下一步"按钮。如图 2-88 所示。

图 2-88 填写电子邮箱信息

(5)系统提示验证用户,选择接收验证码的方式,如选中"短信(SMS)"单选按钮,输入接收到的验证码,然后单击"继续"按钮。如图 2-89 所示。

图 2-89　输入验证码

(6)账户创建成功,登录账户,即可畅享 Google 的服务了。

2.Google 关键词工具的使用

用户可以使用前面注册的账户和密码来登录使用 Google 关键词工具。使用 Google 关键词工具的具体操作方法如下:

(1)登录 Google 关键词工具首页(http://adwords.google.com/),选择“工具”选项卡,在弹出的下拉列表中选择“关键字规划师”选项,如图 2-90 所示。

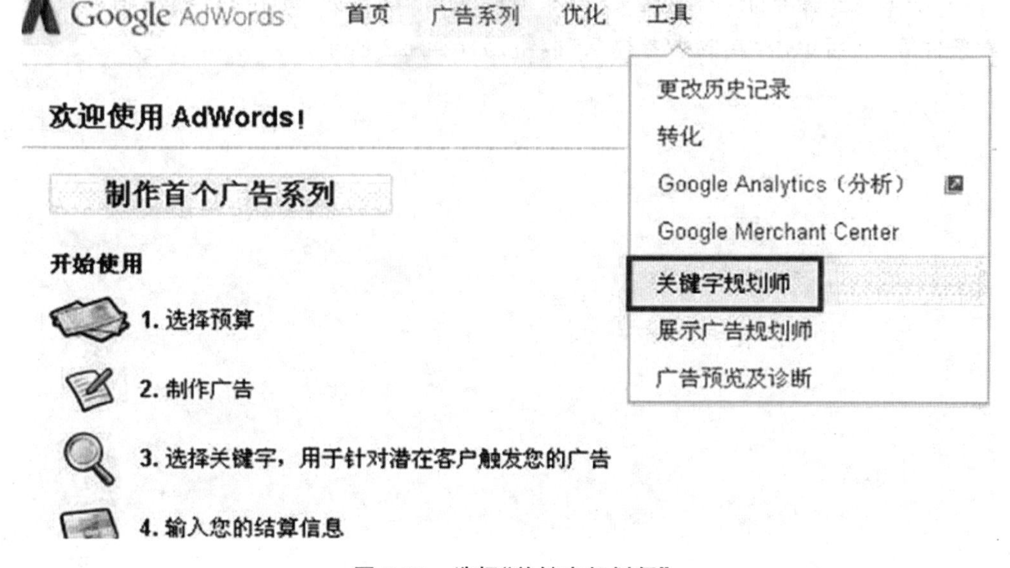

图 2-90　选择“关键字规划师”

(2)进入“关键字规划师”页面,点击左方“使用某个词组、网站或类别搜索新关键字”。如图 2-91 所示。

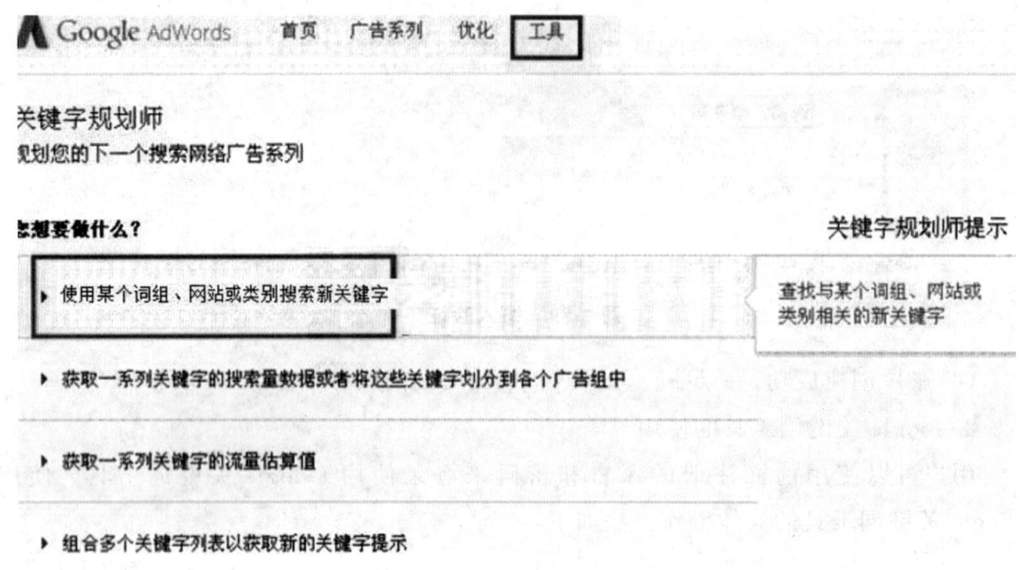

图 2-91 “关键字规划师”工具页面

(3)手工设置搜索条件,包括关键词、着陆页、产品类别、定位、日期范围和自定义搜索条件等,然后单击“获取参考提示”按钮,如图 2-92 所示。

寻找新关键字并获取搜索量数据

▼ 使用某个词组、网站或类别搜索新关键字

输入以下一项或几项：
您的产品或服务
iphone 4
您的着陆页
www.amazon.com
您的产品类别
计算机与消费电子类产品

定位
美国
所有语言
Google
否定关键字

日期范围
显示以下日期范围的月均搜索量：过去 12 个月

自定义您的搜索条件
关键字过滤条件
关键字选项
显示广泛相关的提示
隐藏我账号中的关键字
隐藏我草案中的关键字
要加入的关键字

获取参考提示

图 2-92　手工设置搜索条件

(4)进入搜索结果页面，系统默认按“广告组参考提示”显示搜索结果，单击“关键字参考提示”超链接，如图 2-93 所示。

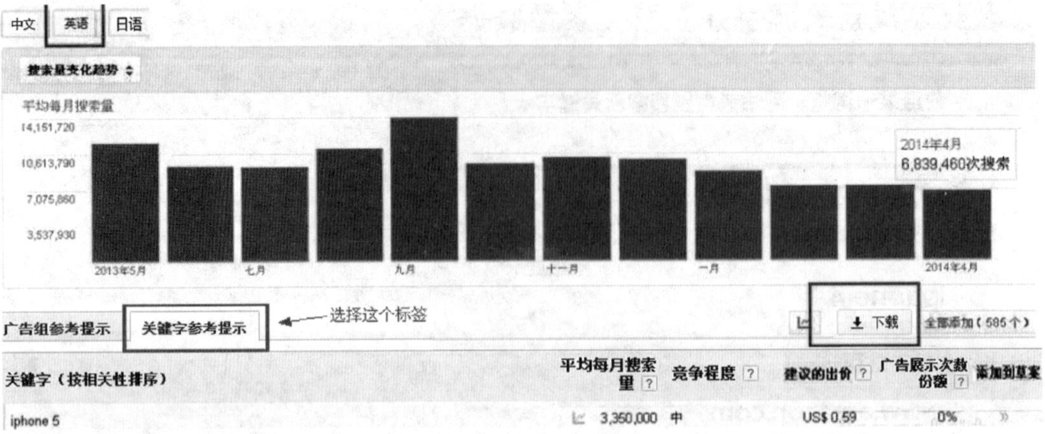

图 2-93 “关键字参考提示”页面

(5)此时即可按关键词显示搜索结果,如图 2-94 所示。

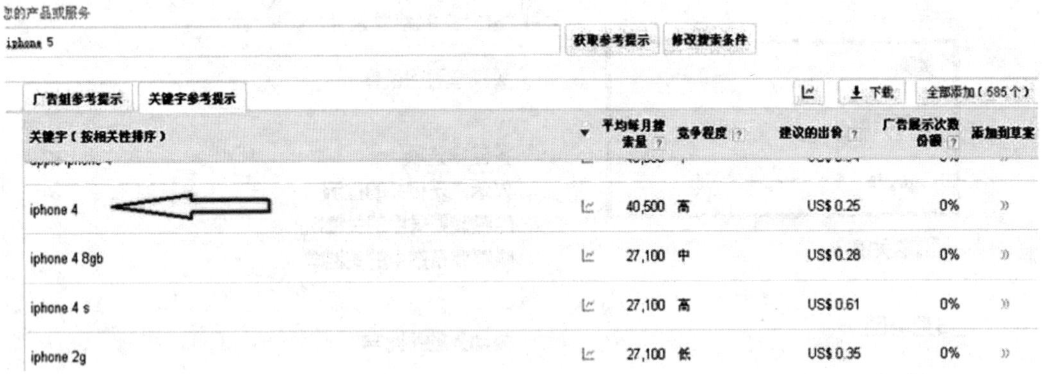

图 2-94 搜索结果界面

(6)单击关键词右侧的“》”按钮,可将搜索到的关键词添加到右侧的“草案”中,对其进行广告预测分析。

任务评价

任务编号	任务 2-7	任务名称	产品信息优化
任务完成方式	个人完成、小组协作完成		
任务评价内容			分值
Google AdWords 关键词工具的操作步骤			30
会设置正确的关键词以提升商品的搜索排名和搜索量			40
对关键词显示的搜索结果进行分析			30
成绩评定			
自我评价 20%	小组评价 20%		教师评价 60%

学习巩固

一、单项选择题

1.在跨境电子商务平台中,专注于移动端购物的是(　　)。

A.全球速卖通　　B.亚马逊　　C.Wish　　D.敦煌网

2.对于资金实力不雄厚、人手不充足的新手卖家来说,应当选择(　　)。

A.红海产品　　B.蓝海产品

C.搜索量高,竞争激烈的产品　　D.搜索量低,竞争不激烈的产品

3.对于亚马逊商品描述(Product Description)字段,以下哪项是正确的?(　　)

A.商品描述中可以进行品牌介绍

B.为了吸引客户,商品描述中可以充分展示促销信息,如免运费等

C.为了提高客户的购物体验,商品描述中可以粘贴图片

D.商品描述需要客观描述所售商品,不能有任何与商品本身无关的信息

4.以下电子配件类商品标题中最符合亚马逊规范的是哪项?(　　)

A.Generic Apple Plastic Cell Phone Case for iPhone4 iPhone4S Color Red

B.Apple Plastic Cell Phone Case Suitable for iPad2 iPad mini Color Yellow

C.Generic Plastic Cell Phone Case for iPhone4S iPhone5 Color Red

D.Plastic Cell Phone Case for iPhone4S iPhone5 Color Red-Generic

5.关于亚马逊收款银行账号以下哪项是错误的?(　　)

A.亚马逊允许使用个人或公司的海外银行账号

B.美国、英国平台可以用中国的银行账号收款

C.英国平台可以用美国银行账号收款,美国平台可以用英国银行账号收款

D.如果美国平台用英国银行账号,亚马逊会预先把美元转换成英镑后再存入英国银行账号,反之也一样

6.品牌持有者,商品图片能否印有公司品牌 logo 水印?(　　)

A.可以,只要提供品牌的相关证明即可

B.不可以,亚马逊平台的所有主图、副图均不能有任何水印、文字、logo

C.可以,这是打击侵权的有效手段

D.不可以,但可以注明公司名称

7.客户希望我们找船把货物运到澳大利亚的悉尼港,保险由他们来购买,这种情况下我们应该给客户报什么价格?(　　)

A.FOB Shanghai　　B.CFR Sydney　　C.CIF Shanghai　　D.CIF Sydney

8.以下哪个有关跨境电商的文件被称为“外贸国六条”?(　　)

A.《关于促进外贸稳定增长的若干意见》

B.《关于实施支持跨境电子商务零售出口有关政策意见》

C.《关于促进进出口稳增长、调结构的若干意见》

D.《关于跨境贸易电子商务进出境货物、物品有关监管事宜的公告》

9.亚马逊平台热销产品栏目是(　　)。

A.Best Sellers　　B.Hot New Releases

C.Movers & Shakers　　D.Most Wished For

10.运动短裤最适合放在亚马逊平台的(　　)栏目中。

A.Bottoms　　B.Luxury Beauty

C.Clothing,Shoes&Jewelry　　D.Sports & Outdoors

二、多项选择题

1.为什么要做跨境电商?(　　)

A.有利于传统外贸企业转型升级　　B.缩短了对外贸易的中间环节

C.为小微企业提供了新的机会　　D.有利于中国制造应对全球贸易新格局

2.以下描述中,正确的是?(　　)

A.CFR=成本+运费　　B.CIF=成本+运费

C.CFR=成本+运费+保险费　　D.CIF=成本+运费+保险费

3.亚马逊平台的产品标题应如何填写?(　　)

A.清楚地描述商品的名称、型号以及一些关键的特征和特性

B.符合海外买家的语法习惯

C.切记避免虚假描述,以免影响商品的转化情况

D.切记避免关键词堆砌,以免引起搜索降权处罚

4.关于亚马逊 Search Term 搜索关键字,描述正确的是?(　　)

A.每组 Search Term 最多写 50 个字符

B.虽然不是系统必填项,但是该字段非常重要,强烈建议卖家填写

C.最多写五组

D.不同单词之间需要用空格分开,不能用任何标点符号

5.关于商品的 UPC/EAN 编码,下列哪些是正确的?(　　)

A.UPC 是 12 位数的数字编码,EAN 是 13 位数的数字编码

B.UPC 和 EAN 是指国际通用的商品唯一识别编码

C.UPC 必须由正规机构申请或者购买

D.用 UPC 算号器算出来的 UPC 码可以正常使用不会造成侵权

6.如果你要上传的产品已经在亚马逊有售,以下操作正确的是?(　　)

A.因为亚马逊已经有售,所以放弃此商品的添加

B.如果是品牌商品,在没有授权的情况下,即使有正品行货也不可以销售

C.要仔细确认搜索到的产品与要销售的产品完全一致

D.在跟卖编辑此商品信息时,只需要添加产品的价格、数量、新旧程度等信息即可,无须填写商品的标题和图片信息

7.关于亚马逊平台的阐述以下哪些描述是错误的?(　　)

A.商品主图必须要与商品文字信息对应一致,如颜色、尺寸、款式等

B.商品描述中不能出现任何促销类信息

C.全新的商品可以在商品标题中注明 New 或 Brand New

D.为了提醒消费者商品是免运费的，可以在商品标题或 Bullet Point 中注明 Free Shipping

8.亚马逊平台关于以下商品图片的描述，错误的是（　　）。

A.主图中产品占页面 85%，白色背景，左上角有品牌 logo

B.主图左下角标注了产品的颜色、名称，图片居中放置

C.主图必须为白色背景，没有任何文字和水印

D.服装品类的商品可以上传尺码表图片作为辅图

三、简答题

1.常用的跨境电商选品工具有哪些？

2.什么样的产品标题更吸引消费者？

3.在亚马逊开店注册的基本步骤是什么？

4.在选品过程中，怎样进行成本核算？

5.谈谈海外开店要考虑哪些因素？

四、案例分析题

亚马逊 Buy Box 是每一个卖家都想要抢占的黄金购物车，它相当于亚马逊对店家的肯定，简单说就是“好货”的标志。黄金购物车的英文名是 Buy Box，位于单个商品页面的右上方，是买家购物时可以看到的最方便购买的位置（如图 2-95 所示），只要点击“Add to Cart”按钮，页面就会自动跳转到拥有这个 Buy Box 的店铺。也就是说拥有了黄金购物车，就等于拥有了流量，可以轻松带来大量的订单。

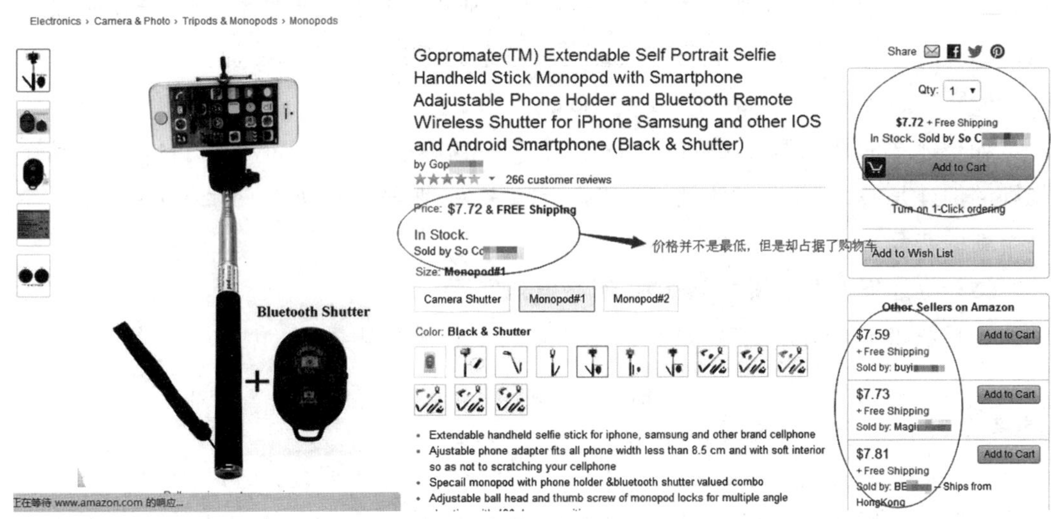

图 2-95　点击“Add to Cart”

接下来，与大家分享 5 个关于亚马逊 Buy Box 的重要事实：

1.据统计，亚马逊上 70%～80%的销售通过 Buy Box 产生

这是一个惊人的数字，这意味着，当一个顾客在产品页面上决定购买一个商品时，

70%～80%的顾客(在某些商品上可能会更多)会从获得 Buy Box 的卖家那里购买。大多数买家并不会点击页面下方的“more new and used offers”来查看更多价格和卖家,而是会直接点击“Add to Cart”的黄色按钮。这就是为什么所有卖家都希望自己能得到更多的 Buy Box 展示份额。

2.卖家将会轮流得到 Buy Box

除非某个商品有唯一卖家,否则卖家就不可能一直得到 Buy Box。亚马逊将在所有符合 Buy Box 资格的卖家中进行轮换,这种轮换将取决于亚马逊的算法。如图 2-95 所示,这个 Listing 的 Buy Box 暂时由 So Cool ×××× 拥有,其余的 3 个买家只能在旁边“羡慕”。但是这只是“暂时”的,因为下一个 Buy Box 可能是其余 3 家中的一家。

3.价格最低不一定能保证得到 Buy Box

大多数的消费者会自然地认为 Buy Box 价格是最低的,所以大多数新卖家都以为他们必须把自己的商品价格与最低价格相匹配才能得到 Buy Box,但这并不是完全正确的。有时,Buy Box 的价格会比最低价格高 1～2 美元,在某些商品上,甚至还会比最低价格高出 5 美元。

4.有时亚马逊会根据库存的位置来决定谁获得 Buy Box

有时,亚马逊不是根据卖家的商品价格来决定谁能获得 Buy Box,而是根据卖家库存在 FBA 仓库的地理位置来决定。如果顾客是在美国西海岸并且是一个 Prime 会员,亚马逊可能会在 Buy Box 里向买家展示位于西海岸仓库内的产品,因为这相对于一个便宜了 1 美元但却位于东海岸的产品来说,亚马逊能更容易地实现 Prime 的两天内交付承诺。另一个买家可能正坐在位于德克萨斯州的办公室里,并在同一时间查看同一个产品页面,但他可能会在 Buy Box 里看到另一个不同的卖家,而不是上面那个西海岸顾客所看到的,因为亚马逊想直接从德克萨斯的一个仓库发货。

5.只有全新的产品才能得到 Buy Box

如果你卖的是二手或回收的产品,这个产品就不符合得到 Buy Box 的条件。这个规则的例外是,对于某些媒体类(Media)产品来说,亚马逊会展示两个 Buy Box,一个是全新的产品,一个是二手的产品。

结合上述案例并搜索相关资料,回答下列问题:

若想获得 Buy Box 的黄金铺位,卖家应该考虑哪些因素?

参考资料

1.韩琳琳,张剑.《跨境电子商务实务》,上海交通大学出版社,2017 年 7 月.

2.跋涉文化传媒.《跨境电商多平台运营实战基础》,电子工业出版社,2017 年 9 月.

3.陈明,许辉.《跨境电子商务操作实务》,中国商务出版社,2015 年 5 月.

4.Amazon 产品主图的标准要求.https://zhuanlan.zhihu.com/p/28944797,2017 年 8 月.

5.谢新华.《网店商品拍摄与图片处理》,人民邮电出版社,2016 年 6 月.

6.吕宏晶，孙明凯.《跨境电商实务》，中国人民大学出版社，2016 年 9 月.
7.邓志超，崔慧勇，莫川川.《跨境电商基础与实务》，人民邮电出版社，2017 年 6 月.
8.孙正君，袁野.《亚马逊运营手册》，中国财富出版社，2017 年 6 月.
9.刘瑶.《亚马逊跨境电商平台实务》，对外经济贸易大学出版社，2017 年 7 月.
10.潘兴华，张鹏军，崔慧勇.《跨境开网店》，中国铁道出版社，2017 年 5 月.
11.海猫跨境编委会.《amazon 大卖家》，华中科技大学出版社，2017 年 8 月.

◆学习情境三◆
跨境电商数据分析

学习情境导入

如何做好跨境店铺的数据分析

在跨境店铺的运营过程中，对于店铺货源的定位、商品的变化趋势、商品成交情况、流量来源、客户评价等问题，小张总是凭借主观臆想或者根据经验来判断。然而，市场瞬息万变，单凭自身认知为店铺做决断，难免不够精准和全面，容易导致决策失误。因此，小张认为对店铺运营过程中产生的大量数据进行分析尤其重要。

对店铺进行数据分析，小张认为首先应该清楚店铺运营过程中会产生哪些数据以及应该对哪些数据进行分析。如流量情况、跳失率、成交情况、回头客、客户来源、收藏情况、转化率、访问深度、客单价、销售地域分布及转化率情况，实际退款率、利润、金额和成交件数、跟卖情况、ASIN 排名、差评跟踪、关键词广告效果这些数据都非常重要。其次，应该了解常用的跨境店铺数据分析工具，这些平台有紫鸟数据魔方、亚马逊船长、amz4seller 等。跨境店铺数据分析工具一般分为关键词类、选品类、综合软件、ERP 管理等。小张认为应该根据不同的数据分析内容选择对应的分析工具。例如"热卖排行、竞品追踪、关键词挖掘、店铺分析、排名锁定"等各大数据服务，可以选择紫鸟数据魔方；"产品开发、刊登上架、订单管理、商品 SKU 管理、采购、仓库管理、物流、FBA 采购与库存、财务、客服、报表统计"等数据服务，可以选择马帮 ERP 系统等。卖家应该根据企业的实际情况、产品功能及自身情况选择合适的跨境电商数据分析软件。

通过店铺数据分析，小张清楚了店铺目标人群的需求能够为店铺做好定位和决策。所以说，学会利用这些数据是店铺经营成功的垫脚石。

学习情境分析

店铺数据分析是店铺运营至关重要的环节，跨境电商卖家应运用数据化思维合理地优化店铺的管理与运营方案，为店铺提供更加科学的数据化决策。小张通过分析，认为以下几部分是店铺数据分析的主要工作：

(1)数据分析概述；

(2)店铺数据分析——以亚马逊为例。

学习情境目标

岗位细分	工作任务	技能转化	知识转化
		技能目标	知识目标
跨境网店运营岗	任务一 数据分析概述	1.能够构建店铺数据运营指标体系； 2.能够对店铺运营过程中产生的数据进行收集、整理、分析	1.了解跨境电商数据分析的相关指标； 2.掌握店铺数据分析的步骤； 3.熟悉店铺数据分析的主要内容
	任务二 店铺数据分析 ——以亚马逊为例	能够运用亚马逊后台数据及第三方数据分析工具对店铺经营状况进行分析，从而对店铺进行优化和策略调整	1.了解亚马逊数据分析要点； 2.掌握店铺后台数据分析； 3.掌握第三方数据分析工具的使用； 4.熟悉各类数据分析报表

任务一　数据分析概述

任务导入

近年来，跨境电商受到了全社会越来越多的重视，不但成为我国进出口贸易的重要组成部分，还成为我国电子商务发展的最新趋势。在中国，大量卖家借助全球速卖通、亚马逊等一些国际 B2C 跨境电商平台，将商品直接售卖到全球的消费者手中，通过这些方便、快捷的交易链，跨境电商卖家获得了丰厚的回报。但是，随着跨境电商的发展，如何在众多的卖家中脱颖而出又成为每个卖家都要仔细思考的问题，而“数据”则是解决问题的有效办法之一。

随着互联网的发展，各行各业都逐渐开始意识到了数据的巨大价值。小张也意识到店铺的成功运营必须利用“数据”这一工具。小张认为一个合格的跨境电商卖家需要了解网店数据的来源，掌握数据分析的主要内容，熟悉数据分析的指标体系等，形成科学化的数据分析思维，从而做到知己知彼，百战百胜。

任务分析

根据“任务导入”中的情境进行分析，数据分析概述任务中需理解三个问题：(1)数据分析与步骤；(2)店铺数据分析的主要内容；(3)店铺数据分析的指标体系。

知识学习

一、数据分析与步骤

(一)数据分析的概念

数据分析是指利用适当的统计分析方法对收集来的大量数据进行分析,提取有用信息,形成结论并对数据加以详细研究和概括总结的过程。这一过程也是质量管理体系的支持过程。在实际应用中,数据分析可以帮助人们做出判断,以便采取适当的行动。

(二)数据分析的步骤

数据分析的常用步骤如下:

1.确定目标

店铺运营包括行业对比、选品开发、店铺监控、商品分析、打造爆款、跟卖分析等。

数据分析的目标是找到适合自己店铺的运营方案,达到销售利润最大化。对于基础卖家,需要掌握选择产品、编辑商品、采购货物、正常发运等技能;对于进阶卖家,需要做好客服工作,做好店铺活动营销、店铺营销平稳增长等重点工作;对于明星卖家、超级卖家,要整合供应链,提高库存周转率,提升议价能力,建立品牌意识。在获取数据之前,运营人员应该明确数据分析需要解决说明的问题。

2.收集数据

卖家店铺的数据:过往的销售记录、交易转化数据、广告推广效果等是最真实、最有价值的,应该定期收集整理存档。

平台提供的数据:全球速卖通卖家后台提供的数据纵横工具,是全球速卖通基于平台海量数据打造的一款数据产品,卖家可以充分利用这个工具了解行业状况。很多跨境平台前台买家端会提供销售榜、热销榜等榜单信息,仔细观察可以收集到行业销售数据和竞品数据。亚马逊高级零售分析功能(Amazon Retail Analytics,ARA)可以查看市场趋势报表、客户行为分析数据表、地理位置数据分析表、订单销售数据表、店铺运作数据表、客户评论数据表,功能强大。

第三方数据工具:有些第三方数据分析工具是专门服务于跨境电商卖家的,通常可以检测平台整体数据、行业数据、竞品数据等;有些是体现全网网民搜索趋势的,如谷歌趋势。

3.梳理数据

上一步骤后收集到的数据可以称为初始数据。一般情况下,初始数据都比较杂乱,没有规律可言,如果在这种情况下就开始进行数据分析,跨境电商卖家将很难看出关键点所在。所以在收集了初始数据后,卖家还必须对这些数据进行整理,即对数据进行初加工。

专业的数据分析师整理数据的方法比较复杂,而且需要一定的专业知识基础。对于跨境电商卖家来说,使用简单的数据整理方法就可以满足绝大部分的店铺管理与运营需要了。一般情况下整理数据首选是 Office 办公软件中的 Excel 表格。常用的简单的数据整理方法有去重处理、筛选排序、分组管理、求和计算等。

4.分析数据

对数据进行整理后，就可以进入到数据分析阶段了。对于跨境电商卖家来说需要掌握数据分析的一般方法，能够使用 Excel 来制作简单的图表，以对数据进行直观呈现。下面介绍几种基础的数据分析方法。

(1)细分分析。

细分分析指的是要细致化考量多方面的可能性，此时可以多观察一下数据分布。在数据分析值中，总和、平均数、最大值、最小值这几个数据是远远不够的，还要考虑数据的动态分布和整体趋势，进行整体的分析判断、预测，为下一步行动提供数据支持。

如对浏览量 PV 进行细分分析，我们在亚马逊后台的 Business Report 下载的 PV 数据就包含了付费 PV 和自然搜索关键词来的 PV。为了评判该 Listing 的健康度，我们可以下载这两个报告：业绩报告中的 Sales and Traffic by ASIN 和 CPC(Cost Per Click)中的 Performance by SKU，然后通过 Excel 公式或是数据透视表整合在一起，监控最近一段时间的自然流量和付费流量变化，并采取相应措施，在保证 CPC 浏览量增长的同时，也要促进自然流量的增加。

(2)对比分析。

有对比就有差异，就能发现问题，对比分析法是数据分析中常用的方法。例如，将上个月与这个月店铺的流量、转化率、成交金额等数据进行比较，可以看出店铺的运营状况是变好还是变差，并找出变好和变差的原因。

(3)分拆分析。

在数据动态中直接提取问题是有难度的，这时可以考虑拆分因子，将问题一步步细化找寻原因。比如对“订单量下降”的分拆，可以从 Listing 的差评、价格等微观因素加以分析，也能从市场淡旺季的宏观因素加以分拆。

5.得出结论

数据分析的最后一步就是得出结论，从而指导决策。要想得到比较客观正确的结论，卖家需要结合两大要素，即将数据分析结果与自己的经验相结合，得出最终结论。

二、店铺数据分析的主要内容

(一)流量来源分析

“流量为王”是所有网店运营的核心，分析店铺流量来源是运营店铺的关键所在。流量整体上分为类目流量和自然搜索流量。类目流量是从左侧类目栏通过层层搜索最后到达产品展示页的流量；自然搜索流量是在首页搜索栏填写关键词搜索后展示的页面的流量。这两个流量来源都非常关键。

从流量的落地页面来看，流量还可以分为店内流量和站内其他流量两类。店内流量相对比较简单，是通过店铺内的搜索栏搜索本店产品的流量；站内其他流量包括的范围比较广泛，但其核心是店铺产品与产品之间页面的跳转，也可以称之为流量的共享,主要工作是关联营销以及店铺装修优化等环节,站内其他流量还包括从平台的活动推广页引来的流量。

接下来我们要讲的就是跨境电商平台站外流量,这里主要讲的是通过从站外获取关键词优化我们所推广的产品,以及通过站外的推广手段,例如 EDM 营销、SNS 营销为店铺引来的流量。

(二)点击率和转化率分析

在店铺有了稳定的流量以后,为了更好地提升店铺的业绩,接下来就要开始分析产品的点击率和转化率。

影响点击率的因素相对比较简单,主要是产品的主图和标题。产品能否引起买家的点击,首先要看主图展示的是不是买家想要的产品。可以通过数据分析,分析出搜索度高的产品属性来优化产品主图。

影响转化率的因素主要有单品的转化率和全店的转化率。单品的转化率重点关注的是流量优化、商品优化、评价优化以及客服优化;店铺转化率更多地取决于热销款商品的转化率,要从平均停留时间、热销款流量的去向以及老客户营销来提高店铺的整体转化率。

(三)店铺整体的数据分析

当引来了流量,优化了点击率和转化率后,接下来要做的就是分析店铺整体的数据。

进行店铺整体数据分析时,首先要分析的是买家的行为,通过分析店铺买家的具体特征,为接下来的运营提供数据支持。

分析完买家行为以后,接下来就要分析运营人员在日常的数据化运营中,每个不同的时间节点都需要做哪些工作,工作细分了,效率才能提高。

利润永远是卖家最关注的问题,而店铺的利润在绝大多数情况下取决于仓库中的库存,也就是卖家最关心的仓库动销率。所以,卖家要经常统计仓库中哪些产品是滞销的,将其淘汰,哪些产品是热销的,将其继续推广。仓库的动销率提高了,店铺的利润自然也会随之增加。

(四)无线端数据分析

从 2014 年开始,大家会发现店铺来自无线端的订单越来越多,而且无线端的买家群体增长速度很快,这是因为随着手机智能化及 WiFi 信号的覆盖率增加,年轻的海外买家们更加喜欢相对简单的移动端购物,那么对店铺运营来说,无线端的数据分析也越来越重要。

无线端的优化和 PC 端稍微有所区别,受屏幕大小的限制,无线端更突出的是主图的重要性以及详情页的适配性。只有做好了无线端的数据分析,才能够更好地服务买家从而提高店铺的点击率和转化率。

三、店铺数据分析的指标体系

(一)流量类指标

1.独立访客数(UV)

独立访客数指访问电商网站的不重复用户数。对于 PC 网站,统计系统会在每个访问网站的用户浏览器上"种"一个 Cookie(小型文本文件)来标记这个用户,这样每当被标记 Cookie 的用户访问网站时,统计系统都会识别到此用户。在一定统计周期内如一天,统计系统会利用消重技术,对同一 Cookie 在一天内多次访问网站的用户仅记录为一个用户。而在移动终端区分独立用户的方式则是按独立设备计算独立用户。

2.页面访问数(PV)

页面访问数即页面浏览量,用户每一次对电商网站或者移动电商应用中的每个网页访问均被记录一次,用户对同一页面的多次访问,访问量累计。

3.人均页面访问数

人均页面访问数即页面访问数(PV)/独立访客数(UV),该指标反映的是网站的访问黏性。

4.浏览量占比

浏览量占比指某来源的到达页浏览量/所有来源的到达页浏览量。

5.平均访问深度

访问深度为用户在一次访问内访问店铺页面的次数,平均访问深度即所有用户每次访问时访问深度的平均值。跨天查看时,该指标是所选时间周期内日数据的平均值。

6.平均访问时间

访问时间为用户在一次访问内访问店铺页面的时长,平均访问时间即所有用户每次访问时访问时长的平均值。停留时间越长,表示店铺对用户的吸引力越大。

7.新增客户占比

新增客户占比指的是新增加的访客数占总的访客数的百分比。

8.跳失率

跳失率指只访问了一个页面就离开的访问次数占该页面总访问次数的百分比,跳失率越大,代表页面对访客的吸引力越小,越是需要改进。

(二)成交转化率类指标

1.购物车类指标

基础统计类指标,包括一定统计周期内加入购物车次数、加入购物车买家数以及加入购物车商品数。

转化类指标,主要是购物车支付转化率,即一定周期内加入购物车商品支付买家数与加入购物车买家数的比值。

2.下单类指标

基础统计类指标,包括一定统计周期内的下单笔数、下单金额以及下单买家数。

转化类指标，主要是浏览下单转化率，即下单买家数与网站访客数(UV)的比值。

3.支付类指标

基础统计类指标，包括一定统计周期内的支付金额、支付买家数和支付商品数。

转化类指标，包括浏览—支付买家转化率(支付买家数/网站访客数×100%)、下单—支付金额转化率(支付金额/下单金额×100%)、下单—支付买家数转化率(支付买家数/下单买家数×100%)和下单—支付时长(下单时间与支付时间的差值)。

4.客单价

客单价=成交金额/成交用户数。客单价可以反映店铺每一个成交用户的价值，客单价越高，越有利于店铺业绩的提高。

(三)风控类指标

1.买家评价指标

买家评价指标，包括买家评价数、买家评价卖家数、买家评价上传图片数、买家评价率、买家好评率以及买家差评率。其中，买家评价率是指某段时间参与评价的买家数量与该时间段买家数量的比值，是反映用户对评价参与度的指标，电商网站目前都在积极引导用户评价，以作为其他买家购物时的参考。买家好评率指某段时间内好评的买家数量与该时间段买家数量的比值。同样，买家差评率指某段时间内差评的买家数量与该时间段买家数量的比值。尤其是买家差评率，是非常值得关注的指标，需要实时监控，一旦发现买家差评率在加速上升，一定要提高警惕，分析引起差评率上升的原因，及时改进。

2.买家投诉类指标

买家投诉类指标，包括发起投诉量(或申诉)、撤销投诉量(或申诉)、投诉率(买家投诉人数占买家数量的比例)等。投诉量和投诉率都需要及时监控，以发现问题，及时优化。

(四)市场营销活动类指标

1.市场营销活动指标

市场营销活动指标，包括新增访问人数、新增注册人数、总访问次数、订单数量、下单转化率以及投资回报率。其中，下单转化率是指活动期间，某活动所带来的下单的次数与访问该活动的次数之比。投资回报率(ROI)是指某一活动期间，产生的交易金额与活动投放成本金额的比值。

2.广告投放指标

广告报放指标，包括新增访问人数、新增注册人数、总访问次数、订单数量、UV订单转化率、广告投资回报率。其中，UV订单转化率是指某广告所带来的下单的次数与访问该活动的次数之比。广告投资回报率(ROI)是指某广告产生的交易金额与广告投放成本金额的比值。

任务实施

实训任务 3-1:网站流量分析工具 Google Analytics 使用实训

在进行产品销售的时候,往往需要大量的数据内容来对店铺的运营情况进行分析,而 Google Analytics(GA,谷歌数据分析,网址 http://www.google.com/analytics/)是 Google 为网站经营者推出的实时数据分析工具。

实训目的:

- 掌握注册 Google Analytics 账号的操作步骤;
- 熟悉 Google Analytics 数据分析工具的主要功能;
- 掌握 Google Analytics 数据分析工具的操作,会查看数据报告,并进行分析。

实训指导:

1.注册 Google 账号

要使用 GA,必须先成为 Google 的注册用户,如果没有要先注册,Google 的所有服务账号是通用的,比如 Gmail 邮箱、安卓手机账号等。注册方法详见实训任务 2-7。

2.注册 GA 免费服务

(1)访问地址 http://www.google.com/analytics/,点击创建账户,如图 3-1 所示。

(2)初次使用会进入图 3-2 所示页面,点击右侧"注册"按钮。

(3)点击注册按钮后,开始进行 GA 注册和操作,按要求填写注册信息,如图 3-3 所示。

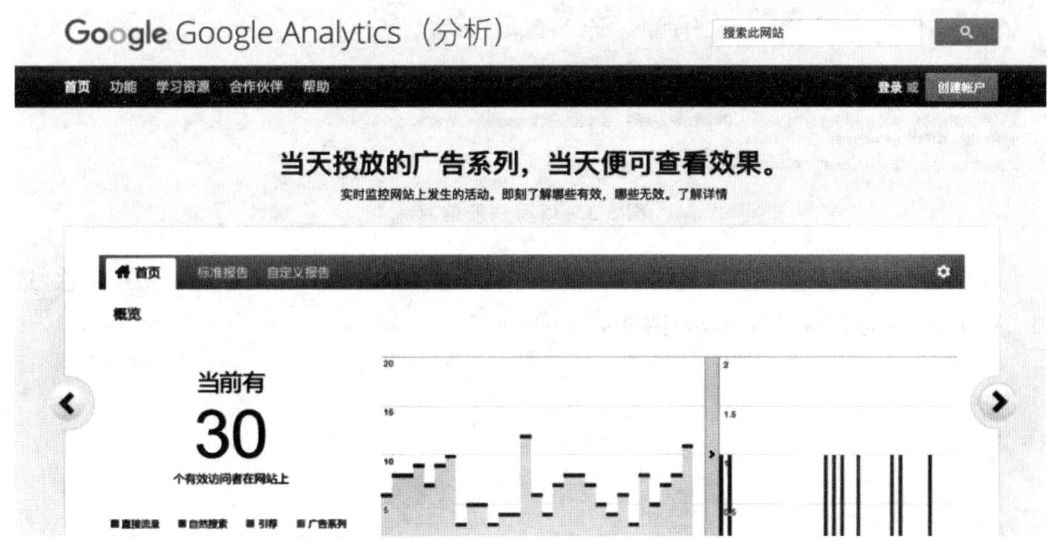

图 3-1　创建 Google Analytics 账户

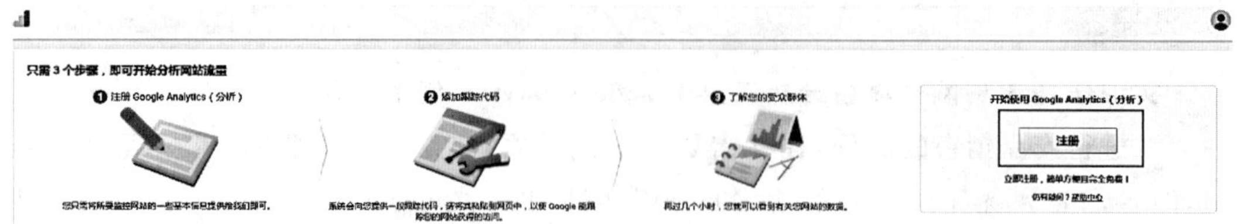

图 3-2　点击右侧“注册”按钮

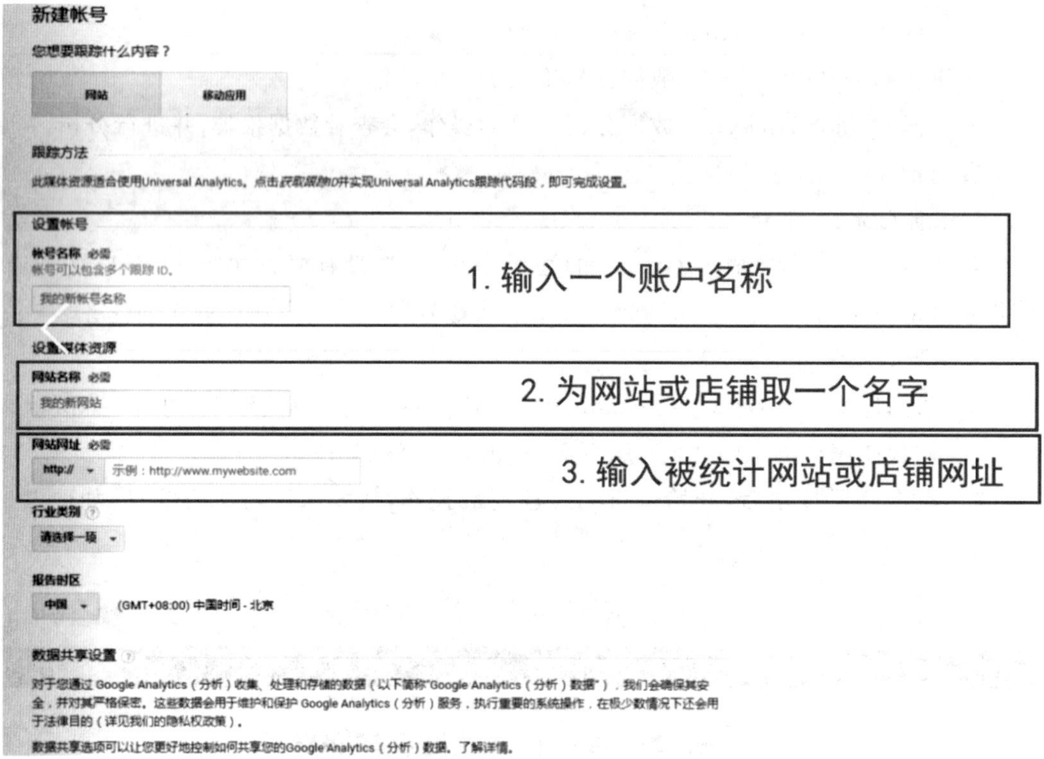

新建帐号

您想要跟踪什么内容？

网站　移动应用

跟踪方法

此媒体资源适合使用Universal Analytics。点击获取跟踪ID并实现Universal Analytics跟踪代码段，即可完成设置。

设置帐号

帐号名称 必需

帐号可以包含多个跟踪 ID。

我的新帐号名称

1. 输入一个账户名称

设置媒体资源

网站名称 必需

我的新网站

2. 为网站或店铺取一个名字

网站网址 必需

http://　示例：http://www.mywebsite.com

3. 输入被统计网站或店铺网址

行业类别

请选择一项

报告时区

中国　(GMT+08:00) 中国时间 - 北京

数据共享设置

对于您通过 Google Analytics（分析）收集、处理和存储的数据（以下简称“Google Analytics（分析）数据”），我们会确保其安全，并对其严格保密。这些数据会用于维护和保护 Google Analytics（分析）服务，执行重要的系统操作，在极少数情况下还会用于法律目的（详见我们的隐私权政策）。

数据共享选项可以让您更好地控制如何共享您的Google Analytics（分析）数据。了解详情。

图 3-3　填写注册信息

(4)点击“获取跟踪 ID”以后会弹出服务条款，阅读 Google Analytics 服务条款，选中“我接受”复选框继续操作，如图 3-4 所示。

您使用了0个账号（共100个）

图 3-4　点击“获取跟踪 ID”

3.将跟踪代码添加到网页中

(1)点击“我接受”以后，GA 就会分配一个代码给你，如图 3-5 所示。

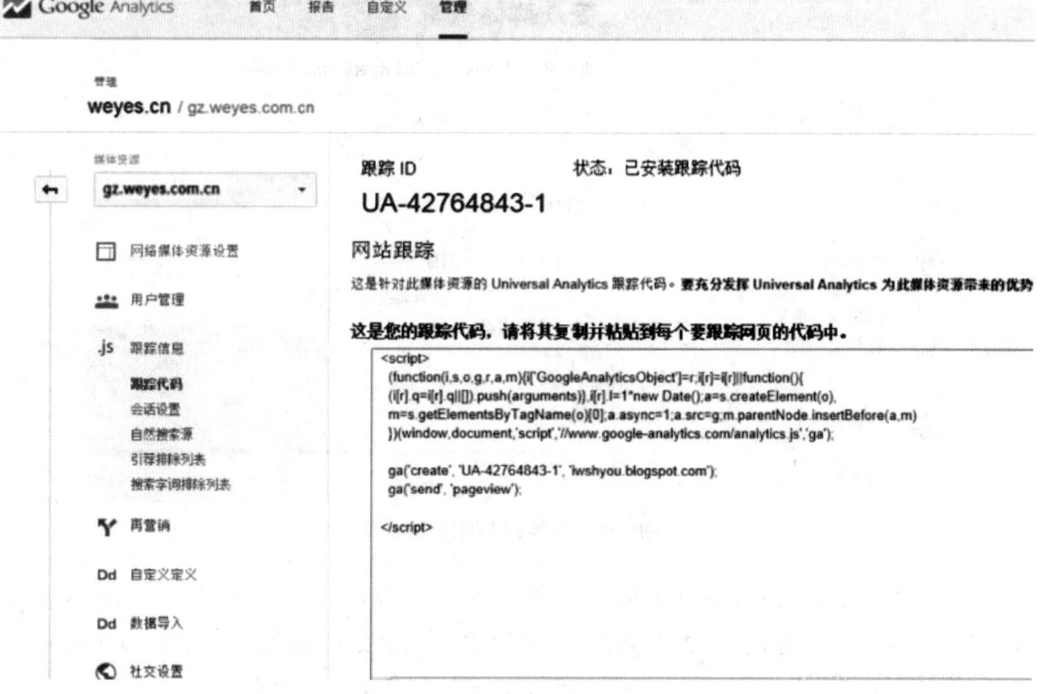

图 3-5　添加跟踪代码

(2)复制以上 javascript 代码，添加到你的网站每个页面的顶部，如图 3-6 所示。

```
<html>
<head>
 <meta http-equiv="Content-Type" content="text/html; charset=utf-8" />
<script>
  (function(i,s,o,g,r,a,m){i['GoogleAnalyticsObject']=r;i[r]=i[r]||function(){
  (i[r].q=i[r].q||[]).push(arguments)},i[r].l=1*new Date();a=s.createElement(o),
  m=s.getElementsByTagName(o)[0];a.async=1;a.src=g;m.parentNode.insertBefore(a,m)
  })(window,document,'script','//www.google-analytics.com/analytics.js','ga');

  ga('create', 'UA-42764843-1', 'iwshyou.blogspot.com');
  ga('send', 'pageview');

</script>
</head>
<body bgcolor="#ffffff">
```

图 3-6　添加 GA 跟踪代码到<head></head>标签之间

(3)将代码加到自定义 header 里,点击“保存设置”。在 24 小时后登录你的 Analytics,点击“报告”可以看到你的分析。

4.查看分析报告

(1)点击顶部“报告”链接,即可查看网站流量的分析结果。通常是 24 小时后可以看到效果,如图 3-7 所示。

图 3-7　查看网站流量分析

(2)查看报表,重点查看点击量来源,用于确定广告效果;查看受众特征、兴趣和地理信息,可以分析目标用户;查看跳出率,可以看出网页之间的关联程度。以下是五个简单的 Google Analytics 报告,可以帮助我们了解网站的运营数据。

①用户来源数据报告。

用户来源数据报告是从一个简单但很关键的视角为我们提供了一个来访用户的数据展示,包括用户如何登录我们的网站,哪些渠道的流量最多,带来的收入最大,跳出率、客单价及转化率等。这样，我们可以对营销的具体渠道及方法做出相应的调整。如图 3-8 所示，Source、Medium 是揭示访客来源的有力工具，Source 是指推荐网站，也就是那些链接指向我们网站的其他域名，Medium 是指访客来的线上渠道，具体指标包括访问量（Session）、新访客数占比（New Session）、跳出率（Bounce Rate）、收入金额（Revenue）、客单价（Average Order Value）、转化率（Ecommerce Conversion Rate）。

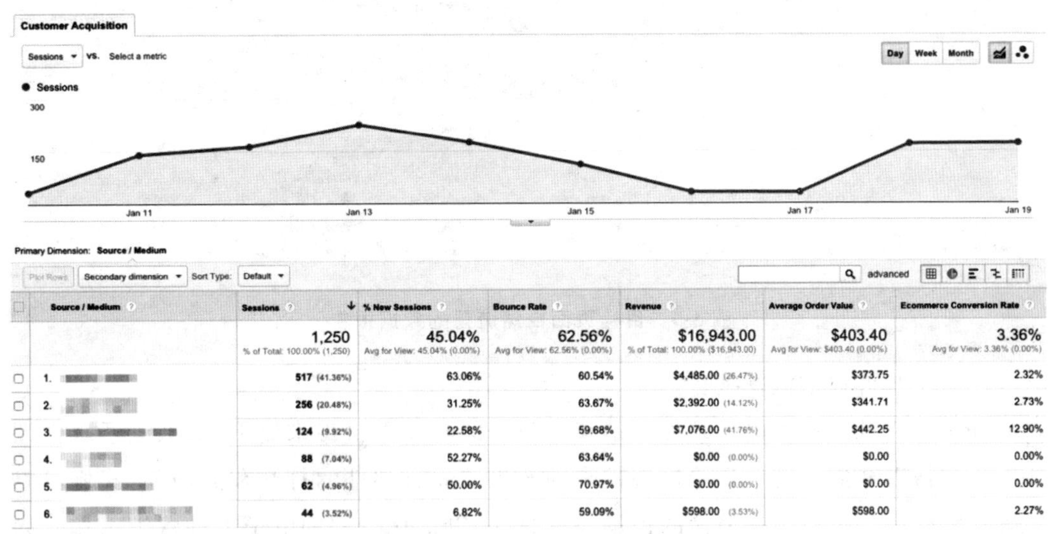

	Source / Medium	Sessions	% New Sessions	Bounce Rate	Revenue	Average Order Value	Ecommerce Conversion Rate
		1,250 % of Total: 100.00% (1,250)	45.04% Avg for View: 45.04% (0.00%)	62.56% Avg for View: 62.56% (0.00%)	$16,943.00 % of Total: 100.00% ($16,943.00)	$403.40 Avg for View: $403.40 (0.00%)	3.36% Avg for View: 3.36% (0.00%)
☐	1.	517 (41.36%)	63.06%	60.54%	$4,485.00 (26.47%)	$373.75	2.32%
☐	2.	256 (20.48%)	31.25%	63.67%	$2,392.00 (14.12%)	$341.71	2.73%
☐	3.	124 (9.92%)	22.58%	59.68%	$7,076.00 (41.76%)	$442.25	12.90%
☐	4.	88 (7.04%)	52.27%	63.64%	$0.00 (0.00%)	$0.00	0.00%
☐	5.	62 (4.96%)	50.00%	70.97%	$0.00 (0.00%)	$0.00	0.00%
☐	6.	44 (3.52%)	6.82%	59.09%	$598.00 (3.53%)	$598.00	2.27%

图 3-8　用户来源数据报告

②目标页面自然流量的数据报告。

大多数电商平台经营者至少要运用一个搜索引擎优化策略，目的是提高自然搜索流量的权重。为了控制在所有网站上滥用搜索优化，Google 不会共享用于访问你网站的自然关键字。“目标页面自然流量”报告会尝试绕过此障碍，允许你查看具备最佳自然流量效果的目标网页。此报表可以查看自然流量来源访问者的网页快照。如图 3-9 所示。

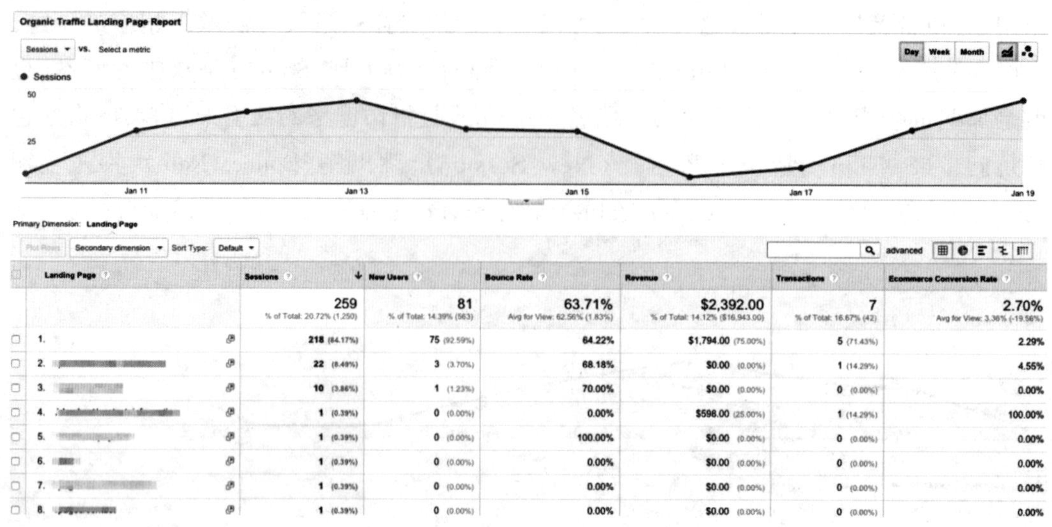

	Landing Page	Sessions	New Users	Bounce Rate	Revenue	Transactions	Ecommerce Conversion Rate
		259 % of Total: 20.72% (1,250)	81 % of Total: 14.39% (563)	63.71% Avg for View: 62.56% (1.83%)	$2,392.00 % of Total: 14.12% ($16,943.00)	7 % of Total: 16.67% (42)	2.70% Avg for View: 3.36% (-19.56%)
1.		218 (84.17%)	75 (92.59%)	64.22%	$1,794.00 (75.00%)	5 (71.43%)	2.29%
2.		22 (8.49%)	3 (3.70%)	68.18%	$0.00 (0.00%)	1 (14.29%)	4.55%
3.		10 (3.86%)	1 (1.23%)	70.00%	$0.00 (0.00%)	0 (0.00%)	0.00%
4.		1 (0.39%)	0 (0.00%)	0.00%	$598.00 (25.00%)	1 (14.29%)	100.00%
5.		1 (0.39%)	0 (0.00%)	100.00%	$0.00 (0.00%)	0 (0.00%)	0.00%
6.		1 (0.39%)	0 (0.00%)	0.00%	$0.00 (0.00%)	0 (0.00%)	0.00%
7.		1 (0.39%)	0 (0.00%)	0.00%	$0.00 (0.00%)	0 (0.00%)	0.00%
8.		1 (0.39%)	0 (0.00%)	0.00%	$0.00 (0.00%)	0 (0.00%)	0.00%

图 3-9 目标页面自然流量的数据报告

③电子邮件评估数据报告。

如果我们计划使用电子邮件营销来为我们的电商平台带来流量，那么电子邮件评估报告将帮助我们了解广告给销售带来的效果。通过邮件的打开和点击率，我们可以了解到哪些广告可以带来最大的销量或者收入，以优化我们的电子邮件营销工作。如图 3-10 所示。

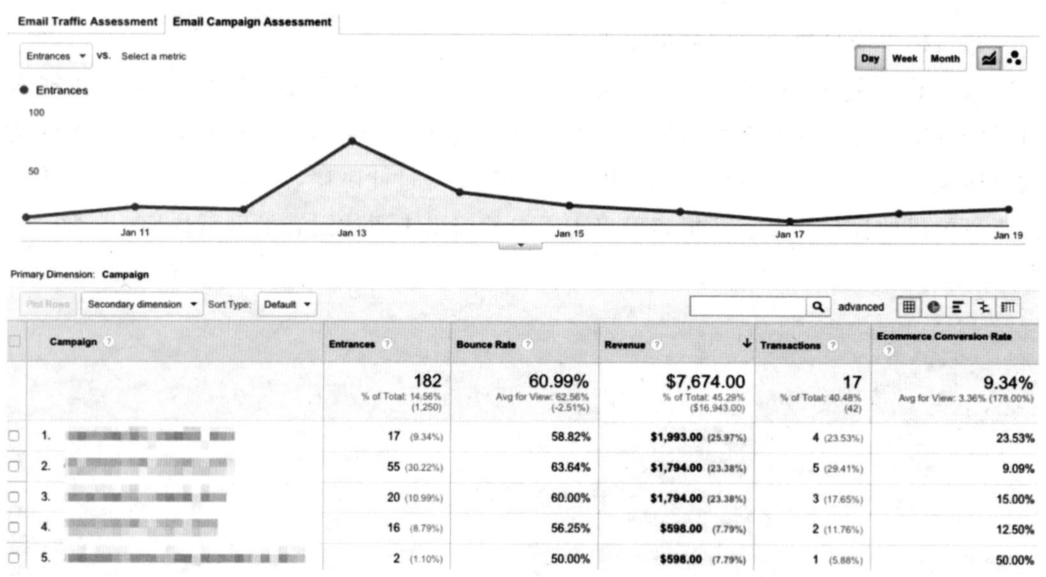

	Campaign	Entrances	Bounce Rate	Revenue	Transactions	Ecommerce Conversion Rate
		182 % of Total: 14.56% (1,250)	60.99% Avg for View: 62.56% (-2.51%)	$7,674.00 % of Total: 45.29% ($16,943.00)	17 % of Total: 40.48% (42)	9.34% Avg for View: 3.36% (178.00%)
1.		17 (9.34%)	58.82%	$1,993.00 (25.97%)	4 (23.53%)	23.53%
2.		55 (30.22%)	63.64%	$1,794.00 (23.38%)	5 (29.41%)	9.09%
3.		20 (10.99%)	60.00%	$1,794.00 (23.38%)	3 (17.65%)	15.00%
4.		16 (8.79%)	56.25%	$598.00 (7.79%)	2 (11.76%)	12.50%
5.		2 (1.10%)	50.00%	$598.00 (7.79%)	1 (5.88%)	50.00%

图 3-10 电子邮件评估数据报告

④用户终端设备数据报告。

近年来，移动和多元化的商业规模比以往任何时候都要大，商家需要格外注意并适应这一变化。移动用户的行为与桌面用户不同，他们会通过独特的渠道到达你的网站，并以独特的方式与网站互动。

终端设备数据报告包含两个视图，可以看到不同设备对应的用户行为，以及不同设备对吸引用户的权重比例，有助于我们更好地了解其移动和桌面客户之间的差异。如图 3-11 所示。

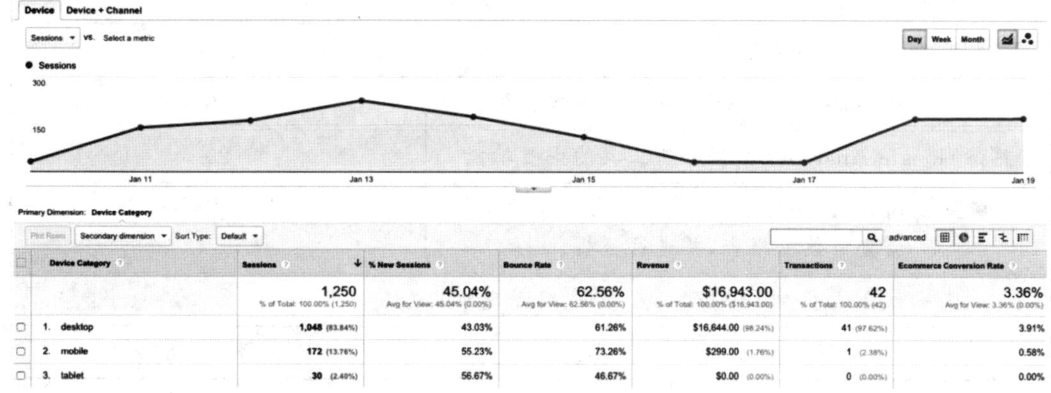

Primary Dimension: Device Category

Device Category	Sessions	% New Sessions	Bounce Rate	Revenue	Transactions	Ecommerce Conversion Rate
	1,250 % of Total: 100.00% (1,250)	45.04% Avg for View: 45.04% (0.00%)	62.56% Avg for View: 62.56% (0.00%)	$16,943.00 % of Total: 100.00% ($16,943.00)	42 % of Total: 100.00% (42)	3.36% Avg for View: 3.36% (0.00%)
1. desktop	1,048 (83.84%)	43.03%	61.26%	$16,644.00 (98.24%)	41 (97.62%)	3.91%
2. mobile	172 (13.76%)	55.23%	73.26%	$299.00 (1.76%)	1 (2.38%)	0.58%
3. tablet	30 (2.40%)	56.67%	46.67%	$0.00 (0.00%)	0 (0.00%)	0.00%

图 3-11　用户终端设备数据报告

⑤时间/周(日)销售数据报告。

时间/周(日)销售数据报告为我们提供过去一周销售的详细视图。该报告可展示出一天中的哪几个小时，一周中的哪几天以及这两者的组合所发生的销售行为。这份报告的优点是，从这份报告中，我们可以知道哪些时间段是销售不佳的日子，再根据报告对营销活动进行完善，以此来提高流量和转化率。如图 3-12 所示。

Day of Week　Time of Day　Day of Week x Time of Day

Primary Dimension: Day of Week Name

Day of Week Name	Sessions	Pageviews	Bounce Rate	Revenue	Revenue per User	Transactions	Ecommerce Conversion Rate
	1,250 % of Total: 100.00% (1,250)	2,564 % of Total: 100.00% (2,564)	62.56% Avg for View: 62.56% (0.00%)	$16,943.00 % of Total: 100.00% ($16,943.00)	$15.81 % of Total: 82.74% ($19.10)	42 % of Total: 100.00% (42)	3.36% Avg for View: 3.36% (0.00%)
1. Tuesday	334 (26.72%)	834 (32.53%)	59.88%	$4,784.00 (28.24%)	$16.73 (105.84%)	12 (28.57%)	3.59%
2. Wednesday	226 (18.08%)	399 (15.56%)	66.37%	$4,784.00 (28.24%)	$25.31 (160.15%)	12 (28.57%)	5.31%
3. Thursday	175 (14.00%)	372 (14.51%)	57.14%	$3,289.00 (19.41%)	$24.36 (154.15%)	7 (16.67%)	4.00%
4. Friday	111 (8.88%)	220 (8.58%)	54.95%	$2,292.00 (13.53%)	$24.38 (154.27%)	5 (11.90%)	4.50%
5. Monday	309 (24.72%)	586 (22.85%)	66.67%	$1,196.00 (7.06%)	$4.32 (27.32%)	4 (9.52%)	1.29%
6. Sunday	63 (5.04%)	103 (4.02%)	68.25%	$598.00 (3.53%)	$9.80 (62.03%)	2 (4.76%)	3.17%
7. Saturday	32 (2.56%)	50 (1.95%)	68.75%	$0.00 (0.00%)	$0.00 (0.00%)	0 (0.00%)	0.00%

图 3-12　时间/周(日)销售数据报告

注："用户来源数据报告"参考跨境电商简单有效的 Google(谷歌)数据分析方向，百度文库，https://wenku.baidu.com/view/d2fe4ac05ebfc77da26925c52cc58bd631869349.html.

任务评价

任务编号	任务 3-1	任务名称	GA 数据分析工具的使用
任务完成方式	小组协同完成		
任务评价内容			分值
掌握注册 Google Analytics 账号的操作步骤			30
熟悉 Google Analytics 数据分析工具的主要功能			20
掌握 Google Analytics 数据分析工具的操作，会查看数据报告，并进行分析			50
成绩评定			
小组评价　20%			教师评价　80%

任务二　店铺数据分析——以亚马逊为例

任务导入

在掌握了数据分析的步骤、主要内容与指标后，小张接下来的任务就是对经营的亚马逊店铺进行数据分析。分析内容包括竞争对手店铺分析和本店铺经营状况分析。分析指标包括店铺流量、流量来源、宝贝成交转化率、跟卖提醒、差评跟踪、ASIN 排名等。小张决定利用亚马逊后台数据与选定合适的第三方数据分析工具来进行网店数据分析。在经历了一年的店铺数据运营后，他收获颇多，也深刻体会到：数据为王的时代，谁掌握了足够多的数据，谁就抢占了先机，增强了竞争力，也就掌握了未来。

任务分析

根据“任务导入”中的情境进行分析，店铺数据分析过程中要理解两个问题：(1)店铺后台数据分析；(2)第三方亚马逊数据分析工具的使用。

知识学习

一、店铺后台数据分析

在亚马逊后台数据报告中，业务报告、亚马逊销售指导是卖家应该关注的重要数据。

(一)业务报告(Business Report)

卖家可以打开账户后台,在“数据报告”(Report)选项中找到“业务报告”(Business Reports)入口,进入页面后可以看到业务报告(Business Reports)。如图 3-13 所示。

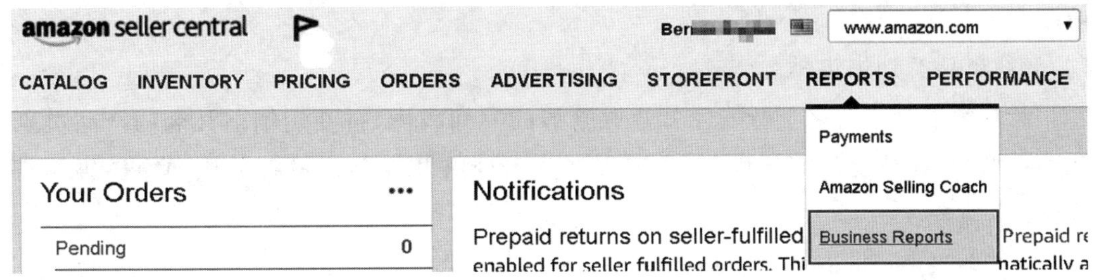

图 3-13　业务报告入口

业务报告(Business Report)由销售图表(Sales Dashboard)、按日期或按 ASIN 的归类数据的业务报告(Business Report)、每月销售量和订单量(Sales and Orders by Month)三部分数据组成,而这些报告的数据通常最多可以保留两年。

所有的数据分析(Business Reports),卖家都可以进行下载,系统默认下载全部数据。在业务报告(Business Report)里的任何一个数据报告,都把月租和产品销售佣金这部分的支出费用计算在内。可在后台“Report”里面的“Payments”下载“Date Range Reports”查看实际收入。

1.销售图表(Sales Dashboard)

销售图表由销售概览(Sales Snapshot)、销售对比(Compare Sales)和商品类别销售排名(Sales by Category)三部分组成。如图 3-14 所示。

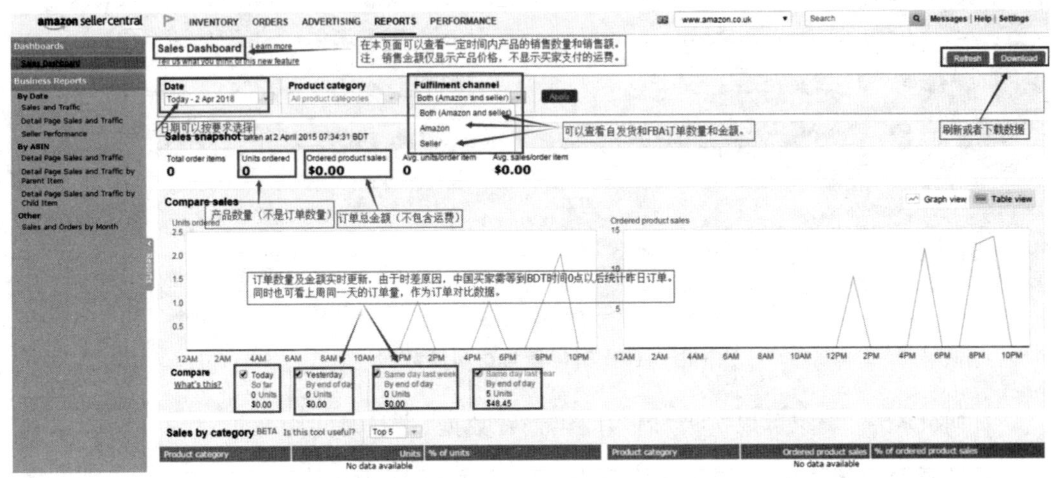

图 3-14　销售图表

(1)销售概览(Sales Snapshot)。

销售概览通常会显示卖家当天的销售情况,数据大约每小时更新一次。

(2)销售对比(Compare Sales)。

销售对比由直观的图表组成。它能将不同时间的销售数据放在一起对比,可以很直观地看到商品销量、净销售额的升降情况。销售对比(Compare Sales)具有互动式功能。

(3)商品类别销售排名(Sales by Category)。

商品类别销售排名能让卖家知道在具体的时间段内,排在店铺前几名的产品类别分别有哪些,各分类的商品数量、净销售额是多少以及商品数量百分比和净销售额百分比。

2.业务报告(Business Report)

业务报告按照日期、ASIN码和其他业务报告这三大板块来归类数据。业务报告中心数据比较多,但卖家常看的数据有以下几项:

(1)根据日期统计的业务报告。

①销售量与访问量(Sales and Traffic)。

根据日期统计的"销售量与访问量"这部分的数据,以图像+表格的形式表达,数据非常直观,如图3-15所示。在表格中,卖家可以看到具体某段时间内的销售额、销量、买家访问次数、订单商品种类数、转化率等各类数据。下面对各数据的专有名词进行解读。

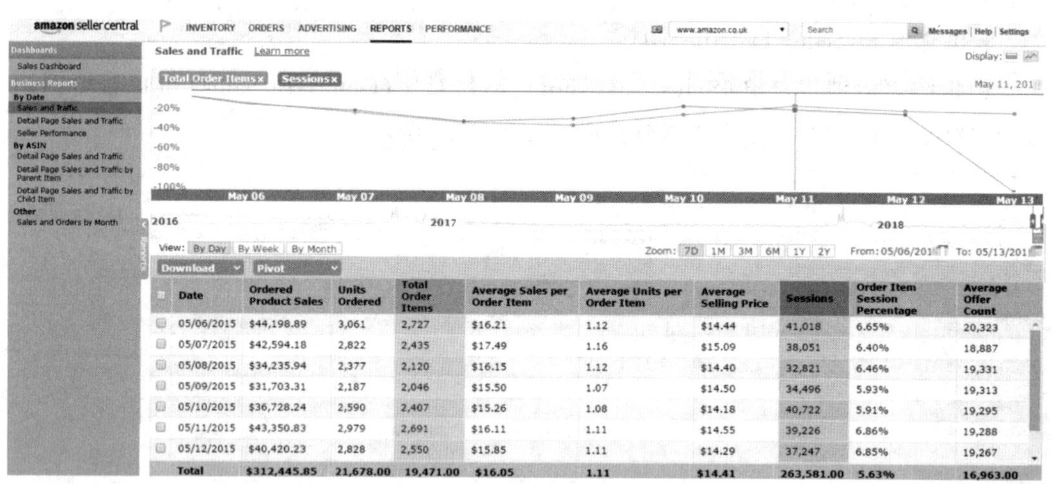

Date	Ordered Product Sales	Units Ordered	Total Order Items	Average Sales per Order Item	Average Units per Order Item	Average Selling Price	Sessions	Order Item Session Percentage	Average Offer Count
05/06/2015	$44,198.89	3,061	2,727	$16.21	1.12	$14.44	41,018	6.65%	20,323
05/07/2015	$42,594.18	2,822	2,435	$17.49	1.16	$15.09	38,051	6.40%	18,887
05/08/2015	$34,235.94	2,377	2,120	$16.15	1.12	$14.40	32,821	6.46%	19,331
05/09/2015	$31,703.31	2,187	2,046	$15.50	1.07	$14.50	34,496	5.93%	19,313
05/10/2015	$36,728.24	2,590	2,407	$15.26	1.08	$14.18	40,722	5.91%	19,295
05/11/2015	$43,350.83	2,979	2,691	$16.11	1.11	$14.55	39,226	6.86%	19,288
05/12/2015	$40,420.23	2,828	2,550	$15.85	1.11	$14.29	37,247	6.85%	19,267
Total	$312,445.85	21,678.00	19,471.00	$16.05	1.11	$14.41	263,581.00	5.63%	16,963.00

图 3-15 销售量与访问量数据

日期(Date):卖家可以按天/周/月/年查看数据,最长时间为2年。

已订购商品销售额(Ordered Product Sales):具体时间段内,卖家所有订单加起来的净销售额。计算公式:已订购商品销售额=商品价格×已订购商品数量。

已订购商品数量(Units Ordered):具体时间段内,卖家所有订单加起来的商品个数的总和。比如,买家下了一个订单,这个订单含2件商品,那么已订购商品数量为2。

订单商品种类数(Total Order Items):具体时间段内,所有订单中加起来的商品的品种个数。比如,买家下了5个订单,其中2个订单的产品都是相机,另外3个订单的产品是键盘，相机和键盘是不同的产品，算 2 种产品，那么订单商品种类数就是 2。

每种订单商品的平均销售额(Average Sales Per Order Item)：具体时间段内，平均每一种产品的售出价。计算公式：每种订单商品的平均销售额＝已订购商品销售额/订单商品种类数。比如，当天卖家店铺产生 164 美元的销售额，共卖出 38 种产品，那么每一种商品的平均销售额约为 4.3 美元。

每种订单商品的平均数量(Average Units Per Order Item)：具体时间段内，平均每一种商品的销售数量。计算公式：每种订单商品的平均数量＝已订购商品数量/订单商品种类数。比如，卖家当天售出了 45 个产品，共 30 个品种，那么每一个品种的平均销量为 1.5 个。

平均销售价格(Average Selling Price)：具体时间段内，平均每一个商品的售出价，也就是通常所说的"每个商品的平均价格"。

买家访问次数(Sessions)：买家对卖家产品页面进行访问的浏览次数的统计。在一次访问中，即使买家多次浏览多个页面(24 小时内)，也只会记为一次访问。买家访问量越高，证明产品曝光度越高。

商品转化率(Order Item Session Percentage)：在买家访问次数中下单用户所占的百分比。产品有没有吸引力，下单的人多不多，从这个转化率可以看得出来。

平均在售商品数量(Average Offer Count)：亚马逊计算出来的处于"在售"状态的商品的平均数量。

②详情页面上的销售量与访问量(Detail Page Sales and Traffic)。

在这项数据报告中，卖家应该重点读取关于销售量与访问量的数据，如图 3-16 所示。下面着重解释一下什么是页面浏览次数(Page Views)和购买按钮页面浏览率(Unit Session Percentage)。

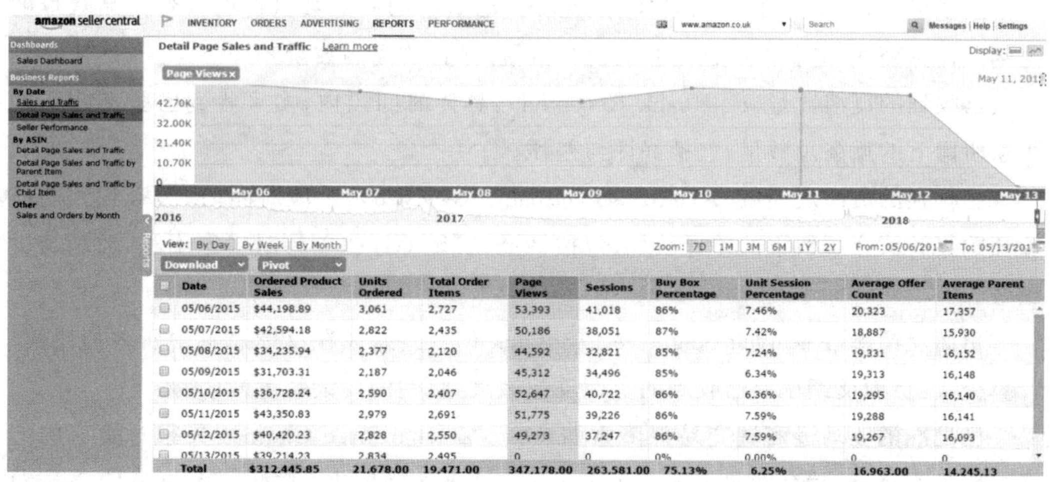

Date	Ordered Product Sales	Units Ordered	Total Order Items	Page Views	Sessions	Buy Box Percentage	Unit Session Percentage	Average Offer Count	Average Parent Items
05/06/2015	$44,198.89	3,061	2,727	53,393	41,018	86%	7.46%	20,323	17,357
05/07/2015	$42,594.18	2,822	2,435	50,186	38,051	87%	7.42%	18,887	15,930
05/08/2015	$34,235.94	2,377	2,120	44,592	32,821	85%	7.24%	19,331	16,152
05/09/2015	$31,703.31	2,187	2,046	45,312	34,496	85%	6.34%	19,313	16,148
05/10/2015	$36,728.24	2,590	2,407	52,647	40,722	86%	6.36%	19,295	16,140
05/11/2015	$43,350.83	2,979	2,691	51,775	39,226	86%	7.59%	19,288	16,141
05/12/2015	$40,420.23	2,828	2,550	49,273	37,247	86%	7.59%	19,267	16,093
05/13/2015	$39,214.23	2,834	2,495	0	0	0%	0.00%	0	0
Total	$312,445.85	21,678.00	19,471.00	347,178.00	263,581.00	75.13%	6.25%	16,963.00	14,245.13

图 3-16　详情页面上的销售量与访问量数据(按日期统计)

页面浏览次数(Page Views)：所选取的时间范围内，产品详情页面被买家点击浏览的次数，即通常所说的 PV。如果在 24 小时内，同一用户点击了 10 个商品详情页面，那么 PV 就是 10 次。但买家访问次数(Sessions)只算 1 次，所以“页面浏览次数”一般会比“买家访问次数”高很多。PV 高了，也就意味着商品的曝光率增加，对销量、转化率越有利。

购买按钮页面浏览率(Unit Session Percentage)：获得黄金购物车购买按钮的商品页面的浏览次数在总的页面浏览次数中所占的比例。

③卖家业绩(Seller Performance)。

这一块数据主要反映售后情况，包括退款、退货、索赔的数据，如图 3-17 所示。通过这块数据，可以知晓用户体验好不好，卖家有没有将售后和客户服务做好。

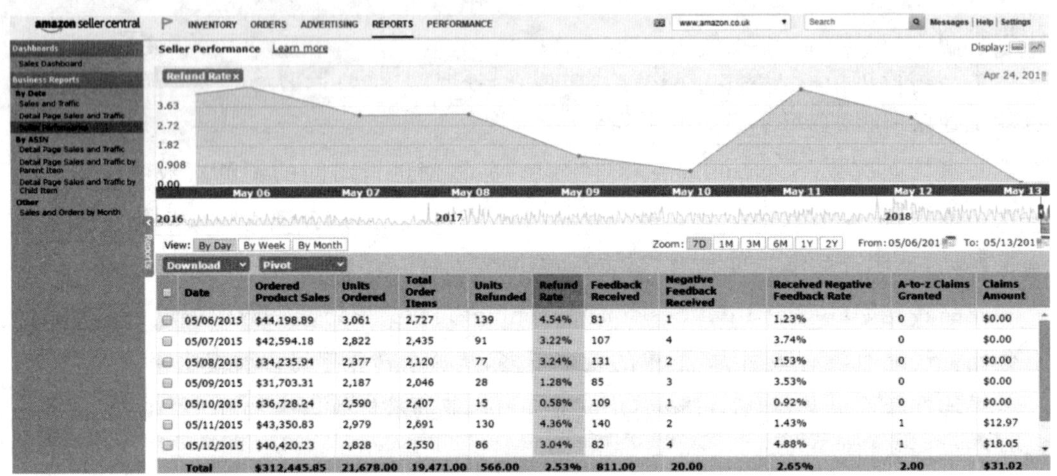

Date	Ordered Product Sales	Units Ordered	Total Order Items	Units Refunded	Refund Rate	Feedback Received	Negative Feedback Received	Received Negative Feedback Rate	A-to-z Claims Granted	Claims Amount
05/06/2015	$44,198.89	3,061	2,727	139	4.54%	81	1	1.23%	0	$0.00
05/07/2015	$42,594.18	2,822	2,435	91	3.22%	107	4	3.74%	0	$0.00
05/08/2015	$34,235.94	2,377	2,120	77	3.24%	131	2	1.53%	0	$0.00
05/09/2015	$31,703.31	2,187	2,046	28	1.28%	85	3	3.53%	0	$0.00
05/10/2015	$36,728.24	2,590	2,407	15	0.58%	109	1	0.92%	0	$0.00
05/11/2015	$43,350.83	2,979	2,691	130	4.36%	140	2	1.43%	1	$12.97
05/12/2015	$40,420.23	2,828	2,550	86	3.04%	82	4	4.88%	1	$18.05
Total	$312,445.85	21,678.00	19,471.00	566.00	2.53%	811.00	20.00	2.65%	2.00	$31.02

图 3-17 卖家业绩数据

已退款的商品数量(Units Refunded)：具体时间段内，卖家被要求退款的商品数量，即退货数量。

退款率(Refunded Rate)：具体时间段内，已退款的商品数量占已订购商品数量的比例。计算公式：退款率＝已退款的商品数量/已订购商品数量×100%。

已收到的反馈数量(Feedback Received)：具体时间段内，卖家收到已验证购买的买家所留下的反馈总数量，包括好评与差评。

已收到的负面反馈数(Negative Feedback Received)：某段时间内，卖家收到的已验证购买的买家所留下的差评数量，包括一星、二星差评。差评对卖家不利，数量越少越好。

负面反馈率(Received Negative Feedback Rate)：差评在反馈总量中所占的比例。计算公式：负面反馈率＝已收到的负面反馈数/已收到的反馈数量×100%。

已批准的亚马逊商城交易保障索赔(A-to-Z Guarantee Claim)：买家对卖家的产品或服务不满意，就会发起 A-to-Z Claims，一旦成立就会计入次数。A-to-Z Claims 对卖家也很不利，卖家应尽量避免 A-to-Z Claims 的产生。

索赔金额(Claims Amount)：买家提出的索赔金额。索赔金额当然是越小越好。如果卖家的售后与客户服务都做得好，那么退货数量、退货率、负面反馈率都会比较低。

(2)按商品(ASIN 码)统计的业务报告。

①详情页面上的销售量与访问量(Detail Page Sales and Traffic)。

详情页面上的销售量与访问量的相关数据是根据单个 SKU 的数据来计算的,如图 3-18 所示。

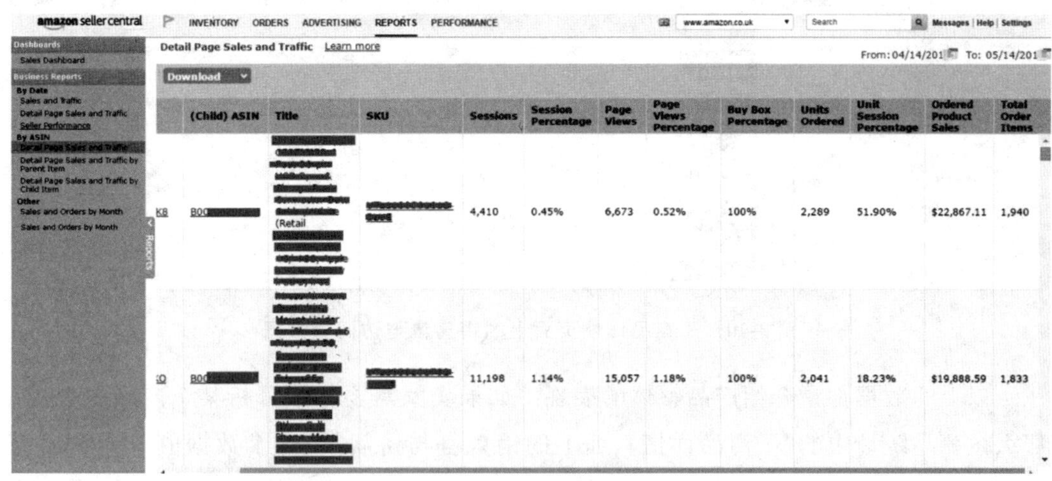

图 3-18　详情页面上的销售量与访问量数据(按 ASIN 码)

②父商品详情页面上的销售量与访问量(Detail Page Sales and Traffic by Parent Item)。

父商品详情页面上的销售量与访问量的相关数据是根据父 ASIN 来计算的,如图 3-19 所示。

amazon seller central　INVENTORY　ORDERS　ADVERTISING　REPORTS　PERFORMANCE　www.amazon.co.uk　Search　Messages | Help | Settings

Detail Page Sales and Traffic by Parent Item　Learn more　From: 04/14/201　To: 05/14/201

Download

(Parent) ASIN	Title	Sessions	Session Percentage	Page Views	Page Views Percentage	Buy Box Percentage	Units Ordered	Unit Session Percentage	Ordered Product Sales	Total Order Items
B00[illegible]		26,549	2.30%	35,124	2.32%	100%	5,794	21.82%	$75,899.06	4,792
B00[illegible]	[illegible]	27,236	2.36%	35,920	2.37%	99%	3,479	12.77%	$23,935.21	2,856
B0[illegible]		27,310	2.36%	33,770	2.23%	100%	2,797	10.24%	$15,463.53	2,502
B0[illegible]	[illegible]	13,870	1.20%	18,195	1.20%	100%	2,201	15.87%	$21,814.99	1,984
B00[illegible]	[illegible]	5,157	0.45%	6,595	0.44%	100%	2,371	45.98%	$16,573.29	1,832
B0[illegible]	[illegible]	22,067	1.91%	29,077	1.92%	100%	1,781	8.07%	$20,444.29	1,727
B00[illegible]	[illegible]	17,239	1.49%	23,321	1.54%	100%	1,584	9.19%	$42,183.16	1,405
B0[illegible]	[illegible]	9,058	0.78%	12,590	0.83%	99%	1,338	14.77%	$16,672.38	1,238
B0[illegible]	[illegible]	19,798	1.71%	26,120	1.72%	100%	1,274	6.43%	$19,139.87	1,234
B0[illegible]	[illegible]	21,282	1.84%	26,177	1.73%	100%	1,320	6.20%	$24,830.80	1,189
B00[illegible]	[illegible]	12,619	1.09%	17,027	1.12%	100%	1,186	9.40%	$15,837.14	1,062
B00[illegible]	[illegible]	6,816	0.59%	10,178	0.67%	100%	1,114	16.34%	$48,200.86	1,047
B00[illegible]	[illegible] CHARGER	24,818	2.15%	30,824	2.03%	99%	1,298	5.23%	$41,693.02	1,045
B00[illegible]	[illegible]	4,632	0.40%	6,189	0.41%	99%	970	20.94%	$16,108.30	960

图 3-19　父商品详情页面上的销售量与访问量数据

③子商品详情页面上的销售量与访问量(Detail Page Sales and Traffic by Child Item),如图 3-20 所示。

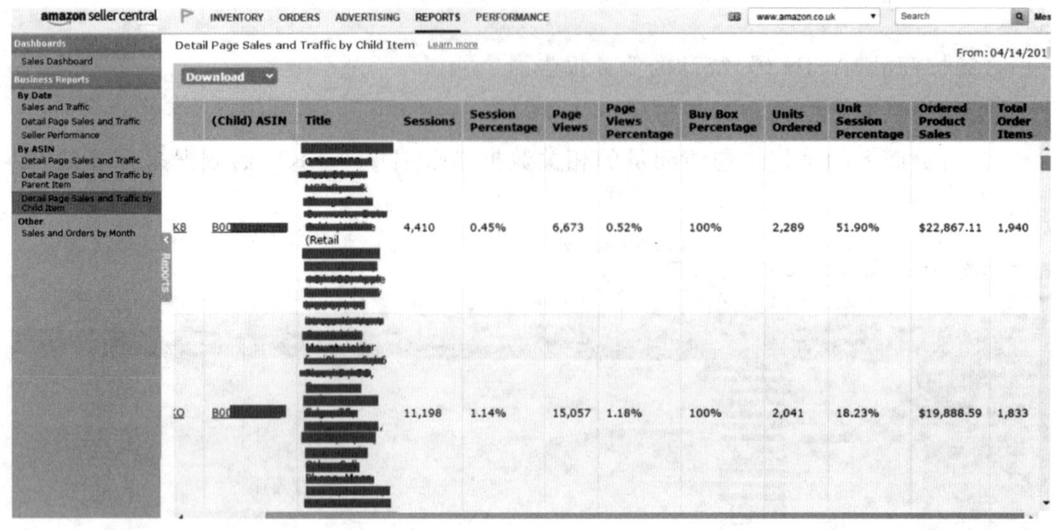

图 3-20　子商品详情页面上的销售量与访问量数据

以上的数据都是介绍产品整体的表现。如果卖家需要仔细分析某个产品的表现，那么按商品统计中的“子商品详情页面上的销售量与访问量”这个数据值得一看。卖家可以主要查看子商品的买家访问次数、页面浏览次数、已订购商品数量、已订购商品销售额和订单商品种类数这几个反映 Listing 销售量与访问量的数据。

同时，卖家也可以通过对比不同子产品的数据，发现和挖掘产品的市场潜力。人气旺的热门产品的页面浏览量往往会比其他产品的高出很多，产品销量也会比较理想。但如果人气不旺，产品没有吸引力，买家的浏览量少了，那么它的销量也不会高到哪里去，这个产品就可能会有库存压力，那么卖家可以对 Listing 的产品标题、描述、关键词等进行优化，或者进行推广引流。

(3)按照其他方式统计的业务报告(Other)。

每月销售量和订单量(Sales and Orders by Month)，如图 3-21 所示。

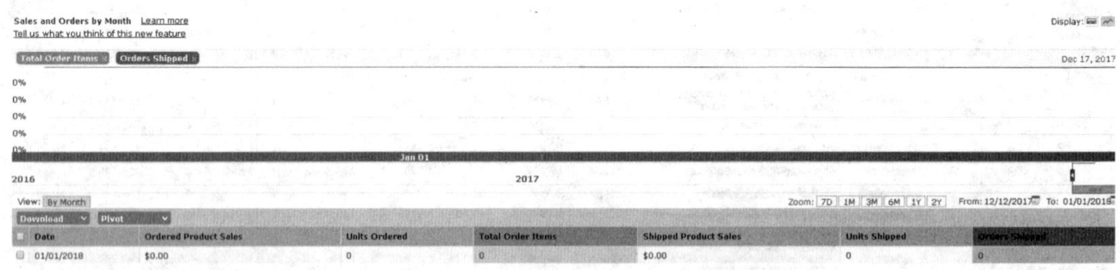

图 3-21　每月销售量和订单量数据

这块数据主要以月为单位，统计某个月已订购商品的销售额、数量，订单商品种类数，已发货商品的销售额、数量，已发货订单数量这些数据。从这些数据中可以知道哪个月比哪个月多了还是少了，方便卖家及时调整销售策略。

以上所有的数据分析(Business Reports)，卖家都可以自行下载。选择具体某一项报告，点击“下载”下拉的 CSV 进行下载，下载之前，请勾选需要下载的数据，如果不勾选，系统默认下载全部数据（如图 3-22 所示），然后将数据保存到相应的文件夹里。

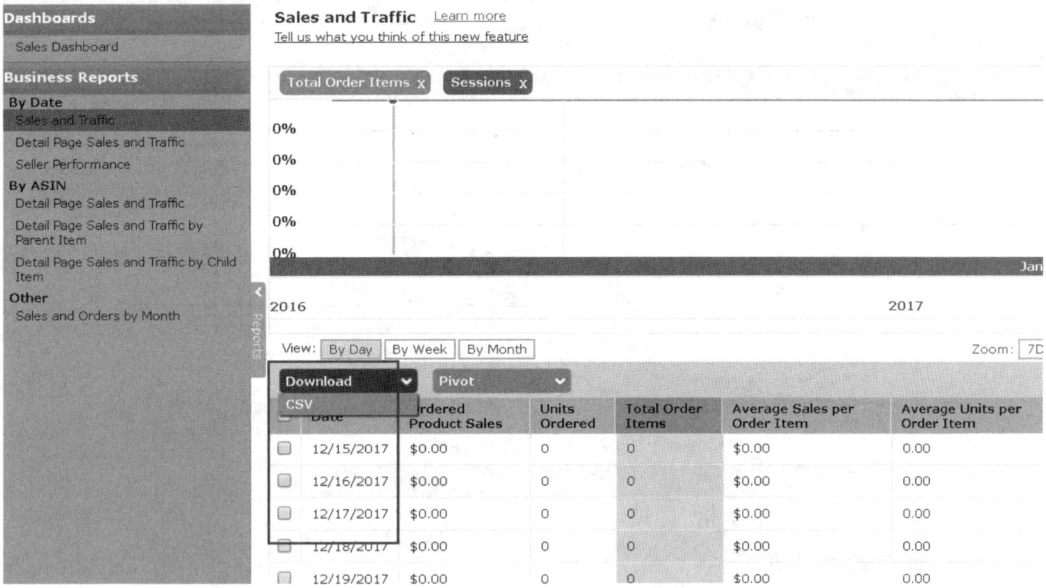

图 3-22　下载业务数据

注："业务报告"（Business Report）参考如何读懂亚马逊后台的业务报告（Business Report），雨果网，http://test.cifnews.com/article/23966.

（二）亚马逊销售指导（Amazon Selling Coach）

跨境电商平台亚马逊销售指导（Amazon Selling Coach）包括销售指导报告（Selling Coach Reports）、业务概览（Business Navigator）、首选项（Preferences）、通知和建议（Communication）、搜索建议（Search Recommendations）、筛选后的建议（Refined Opportunities）、在库库存报告（Inventory in Stock Report）等建议内容。"Amazon Selling Coach"里面会显示销售警示、可降价产品、已断货和即将断货的产品，还有库存建议、价格建议、特色建议等。卖家可定期查看这些建议，以提高其产品在亚马逊的销量。图 3-23 为库存建议，内容包含过去 30 天内的销售情况、当前库存、预计可销售天数、入库数量、推荐入库数量、过去 30 天内的商品缺货天数、过去 30 天内的销售损失，卖家可以根据这些数据，进行库存调整。图 3-24 为业务概览，卖家可以查看过去 7 天内的畅销 ASIN 数据，查看全部 ASIN 的销售业绩报告等。

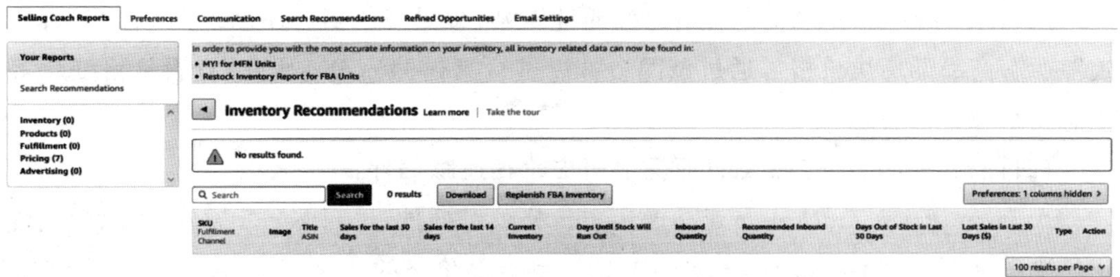

图 3-23　库存建议

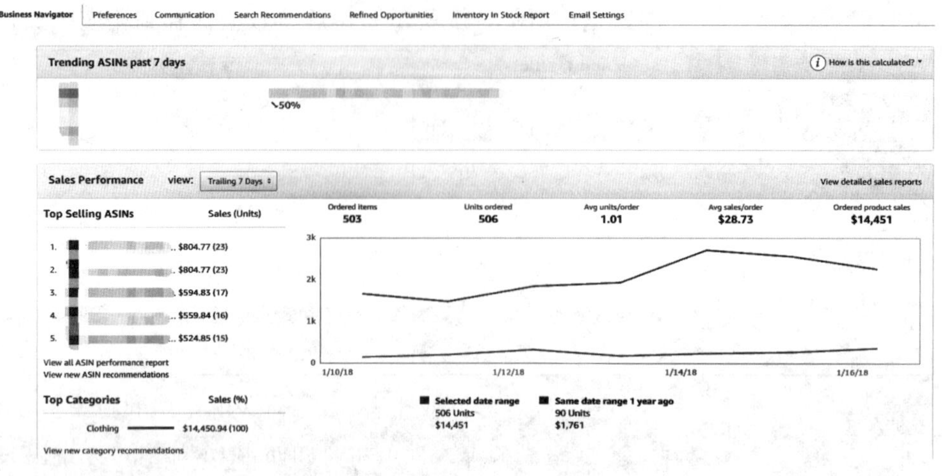

图 3-24 业务概览

二、第三方数据分析工具

(一)紫鸟数据魔方

紫鸟亚马逊数据魔方由大数据分析团队开发而成,为亚马逊卖家提供热卖排行、竞品追踪、关键词挖掘、店铺分析、排名锁定等各大数据服务,致力于帮助卖家快速挖掘爆款、提升销量。

紫鸟的基本功能免费,更多功能需要购买积分进行消费,功能无须对接亚马逊API即可使用。

(二)米库

米库网(MallLib.com)是中国领先的跨境电商数据分析服务提供商,专注于跨境电商大数据分析,提供跨境电商各个平台(目前主要支持 Wish 和亚马逊)的大数据服务,帮助跨境电商卖家通过大数据进行高效选品,通过数据和运营支持提升销量,更快更高效地抢占全球市场。

首家推出移动电商 Wish 平台专属数据分析系统:海量热销产品、海量产品标签数据、海量买家用户标签数据、产品销量跟踪等。

推出亚马逊平台专属数据分析系统:海量热销产品、产品销量跟踪、品类以及关键词搜索分析、关键词排名跟踪等。

(三)Camelcamelcamel(三只骆驼)

Camelcamelcamel 是一个价格追踪插件网站,也是亚马逊 FBA 卖家的标配,可以追踪所有商品的历史价格。通过该网站可以进行具体的 ASIN 研究,查看价格变化等信息,为产品研究提供参考。

(四)Amazon Price Tracker(亚马逊历史价格追踪插件)

Amazon Price Tracker 是亚马逊历史价格追踪插件,也叫 keepa 插件,可以生成价格历史图标添加到 Google Chrome 中,能看到产品价格的变化。

（五）酷鸟

酷鸟亚马逊卖家助手是最专业的亚马逊卖家销售管理软件开发商，为广大亚马逊的卖家提供自动调价、抢购物车软件、商品评论管理、利润计算、多店铺管理、客服系统管理等多功能的一站式 ERP 工具。

任务实施

实训任务 3-2：紫鸟数据魔方数据分析实训

紫鸟数据魔方是多功能的一款工具，网址 http://www.ziniao.com，首页如图3-25所示。其优点是功能多，而且还可以免费使用。紫鸟数据魔方是专门为亚马逊进行数据分析的工具，主要功能有关键词挖掘、产品分析、ASIN 排名查询、店铺分析、热卖排行榜查询、SuperURL 升级、跟卖提醒、差评监控、成本计算、快递查询、品牌查询等，具体功能大全如图 3-26 所示。下面我们对紫鸟数据魔方的部分功能进行操作讲解。

图 3-25　紫鸟数据魔方首页

图 3-26　紫鸟数据魔方功能大全

实训目的：

• 熟悉常用的亚马逊数据分析工具；

• 掌握数据分析工具各功能模块的含义；

• 掌握第三方数据分析工具的操作，并能对结果进行分析。

实训指导：

1.紫鸟天眼

紫鸟天眼查询能给指定商品带来流量的所有关联商品，通过一张商品之间相互推荐的关系网，让你了解哪些热卖商品能给指定商品带来更多流量，以此优化关联度，获取更多站内流量。

(1)假如你是一个销售 Selfie Stick 的卖家，想查看将要销售或已销售的商品在亚马逊上会和哪些商品产生关联，那么你可以在紫鸟天眼中输入关键词“Selfie Stick”或已经上线的 ASIN。查询结果如图 3-27 所示。每个产品图片，都有箭头指向，产品图片被指向的箭头越多，说明流量来源越多，图中的搜索结果就是与 ASIN 为“B01C7J××××”的商品产生关联的商品。

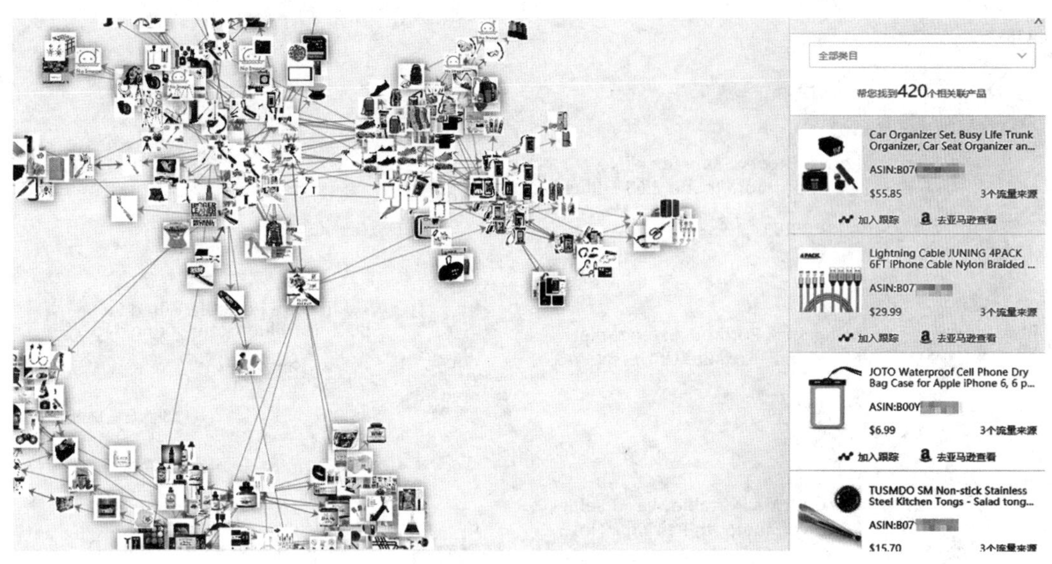

图 3-27　商品关联图

(2)蓝色框代表 ASIN 为“B01C7J××××”所对应商品的流量起始点，橘色框部分代表不同细类下拥有最大流量的商品，关联度也最高。若优化与其的关联度，可获得更多的关联流量(如果搜索的是关键词，也会出现蓝色方框，该商品为搜索关键词“Selfie Stick”所对应的商品)。如图 3-28 所示。

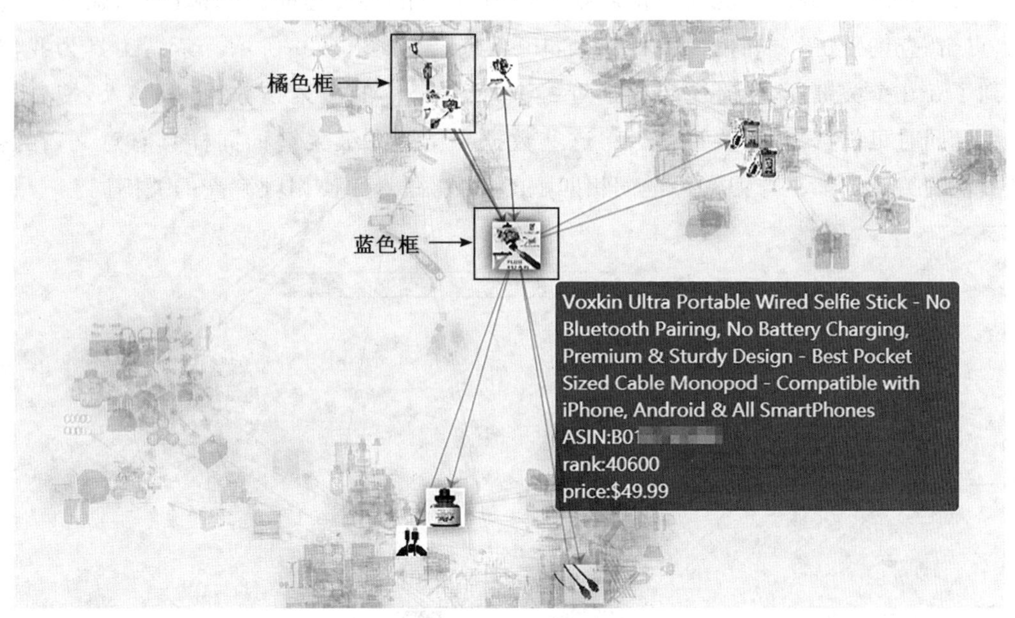

图 3-28　流量起始点

(3)如图 3-29 所示，通过右侧的类目筛选，可以具体查看指定类目下的关联商品。点击互相关联的产品列表中的商品，将会为你呈现更多与该关联产品相关的商品，优化与这些商品的关联度，即可提升站内流量。同时也可以点击“加入跟踪”，通过紫鸟产品分析来及时获取该商品的信息，或点击“去亚马逊看看”直接在亚马逊官网查看该商品。

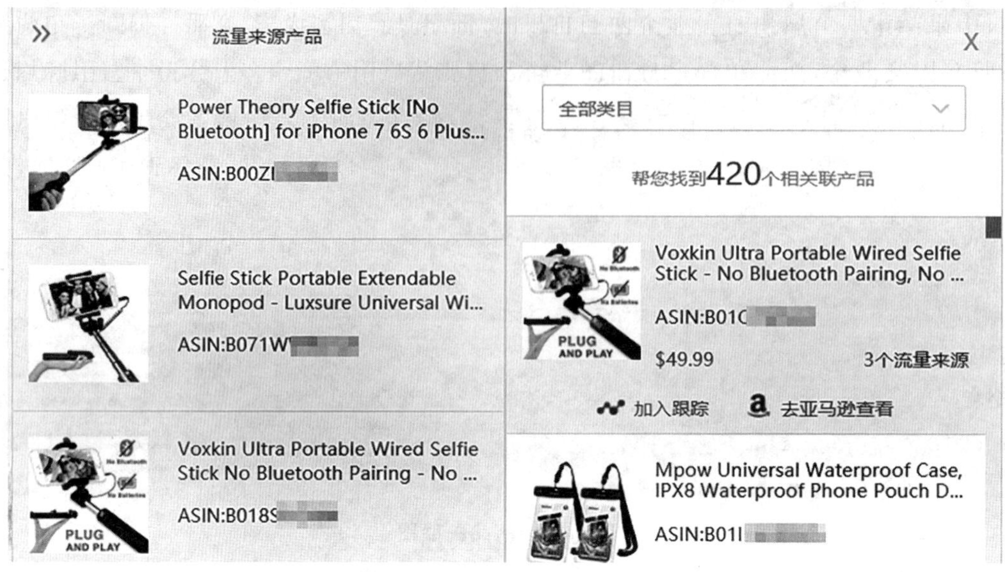

图 3-29 流量来源产品

2.关键词工具

通过 Google、亚马逊的搜索引擎，挖掘出当前热搜关键词。

(1)关键词挖掘。关键词挖掘可挖掘有价值的相关关键词。选择站点，输入关键词，点击“查询”按钮。如输入关键词“Selfie Stick”，如图 3-30 所示。紫鸟工具为我们找到了 312 个关键词，同时还提供了近一个月 Google 的搜索指数，指数越大，搜索量越大。同时可以点击“下载”按钮，将这些数据导出。高级关键词同样具有意义，在这里提供的关键词都是与搜索关键词相匹配的、在亚马逊中使用频率高的关键词。

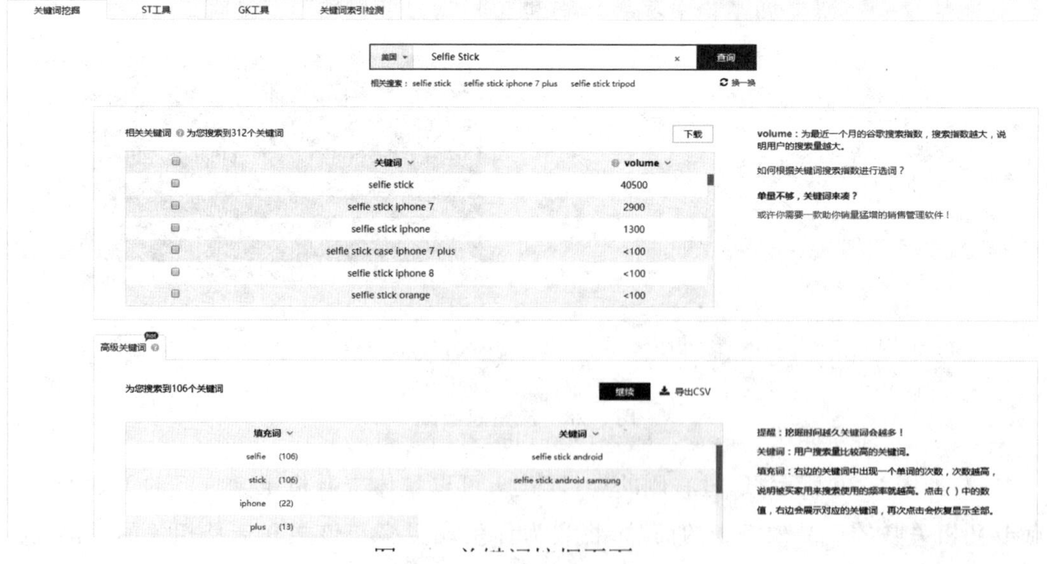

图 3-30 关键词挖掘页面

(2)ST 工具。ST,即 Search Terms,通过输入产品的 ASIN 码,反查该 ASIN 卖家后台设置的 Search Terms。在查询框内选择想要查询的站点(国家选项下拉框可以选择),输入想要查询的 ASIN 码,点击查询后即可获得该 ASIN 下的五行关键词设置情况。如图 3-31 所示。

图 3-31　五行关键词设置情况

(3)GK 工具。GK,即 Golden Keywords,通过输入产品的 ASIN 码,进行反查该 ASIN 排名靠前的关键词,以获取竞争对手产品的搜索流量入口。输入想要查询的 ASIN 码,点击查询后即可出现相应结果,查询结果分为推荐关键词和热搜关键词。如图 3-32 所示。

在推荐关键词下方,直接展示了热搜关键词的排名和预估搜索量,这部分词在亚马逊上搜索量较大,又符合卖家产品的特性,描述相对精准,部分属于长尾关键词,可以将这部分词也考虑加入五行,提升流量。

图 3-32　推荐关键词

点击推荐关键词右下方的“查看更多”可以查询推荐关键词的排名以及预估月搜索量,如图 3-33 所示,“pink eraser”预估月搜索量的搜索量比较高。

查看推荐关键词

当前查询ASIN：B0C

导出CSV

序号	推荐关键词	关键词排名	预估月搜索量
1	eraser paper mate BRAND	100+	<5
2	office paper	100+	<5
3	latex 100	100+	<5
4	click pencil eraser	100+	<5
5	black pearl eraser	100+	<5
6	white eraser pen	100+	<5
7	standardized testing	100+	10
8	large pink erasers	100+	<5
9	paper mate clearpoint	100+	<5
10	pink eraser	7	35

查询结果：(1/4页 共35条 每页10条) 首页 1 2 3 4 尾页 下一页

图 3-33 查看推荐关键词

3.产品分析

产品分析功能可以一键查看产品的各类属性，一目了然。

(1)在“功能大全”模块下，点击“产品分析”，再点击“添加产品”，在弹出框选择站点，输入商品的 ASIN 码(可输入多个，一行一个)，如图 3-34 所示。

图 3-34 输入 ASIN 码

(2)ASIN 码输入完成后，单击“确定”，产品分析页面如图 3-35 所示。

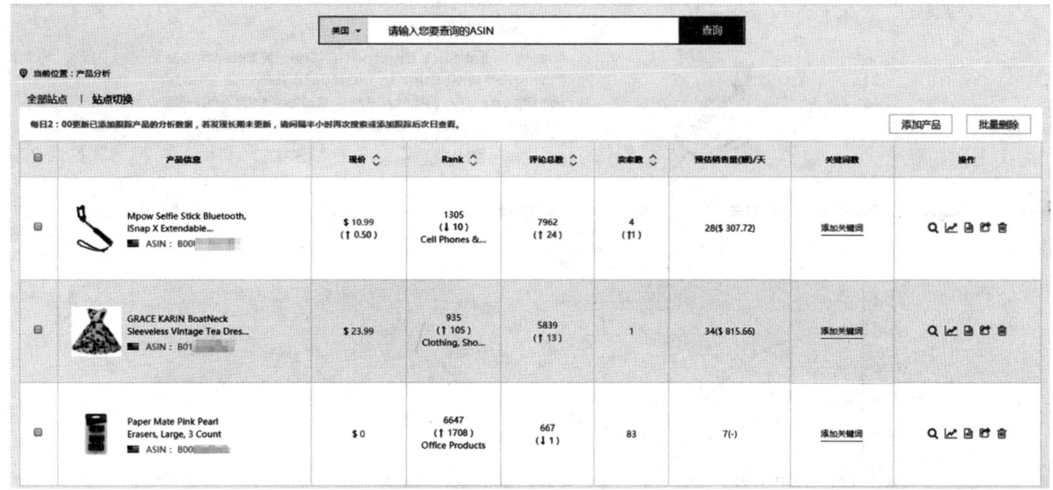

图 3-35　产品分析页面

（3）点击图 3-35 右侧的跟踪详情图标“🔍”，跳至商品详情页，在这里可以看见商品的详细信息、前 10 名卖家价格、Listing SEO 优化建议，图 3-36 显示此商品的图片太少，建议增加。

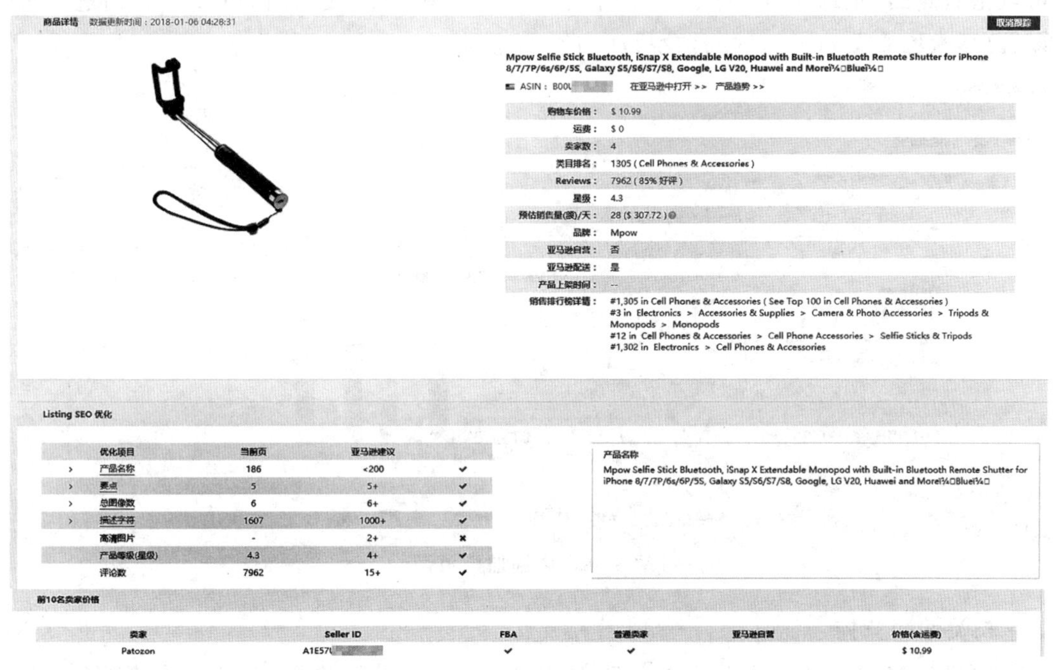

图 3-36　商品详情页

（4）点击图 3-35 右侧的产品趋势图标“📈”，会显示产品趋势图，趋势图中包括“Rank”“Reviews”“购物车价格”“卖家数”“库存销量”等指标，如图 3-37 所示。

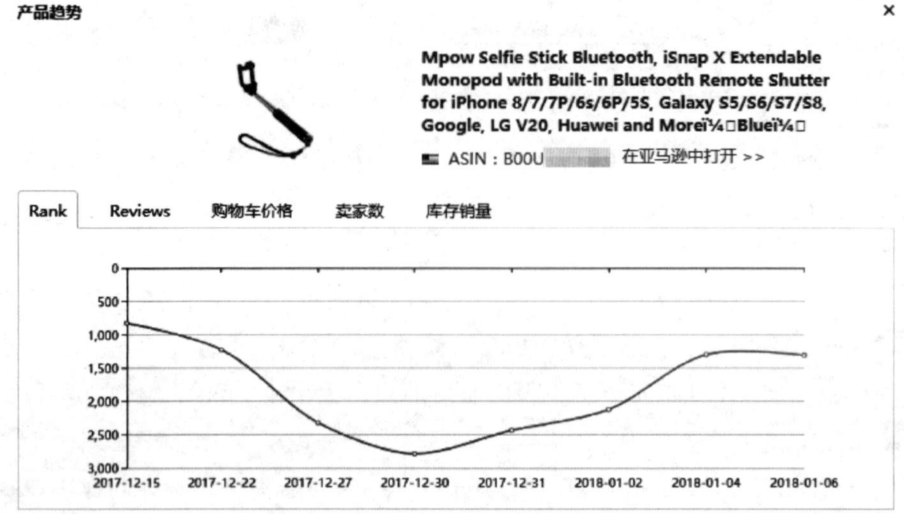

图 3-37 产品趋势图

4.店铺监控

监控竞品店铺,获取商品变化数据详情。在“功能大全”模块下,点击“监控店铺”,再点击右侧的“跟踪店铺”按钮,添加店铺 URL,店铺添加成功后,可以对店铺进行监控,以便掌握竞争对手店铺的情况,如图 3-38 所示。

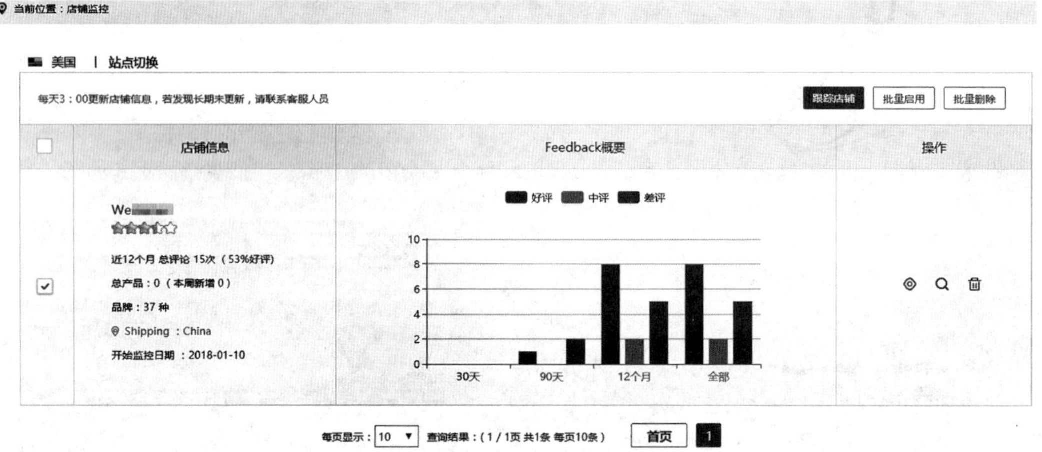

图 3-38 店铺监控页面

5.关键词监控

可设置指定关键词排名上升与下降提醒,监控关键词排名,发掘高价值关键词。在“功能大全”模块下,点击“关键词监控”,点击图 3-39 右侧的“添加新监控”,输入产品 ASIN 与关键词,点击“确定添加”,如图 3-40 所示。

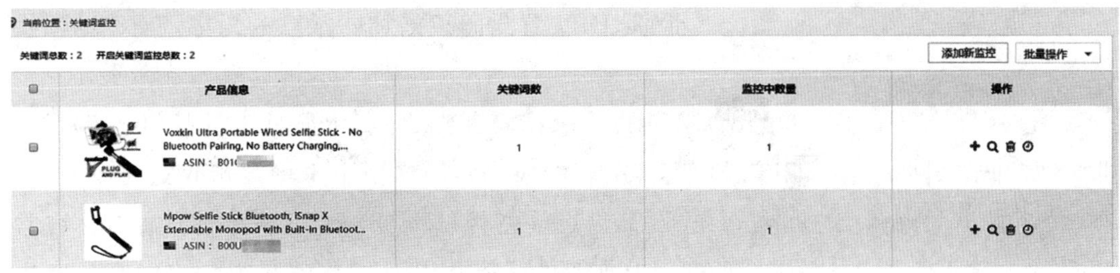

图 3-39　关键词监控页面

图 3-40　添加关键词

6.跟卖管理

跟卖管理分为跟卖提醒和跟卖警告信两个功能模块。

跟卖提醒：无须绑定店铺账号，当被跟卖时系统只向你发送提醒邮件，无法向跟卖者发送邮件（每位紫鸟账户可免费跟踪 10 个 ASIN，之后每跟卖一个 ASIN 消耗 5 个积分）。

跟卖警告信：需要绑定店铺账号，当被跟卖时系统会向你发送提醒邮件，并可以向跟卖者发送警告邮件（每个 ASIN 跟卖警告信功能最低消耗 3 个积分，每增加一封邮件提醒多消耗 3 个积分，上限 15 封）。

在“功能大全”模块下，点击“跟卖管理”，点击图 3-41 右侧的“添加 ASIN”，切换站点，并输入 ASIN 码，点击确定。添加成功后，界面如图 3-41 所示。

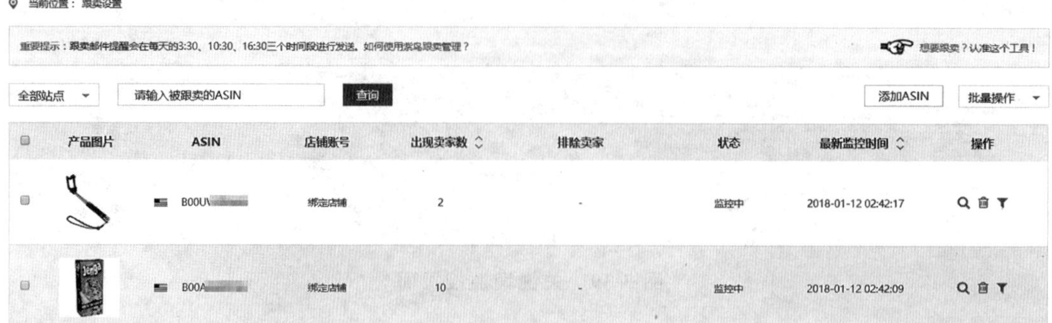

图 3-41　跟卖管理页面

点击图 3-41 右侧的"查看"图标，可以查看竞争对手的跟卖详情，如图 3-42 所示。

当前位置：跟卖设置 > 跟卖详情　　最近一周的跟卖记录

请输入店铺名称/卖家编号　查询

店铺名称	卖家编号	FBA	普通卖家	亚马逊自营	价格（含运费）	监控时间	操作
Amazon.com	ATVF	Prime	否	是	10.29	2018-01-12 02:42:09	
dsl products	A34B	Prime	是	否	12.75	2018-01-12 02:42:09	
R. White's	A2NW	Prime	是	否	13.49	2018-01-12 02:42:09	
stores123	A3SQ	Prime	是	否	13.93	2018-01-12 02:42:09	
StoreofPlenty	A1EJV	Prime	是	否	13.99	2018-01-12 02:42:09	
Hollin Pendgrass LLC	A1AU	Prime	是	否	14.42	2018-01-12 02:42:09	
American Premium Store	A24C01		是	否	14.42	2018-01-12 02:42:09	
KyVintageAndMore, LLC	AOOZ	Prime	是	否	14.55	2018-01-12 02:42:09	
Mavs Specialties LLC	A3DIT	Prime	是	否	14.99	2018-01-12 02:42:09	
Sun Grove Market	A34B7F	Prime	是	否	14.99	2018-01-12 02:42:09	

每页显示：10　查询结果：(1/6页 共60条 每页10条)　首页 1 2 3 4 5 6 尾页 下一页

图 3-42　跟卖详情

7.差评监控

差评监控可以对店铺差评进行实时监控，出现差评会邮件通知，第一时间获取差评通知，及时处理。在"功能大全"模块下，点击"差评监控"，点击图 3-43 右侧的"添加 ASIN"，切换站点，并输入 ASIN 码，点击确定。添加成功后，界面如图 3-43 所示。

当前位置：差评监控

差评总数：2　ASIN总数：2　开启监控数量：2　　添加ASIN　批量操作

产品信息	星级	开始监控日期	评论日期	操作
I ordered â□□redâ□□ and got a color more like a plum color Quality seems ok, but the sleeves are short. Also, I didnâ□□t get the color I was expecting. I ordered â□□redâ□□ and got a color more like a plum color. Wanted a true red. B075V /James Barnes	★★★	2018-01-10	2018-01-06	
Two Stars Works on colored pencils but not good for gel pens or markers. Was disappointed. B00 /Dutches	★★	2018-01-10	2017-05-30	

图 3-43　差评监控界面

点击图 3-43 右侧的“查看”图标，可以查看商品的差评情况，如图 3-44 所示。

商品详情（数据更新时间：2018-01-11 08:43:34）

JCBABA Womens Casual Long Sleeve Open Front Boho Knit Cardigan Sweater Outerwear with Pocket

B075V　|　在亚马逊中打开 >>

价格	19.99
Reviews	98 (98%好评)
星级	4.9
差评	2 (2%差评)

差评列表　总差评数：1　　每日差评量　评价回复率

差评内容	星级	日期	操作
I ordered â□□redâ□□ and got a color more like a plum color Quality seems ok, but the sleeves are short. Also, I didnâ□□t get the color I was expecting. I ordered â□□redâ□□ and got a color more like a plum color. Wanted a true red. By：Jarn / VP　0 人觉得有用	★★★☆☆	Sat Jan 06 2018	

图 3-44　差评详情

8.数据监控

点击“我的监控”，可查看我们跟踪的数据，如图 3-45 所示。

图 3-45　我的监控情况

9.热卖排行榜查询

可以查询热卖榜、新品榜、上升榜，从而了解行业宏观数据状况。在“功能大全”模块下，点击“热卖排行榜”，设置相关查询条件后查询。界面如图 3-46 所示。

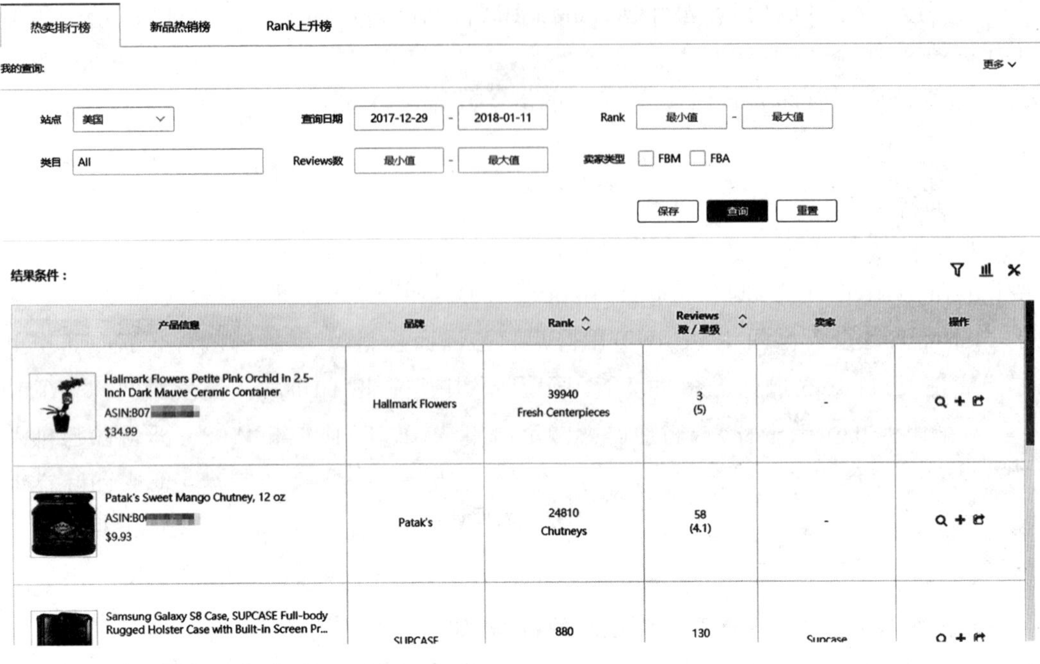

图 3-46　热卖排行榜

10.ASIN 排名查询

输入 ASIN 码及关键词，显示该 ASIN 码在该关键词搜索结果相关产品中的排名，如图 3-47 所示。如果排名靠后，卖家可以优化好评率、绩效等指标来提高排名。

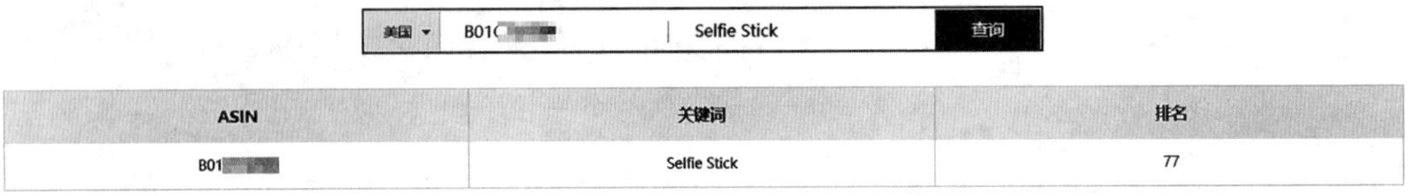

美国 | B01C | Selfie Stick | 查询

ASIN	关键词	排名
B01	Selfie Stick	77

图 3-47　ASIN 排名

11.PPC 关键词追踪

PPC 关键词追踪可以帮助监控广告关键词排名，挖掘精准广告词。在"功能大全"模块下，点击"PPC 关键词追踪"，添加追踪。如果排名上升，说明关键词广告达到一定的效果。如图 3-48 所示。

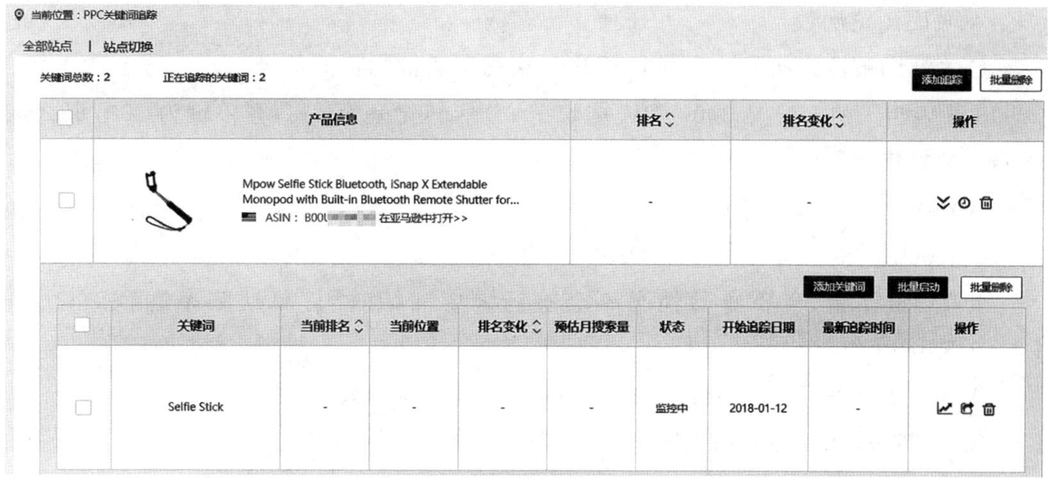

图 3-48　PPC 关键词追踪

任务评价

<table>
<tr><td>任务编号</td><td>任务 3-2</td><td>任务名称</td><td>数据分析工具的使用</td></tr>
<tr><td>任务完成方式</td><td colspan="3">个人完成、小组协作完成</td></tr>
<tr><td colspan="3">任务评价内容</td><td>分值</td></tr>
<tr><td colspan="3">熟悉常用的亚马逊数据分析工具</td><td>20</td></tr>
<tr><td colspan="3">掌握数据分析工具各功能模块的含义</td><td>30</td></tr>
<tr><td colspan="3">掌握第三方数据分析工具的操作，并能对结果进行分析</td><td>50</td></tr>
<tr><td colspan="4">成绩评定</td></tr>
<tr><td colspan="4">自我评价　20%　｜　小组评价　20%　｜　教师评价　60%</td></tr>
</table>

学习巩固

一、单项选择题

1.已知某店铺通过搜索获得的 UV 为 50，通过付费广告获得的 UV 为 80，一共成交了 26 笔交易，那么下列说法正确的是(　　)。

A.店铺今天一共获得了 80 个 PV

B.店铺今天的转化率为 20%

C.店铺今天的 PV 为 130

D.店铺今天的跳失率为 10%

2.店铺数据中，UV 的含义是(　　)。

A.页面浏览次数　　　　B.独立访客数

C.关键词被搜索次数　　D.用户一次访问店铺的页面数

3.某店当天的 UV 是 3000，PV 是 5000，全店转化率为 4%，客单价为 200，那么该店当天的销售额是(　　)。

A.24000　　　　B.600000

C.40000　　　　D.1000000

4.亚马逊平台，以下哪种情况不会被计入店铺绩效“订单缺陷率”指标(Order Defect Rate)？(　　)

A.出现服务信用卡拒付的订单(Service Chargeback Rate)

B.出现亚马逊商城交易保障索赔的订单(Filed A-to-Z Claim Rate)

C.出现消费者要求退货 (Return Rate)

D.出现一星或两星的负面反馈(Negative Feedback Rate)

5.亚马逊平台，商品(By ASIN 码)统计的业务报告中关于“详情页面上的销售量与访问量(Detail Page Sales and Traffic)”的说法正确的是(　　)。

A.详情页面上的销售量与访问量相关数据是根据父 ASIN 来计算

B.详情页面上的销售量与访问量相关数据是根据单个 SKU 的数据来计算

C.详情页面上的销售量与访问量相关数据是根据子 ASIN 来计算

D.详情页面上的销售量与访问量相关数据是根据单个 ASIN 的数据来计算

二、多项选择题

1.以下说法正确的有(　　)。

A.销售额=访客数×转化率×平均客单价

B.访问量百分比是指某个特定的 SKU/ASIN 至少一个页面的访问量相比所有产品的访问总量的百分比

C.某关键词转化率、点击率高，说明该关键词是需要重点推广的关键词，需要加大力度进行投放

D.跳失率是指只访问了一个页面就离开的访问次数占该页面总访问次数的百分比

2.一家运营优秀的电子商务网站，网站数据应该有以下哪些特征？(　　)

A.UV 数量高　　　　B.转化率高

C.复购率低　　　　D.客单价高

3.衡量一个电子商务网站访问量的指标有(　　)。

A.独立 IP 访问量　　　　B.综合 PV 流量

C.客单价　　　　D.流量转换率

4.网店推广活动的效果一般可以体现在哪些方面？(　　)

A.整个店铺的流量

B.在活动周期内给网店带来的客户数

C.实际成交额

D.获得了很多用户反馈的信息

5.店铺为什么要做买家分析？（ ）

A.可以更好地了解买家特点

B.挖掘买家需求

C.提高广告投放精准度

D.帮助买家解决难题

6.A店最近销售额下降，老板委派运营小张进行店铺数据分析，首先小张要确定影响销售额的数据指标有哪几个？（ ）

A.转化率　　B.客单价

C.UV　　D.以上都不是

7.通常情况下，有助于提高全店成交转化率的因素有（ ）。

A.商品图文细节有吸引力

B.相比同类商品，店铺商品价格高、运费便宜

C.相比同类商品，店铺信用等级较高、买家评价较好

D.店铺装修、页面布局较好

8.亚马逊平台，出现以下哪种情况，会计入店铺绩效的“取消率”指标（Cancellation Rate）？（ ）

A.由于卖家缺货，卖家在发货前取消了已生成的订单

B.由于卖家错价，卖家在发货前取消了已生成的订单

C.由于买家下单后想取消，发送了“取消订单”（Order Cancellation Request From Amazon Customer）为主题的买家消息给卖家，收到邮件后卖家于发货前取消了相应的订单

D.由于买家下单后想取消，由买家在卖家发货前于后台取消了相应的订单

三、问答分析题

1.什么是店铺客单价？

2.店铺数据分析过程中，市场营销活动类指标有哪些？

3.请用相关数据分析工具进行店铺流量来源分析、跳出率分析以及转化率分析。

4.简述 Google Analytics 的使用步骤。

四、案例分析题

某企业是生产、销售奶瓶、尿不湿、奶粉器等各种婴幼儿产品的专业厂家。现为打开国外市场，加大产品的销售，公司积极进军跨境电子商务领域，入驻知名跨境电子商务平台。为提升店铺人气，带动店铺销售量，公司决定实施一些推广措施，通过一段时间的推广后，对店铺流量来源进行分析，得出相关数据图表，如表3-1所示。

表 3-1 流量来源分析表

来源	访客数(UV)	新访客数	新访客数占比(%)	入店访问深度	入店跳失率(%)
付费流量	36996	33033	89.29	2.55	57.38
自主访问(直接访问、购物车、宝贝收藏等)	33164	22551	68.00	2.20	74.73
免费流量(站内自然搜索流量、产品类目等)	23339	19220	82.35	2.69	67.33

结合上述案例并搜索相关资料,回答下列问题:

(1)根据报表数据显示,店铺的自主访问入店跳失率是多少?

(2)这个数据是好还是不好?这说明什么问题?作为店家应该怎样应对?

参考资料

1.张瑞夫.《跨境电子商务理论与实务》,中国财政经济出版社,2017 年 4 月.

2.海猫跨境.如何读懂亚马逊后台的业务报告(Business report).http://www.cifnews.com/article/23966,2017 年 1 月.

3.跋涉文化传媒.《跨境电商多平台运营实战基础》,电子工业出版社,2017 年 9 月.

4.速卖通大学.《跨境电商数据化管理》,电子工业出版社,2017 年 3 月.

5.恒盛杰电商资讯.《出口跨境电商》,机械工业出版社,2017 年 1 月.

6.跨境电商简单有效的 Google(谷歌)数据分析方向.https://wenku.baidu.com/view/d2fe4ac05ebfc77da26925c52cc58bd631869349.html,2016 年 12 月.

◆学习情境四◆
跨境电商营销推广

学习情境导入

如何进行跨境电商营销推广

小林在亚马逊平台上开了一个跨境电商的店铺，但是成交量一直平平。小林在思索用什么样的方式来推广自己的店铺。最近他在网上看到了一个很有趣的推广案例：

雀巢咖啡即将推出一个新包装，他们利用 Facebook 做了一个营销方案。雀巢咖啡在 Facebook 上有着大量的"粉丝"，在前期策划的时候，策划人员在想：如何能调动"粉丝"的积极性，使这款新包装的咖啡热卖呢？所以就想到了下面这个利用 Facebook 做营销活动的点子。雀巢的工作人员准备了很多咖啡豆，并准备了一个很大的长方形鱼缸，与此同时将新包装的咖啡罐放在鱼缸的底部，慢慢地一层一层铺上咖啡豆，直到把浴缸填满，在这个过程中拍摄了不同进度的照片，然后将拍摄的照片展示在 Facebook 专页的封面上，工作人员会随着专页点"赞"人数的不断增多而替换展示的照片，最开始展示的照片上，整个鱼缸里的咖啡豆是满的，随着点"赞"人数的增加，咖啡豆越来越少，24 小时后，这款新包装的咖啡罐显现出来。

这个营销活动是利用了"粉丝"想和品牌互动的心理，让"粉丝"参与揭晓新包装咖啡罐的过程，整个活动也充满了乐趣。对于雀巢咖啡来说最大的收获是，点"赞"的"粉丝"都能收到该专页的更新消息了，这个活动不仅在很大程度上提高了客户对品牌的关注度，同时也让这款新包装的咖啡在市场上获得了热卖。

小林从这个案例中获得了启发：可以通过社交媒体来推广自己的商品和品牌。那么除了社交媒体渠道，还有什么渠道可以进行营销推广呢？小林准备好好研究一下这个课题。

学习情境分析

宣传推广是跨境电商引流的重要方式。具体的推广模式主要有站外引流和站内引流，如何最大限度地利用各种营销渠道，为商品增加曝光度，是卖家们都在思考的问题。营销人员需要多关注市场变化的趋势，并制定相应的营销推广策略，充分利用营销推广工具如搜索引擎、社交媒体、付费广告等提升营销推广的效果，才能在电商市场中站稳脚跟。小张在经过认真分析之后，认为以下几部分是跨境电商店铺营销推广的主要任务：

(1)利用搜索引擎进行营销推广；

(2)利用社交媒体进行营销推广；

(3)站内营销推广。

学习情境目标

岗位细分	工作任务	技能转化	知识转化
		技能目标	知识目标
跨境电商营销岗	任务一 搜索引擎营销	1.能够根据企业及产品特点，选择搜索引擎工具； 2.能够完成搜索引擎推广的流程	1.了解搜索引擎营销的含义和原理； 2.熟悉搜索引擎营销的方式； 3.掌握搜索引擎营销的流程和技巧
	任务二 社交媒体营销	能运用Facebook、LinkedIn、Twitter等社交媒体进行营销推广	1.了解各类社交媒体平台及特点； 2.熟悉Facebook、LinkedIn、Twitter的操作流程； 3.掌握社交媒体营销的技巧
	任务三 亚马逊站内广告	1.能制订亚马逊站内广告方案； 2.能在亚马逊平台进行站内广告设置	1.了解亚马逊广告的展现位置； 2.熟悉亚马逊平台的竞价原理； 3.掌握亚马逊平台站内推广策略； 4.掌握亚马逊平台后台广告操作

任务一　搜索引擎营销

任务导入

小张了解到搜索引擎已经成为消费者搜索信息的入口，汇聚了巨大的互联网流量，成为跨境电商最重要的营销方式。对于跨境电商卖家来说，要充分利用这个入口，提升搜索排名，提高信息的展现率。那么如何进行搜索引擎营销的设置？又有哪些需要掌握的技巧？小张认为他接下来的任务就是要好好了解搜索引擎营销的基本知识，分析搜索引擎的价值，熟悉它的操作技巧和策略，为公司开展跨境电商搜索引擎营销推广做准备。

任务分析

根据“任务导入”中的情境进行分析，关于搜索引擎营销需要理解四个问题：(1)了解搜索引擎营销的含义和原理；(2)熟悉搜索引擎营销的价值；(3)熟悉搜索引擎营销的方式；(4)掌握搜索引擎营销的流程和技巧。

知识学习

一、搜索引擎营销概述

搜索引擎是互联网领域发展最为迅速的领域之一，互联网就像一个巨大的资料库，里面存储着大量的资料信息，并且还时时刻刻产生大量的信息。这些信息远远超出我们的想象，而搜索引擎的出现可以让我们快速找到目标信息。

(一)搜索引擎营销含义

搜索引擎是指根据一定的策略，运用特定的计算机程序搜集互联网上的信息，在对信息进行组织和处理后，为用户提供检索服务的系统。从使用者的角度看，搜索引擎提供一个包含搜索框的页面，在搜索框输入词语，通过浏览器提交给搜索引擎后，搜索引擎就会返回和用户输入的内容相关的信息列表。

搜索引擎营销方式主要包括搜索引擎推广(SEM)和搜索引擎优化(SEO)。搜索引擎推广(Search Engine Marketing，SEM)，就是有效地利用搜索引擎工具进行网络营销和推广，通过搜索引擎将商业信息展现在消费者面前，进而获得商业价值。说到搜索引擎，谷歌(Google)和必应(Bing)不得不提。Google 是目前全球使用范围最广、使用人数最多的搜索引擎。必应占据美国桌面搜索的 20%，而且必应的广告可以同步到雅虎上面，相当于同时做了雅虎的广告，经济性较强。

搜索引擎优化(Search Engine Optimization，SEO)，是指通过对网站进行站内优化、修复和站外优化，提高网站的关键词排名以及公司产品的曝光度。SEO 适合作为公司的长期策略，从公司有了网站就应该开始做 SEO，网站拥有好的搜索排名进而长期获得高转化率的自然搜索流量，对公司有着很大的营销价值和品牌价值。但是 SEO 操作复杂，对一个新建网站来说，短期要取得很高的排名和自然搜索流量，很难实现。所以早期阶段，建议商家通过 SEM 付费快速获取流量，这个阶段即是以 SEM 为主；而等到网站排名上去以后，可以通过自然搜索获取较多流量时，就可以逐步降低 SEM 的投入，从这个时期开始到公司网站的中长期，就应该以 SEO 为主。

(二)搜索引擎营销基本原理

我们可以通过一个例子来理解搜索引擎营销，例如，一个用户通过关键词“遥控玩具”在某个搜索引擎进行检索，那么可以初步判定该用户对遥控玩具感兴趣，他可能是想要购买遥控玩具,也可能是经营遥控玩具的销售商,或者是某个生产商在对这个领域做市场调研。那么,作为遥控玩具厂商,如果自己的企业信息出现在搜索结果中,就可以利用这个机会让这个潜在用户发现自己企业的信息。简单地说,企业利用这种被用户检索的机会实现信息传递的目的,就是搜索引擎营销。这个过程包括了四个层次,如图 4-1 所示。

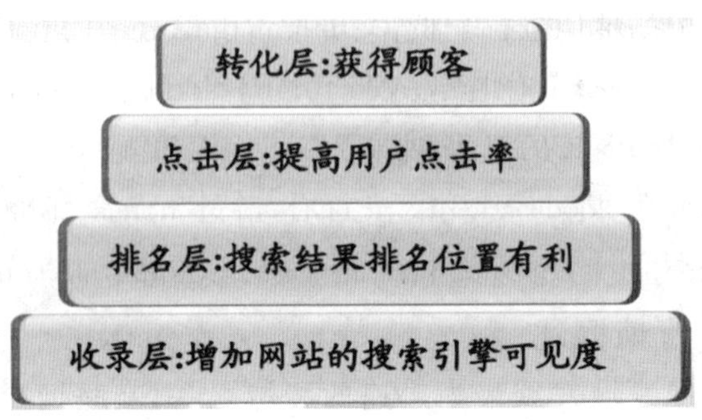

图 4-1 搜索引擎营销的四个层次

搜索引擎营销得以实现的基本过程是:企业将信息发布在网站上成为以网页形式存在的信息源,搜索引擎将网站/网页信息收录到索引数据库;用户利用关键词进行检索(对于分类目录则是逐级目录查询);检索结果中罗列相关的索引信息及其链接 URL;根据用户对检索结果的判断选择有兴趣的信息并点击 URL 进入信息源所在网页。这样便完成了企业从发布信息到用户获取信息的整个过程。

二、搜索引擎营销的价值

据美国知名搜索引擎营销专业服务商 iProspect 和市场研究公司 Jupiter Research 调查显示,网络用户使用搜索引擎越来越没有耐心,越来越多的网络用户只是关注搜索引擎的第一个搜索页面。因此,通过 SEM 营销手段让自己的信息在搜索结果中排列靠前是非常有必要的。搜索引擎可以为你的店铺带来更多展现的机会和关注度,吸引潜在消费者变为现实消费者。此外,通过搜索引擎还可以获取到运营的很多信息,如市场信息、商品信息、竞争对手信息等。

(一)利用搜索引擎分析市场

通过搜索引擎搜集的信息,可以分析和判断店铺的产品在哪个国家热度最高,产品在每个国家的竞争程度如何,产品在每个国家的本土化语言表达方式是怎样的,产品在每个国家的热销词是哪些;等等。例如,通过 Google Trends 工具可以分析产品品类的周期性特点,从而把握产品开发的先机;借助 KeywordSpy 工具可以判断产品品类搜索热度和品类的关键词。这些信息可以作为店铺运营和营销的依据。

(二)利用搜索引擎分析竞争对手

任何一个行业都会有竞争对手,竞争对手也是自己学习的对象。跨境电商也是如此,在进入某个跨境电商行业之前,首先要做的就是研究这个行业的发展趋势。通过搜集资料和分析,如果发现这个行业有着良好的发展态势,那么下一步要做的就是研究竞争对手。如果没有对行业和竞争对手进行很好的分析，就贸然进入，最后会出现两个结果：一是自己想做的关键词排名无法靠前；二是自己认为不错的关键词，排名做到了前面也不会产生流量，当然也不会产生询盘或者订单。

确定竞争对手的方法很简单，在搜索引擎中搜索产品的核心关键词，排名在前两页的经营者就是你的主要竞争对手。具体从以下几个方面去了解自己的竞争对手：第一，竞争者的数量。竞争者的数量直接决定了产品的价格，竞争者数量越多，通常价格只会越来越低。第二，竞争对手地区的分布。同一个地区的竞争者越多，那你的溢价能力就越差。第三，竞争对手的实力。包括店铺的综合能力、商品品类、营销推广能力、产品后期溢价能力等。

(三)利用搜索引擎获取买家

除了参加世界各地的展会，购买阿里巴巴、中国制造网等第三方平台的会员等方法外，跨境电商运营还需要掌握一个强大又经济的工具，就是用搜索引擎来获取客户。大量的用户在购买商品前会先通过搜索引擎来获取信息，其中有33%的搜索者会产生购买行为。搜索者比起随便点击广告的客户，是更具有购买意愿和购买潜力的。在所有营销手段中，搜索引擎营销产生的每个有效反馈的成本最低。

三、搜索引擎营销的流程

(一)明确目标——制定SEM目标和策略

受行业差异、市场地位、竞争态势、产品生命周期、消费人群特性等因素的影响，搜索引擎营销的目标和策略差异很大。所以，网站运营者要明确以下几点：

(1)推广定位：塑造品牌形象、口碑、知名度或产品促销等。

(2)目标受众：针对目标人群的精准营销，可以让你的SEM征途事半功倍。

(3)推广策略：采用付费营销(PPC)、自然营销(SEO)或网络整合营销模式。

(二)分析——分析关键词和历史数据

首先，根据目标受众划分关键词范围、分类，筛选出有价值的关键词，这可以发挥我们的主观能动性或借助辅助工具来选择，极大节省了推广成本，提高了推广效率。

其次，分析关键词的历史数据，通过对比、评测，预估搜索引擎营销的消费、效果和趋势，提升你的PPC广告ROI和SEO效果。

最后，对关键词进行分析，如果发现初始SEM策略的不足之处，可以及时调整，这样不会影响到将来的推广计划。

注意："分析"是影响计划、执行和优化的方向，所以尤为重要，是整个优化流程再循环的重心。

(三)计划——制订推广计划

第一，根据之前的目标受众完成你的网站设计和制作。

第二，通过关键词和历史数据的分析，为网站推广活动设置合理的关键指标，即推广目标。比如，总体访问量、平均点击费用、转化量、转化成本、平均访问停留时间等。如果是较长时间的投放，则需要将关键指标与推广相关方达成共识。

第三,基于 SEM 目标和策略,考虑推广费用、时间、资源等客观因素,确定投放使用的关键词表,制定符合关键指标的最佳推广组合方案。

第四,完成推广效果监测系统的设定与测试。

(四)执行——实施及监测广告投放和 SEO 效果

一方面,选择合适的搜索引擎营销平台进行广告投放,目前,像 Google AdWords、行业门户广告等都是跨境电商营销使用比较多的搜索引擎;另一方面,搜索引擎优化也不容忽视,虽说短期内 SEO 效果不明显,不过从长远来看,SEO 仍是企业可持续发展的一大助力。此外,跟踪、评估广告投放和 SEO 效果,应是搜索引擎营销人员每天必做的功课之一。协调 SEM 部门工作,收集来自各方的数据报告,第一时间发现问题、解决问题,保持稳定的广告投放和关键词排名,避免大幅波动。

四、搜索引擎营销的方式

(一)竞价排名

竞价排名是一种按效果付费的网络推广方式,广告主可以通过调整每次点击的费用来控制在特定关键词搜索结果中的排名。其具体做法是:广告主在购买该项服务后,通过注册一定数量的关键词,按照付费最高者排名靠前的原则,购买了同一关键词的网站按不同的顺序进行排名,出现在网民相应的搜索结果中。目前,最流行的竞价排名搜索引擎有百度、雅虎、Google。

搜索引擎竞价排名有以下特点:

(1)按效果付费,广告费用相对较低。

(2)广告出现在搜索结果页面,与用户检索内容高度相关,使推广更为精准。

(3)如果出价高,那么竞价广告出现在搜索结果靠前的位置,容易引起用户的关注和点击,因而效果比较显著。

(4)搜索引擎自然搜索结果排名的推广效果是有限的,尤其对于自然排名效果不好的网站,采用竞价排名可以很好地弥补这种劣势。

(5)广告主可以自己控制广告价格和广告费用。

(6)广告主可以对用户点击广告的情况进行统计分析,进而优化竞价排名出价策略。

(二)购买关键词广告

关键词广告(AdWords)也称为“关键词检索”,简单来说就是当用户利用某一关键词进行检索,在检索结果页面会出现与该关键词相关的广告内容。由于关键词广告是在检索特定关键词时,才出现在搜索结果页面的显著位置,所以其针对性非常高,是性价比较高的网络推广方式。

关键词广告的特点如下:

(1)关键词广告的形式比较简单,通常是文字广告。

(2)关键词广告可以随时进行投放,也可以随时终止投放。

(3)关键词广告一般采用按点击收费的计价模式且费用可以控制。

(4)关键词广告信息出现的位置可以进行选择。

(5)关键词广告信息可以方便地进行调整。用户可以自行设定和调整出现在搜索结果页面的关键词广告信息,包括标题、内容摘要、链接 URL 等。

(6)可引导潜在用户直达任何一个期望的目的网页。由于关键词广告信息是由用户自行设定的,当用户点击推广信息标题链接时,可以引导用户来到任何一个期望的网页。

(7)关键词广告可以随时查看流量统计。当购买了关键词广告之后,服务商通常会为用户提供一个管理入口,可以实时在线查看广告点击情况以及费用。

(三)搜索引擎优化

搜索引擎优化是通过对网站进行优化设计,让网站在搜索结果中占据靠前的搜索排名位置。搜索引擎优化的内容主要包括关键词优化、网站内容优化、代码优化、图片优化、登录优化、内部链接以及外部链接优化等。

五、搜索引擎营销技巧

在跨境电商行业中,最重要的搜索引擎引入流量渠道就是 Google,下面就以 Google 为例来说说如何做好搜索引擎营销。

(一)Google 关键词广告技巧

1.明确目标群体

通过选择某种语言和某个国家或地区来锁定你的潜在客户群体。例如,你可以设定只让你的广告出现在某个特定国家,如现在有许多讲法语的国家,但如果你的目标客户只在加拿大,则你可以把除加拿大以外的其他讲法语的国家屏蔽掉。换言之,法国的查询者是无法点击你的广告的,因为它不会出现。从而避免了由于这部分点击带给你的不必要支出。

2.提炼广告中的关键词

用方括号[…]把你的关键词括起来,如:[Google][Google AdWords]。这样一来,只有当查询者输入的关键词与你用方括号括起来的关键词精确匹配时,你的广告才会呈现在用户面前,这样可以最大限度地减少广告支出。

3.在广告中添加目标关键词

Google 会把广告中与查询匹配的关键词加粗进行突出。当一个查询者浏览查询结果时,他其实是在找输入的关键词。这时以粗体突出的查询关键词自然能够吸引查询者的注意。因此,包含关键词的广告往往会比那些不包含关键词的广告效果要好得多。

4.在广告中使用能够激发用户购买欲望的词语

在广告中应使用能够给人留下深刻印象和具有号召行动的措辞,以达到激发客户情感和购买欲望的目的。譬如"免费的""便宜的""特别提供""限时提供""免费送货"等这些词语都属于能够给人留下深刻印象的措辞。而像"现在买一赠一""今天最后一天"等则属于具有号召行动的措辞。在你的广告中应清清楚楚地体现你的产品或服务到底好在什么地方,或者有哪些与众不同之处。同时要确保这些描述产品或服务的词语是准确而恰当的。

5.将广告链向相关目标网页

目标网页的设置是为了使网络消费者能够更快速、更顺畅地接触到信息。对目标网页最简单的定义就是"点广告之后客户被带入的网页",即客户光临的第一个网页页面。

6.把过于普通的词从广告中删除

譬如 a, in, on, it, of, etc 等,这些词都是没有必要的。只要不是绝对需要的词,你都可以把它们从广告中"请出去",以此保证广告中每个词都具有相当的含金量。

7.对广告进行测试

一般需要同时对 2 个或者更多广告进行测试。这种测试方法在印刷行业中叫作 A/B 分离测试。通过比较找出能够获得较高点击率的那个广告,然后用它来替换原有的广告内容。重复此过程,以获得一个点击率最高的广告内容。

8.阻止寻求免费服务或产品的用户点击你的广告

你可以在广告的最后加上产品或服务的价格,通过此方式可以避免那些从网上寻求免费服务或产品的人点击你的广告,从而减少不必要的广告开销。这样做能够提高你的潜在客户的总体转化比例。

9.跟踪每个广告的投资回报

虽然 Google 会跟踪每个关键词广告的点击率,但它不会去跟踪到底有多少点击率实际转化成了你的投资回报,需要广告主自己来完成。例如,你可以给每个广告加上一个成员跟踪系统链接(Affiliate Tracking System Link)。这样做可以检查你投资的钱有没有浪费,从而确保每个投放的广告都会为你带来投资回报。

(二)Google SEO 的技巧

1.提高网站的打开速度

网站加载速度是 Google 搜索排名的重要因素,如果网站加载速度过慢,容易导致用户跳转到其他网站。尤其是在移动端使用量大幅度提高的情况下,网站的打开速度显得更为重要。一般情况下,需要将网站的加载速度降低到 1s 以下。

2.注重链接

链接是 Google 比较看重的一项优化,可以从 Google PR 中看出,Google 对外部链接的重要性,同时 Google 站长工具里面有一个"内部链接"的工具,可以从内部链接工具中看到每个页面内链的情况。内链越多的页面,排名相对也越靠前。

3.设置合理的 URL 地址

虽然 Google 与百度看似在 URL 上是一样的,但仔细搜索关键词可以发现,Google 更重视 URL,搜索同一个关键词一般情况下 Google 均是首页靠前,而百度却是以点击取胜。如果说一个内页的点击非常大,那么很有可能在百度超过其他网站首页,而 Google 在参考了点击的同时,通过判断 URL 的级别来分配排名。所以如果是做跨境 SEO,建议在建站的时候正确设置 URL 地址。

4.关注点击率

Google 站长工具显示,点击能够算出一个页面在 Google 获得的排名,比如搜索关键词"如何发外链",每一个用户都点击你的网站,这意味着用户给予的投票非常多,非常容易让你的排名靠近第一。具体算法是以展现量与点击量的比例来给出排名的,点击率最高的自然排名第一。所以在编辑文字的时候,拥有一个好的标题是非常重要的。还可以通过增加社交媒体曝光度来增加点击率,促进排名的提升。

5.及时更新和丰富内容

网站的内容和时效性是 Google 排名算法的重要参考因素,所以,保持网站的及时更新是维持和提升网站排名的有效方法。另外,网页内容最好是原创,再加入适当的图片和视频,以提升内容的丰富程度和用户体验度。

6.考虑细节问题

Google 的搜索引擎优化可以说是非常透明的。Google 的网站地图、抓取信息等情况,都已经非常透明化。Google 在站长工具中也要求了细节,如 robots 文件、网站地图、404 错误页面等,同时还可以要求 Google 去抓取你的网站。在完成细节优化的时候,最重要的是将细节优化情况提交到搜索引擎,这样才能够告诉它我们的细节完成了。

任务实施

实训任务 4-1:搜索引擎推广及优化实训

实训目的:

- 掌握搜索引擎的工作原理;
- 了解搜索引擎自动注册软件的下载、安装和使用;
- 掌握搜索引擎优化的方法和技巧。

实训指导:

步骤 01:确定要进行搜索引擎推广的网站或主页。

步骤 02:利用搜索引擎 Google 进行推广。首先,登录 Google 网站主页,找到"Google 大全",点击进入;然后,找到"登录/删除网站"→填入"网址""说明"→点击"登录"(如图 4-2 所示),即可完成网站登录工作。如果是收费服务,则需另外缴纳相应的服务费用。

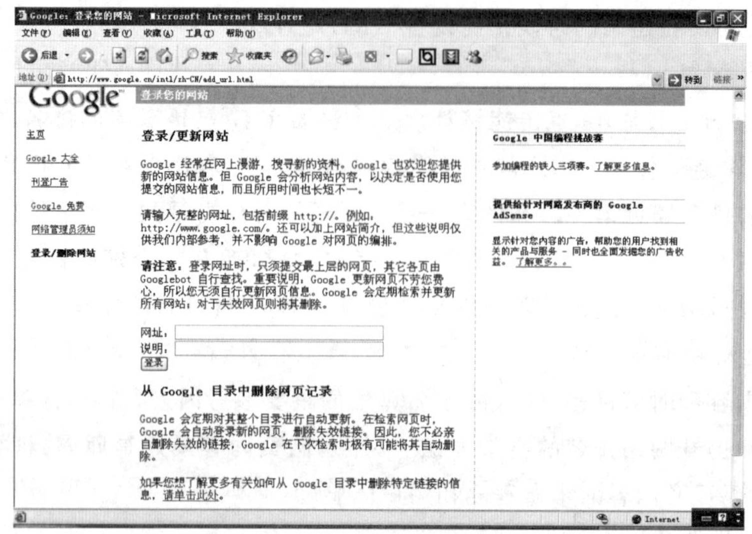

图 4-2　登录网站

步骤 03：搜索引擎自动注册软件的下载、安装和使用。先搜索某一网站登录专家或网站推广专家软件，下载安装，掌握其使用方法和技巧，如图 4-3 所示。

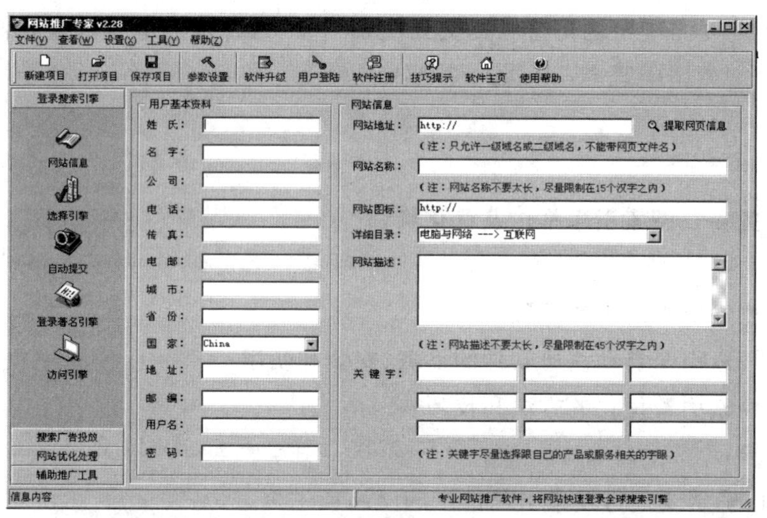

图 4-3　搜索引擎推广专家

步骤 04：搜索引擎的优化。第一，从教师准备的跨境电商网站中选定一个企业网站；第二，浏览该网站并确认该网站最相关的 2～3 个核心关键词（比如主要产品名称、所在行业等）；第三，用每个关键词分别在搜索引擎 Google 中进行检索，了解该网站在搜索结果中的表现，如排名、网页标题和摘要信息内容等，同时记录同一关键词检索结果中与被选企业同行的其他竞争者的排名和摘要信息情况；第四，根据有关信息分析被调查网站的搜索引擎友好性。

任务评价

任务编号	任务4-1	任务名称	搜索引擎营销
任务完成方式	个人完成		
任务评价内容			分值
在搜索引擎登录要推广的主页			30
是否熟悉搜索引擎的工作原理			30
搜索引擎优化操作			40
成绩评定			
自我评价　20%			教师评价　80%

任务二　社交媒体营销

任务导入

跨境电商营销专员小张发现只有搜索引擎营销，推广的范围和效果还不够好，那么还有什么效果比较好的营销渠道呢？小张通过查阅资料，发现社交媒体是很多跨境电商企业在用的营销渠道。传统营销理念是销售导向，就是“将产品/服务信息传播给潜在的消费者”；现代营销理念是关系导向，强调的是“与消费者的互动”。有效的社交媒体营销将会为一个网站贡献大量的浏览量，社交媒体的个人属性与传播性，可以做到更精准的推送，达到更好的宣传效果。所以接下来，小张想要了解更多关于社交媒体营销的知识，比如有哪些社交平台可以使用，如何进行社交媒体平台的推广操作，社交媒体平台的营销技巧；等等。

任务分析

根据“任务导入”中的情境进行分析，社交媒体营销中要理解以下几个问题：跨境电商常用的社交媒体平台有哪些？社交媒体平台的营销推广怎么做？社交媒体营销推广的注意事项有哪些？

知识学习

一、社交媒体营销平台

1.Facebook

Facebook是目前全球最大的社交网站。当前，跨境B2C兰亭集势、DX等都开通了 Facebook 官方专页，Facebook 海外营销受到了越来越多跨境电商从业者的重视。当然，这也需要根据企业的客户群体来定，如果你是面向俄罗斯市场，那么应该选择 VK 而不是 Facebook。因为在俄罗斯乃至东欧，VK 是人们首选的社交网站。

2.Twitter

Twitter 是目前全球最大的微博网站，拥有超过 5 亿的注册用户，各大企业利用 Twitter 进行产品促销和品牌营销。例如，著名垂直电商 Zappos 创始人谢家华通过其 Twitter 的个人账号与粉丝互动，维护了 Zappos 良好的品牌形象。Twitter 适用于跨境电商的海外营销。此外，跨境电商们还可以利用 Twitter 上的名人进行产品推广，比如第一时间评论名人发布的"推文"，让千千万万名人的粉丝慢慢熟知自己，并最终成为自己的粉丝。2014 年 9 月，Twitter 推出了购物功能键，这对于跨境电商来说又是一个有利的推动。

3.LinkedIn

LinkedIn（领英）是面向商业客户的社交网站，网站的目的是让注册用户维护他们在商业交往中认识并信任的联系人，俗称"人脉"。用户可以邀请认识的人成为"关系圈"的人，平均每一秒钟都有一个新会员的加入。

4.Pinterest

Pinterest 是全球最大的图片分享网站。图片非常适合跨境电商网站的营销，因为电商很多时候就是依靠精美的产品图片来吸引消费者。卖家可以建立自己的品牌主页，上传自家产品图片，并与他人互动分享。2014 年 9 月，Pinterest 推出了广告业务，品牌广告主可以利用图片的方式，推广相关的产品和服务，用户可以直接点击该图片进行购买。Pinterest 通过收集用户个人信息，建立偏好数据库，帮助广告主进行精准营销。因此，除了建立品牌主页外，跨境电商网站还可以购买 Pinterest 的广告进行营销推广。

5.YouTube

YouTube 是目前全球最大的视频网站，每天都有成千上万的视频被用户上传、浏览和分享。相对于其他社交网站，YouTube 的视频更容易带来"病毒式"的推广效果。开通一个 YouTube 频道，上传一些幽默视频吸引粉丝，通过一些有创意的视频进行产品广告的植入，或者找一些意见领袖来评论产品宣传片，都是非常不错的引流方式。

二、如何做社交媒体营销

前文介绍了多种适合做跨境电商社交媒体营销的平台，下面以 Facebook、LinkedIn 和 Twitter 为例，介绍具体的营销技巧。

（一）Facebook 营销

1.创建企业版 Facebook 页面

（1）进入 https://business.facebook.com/，页面如图 4-4 所示。

图 4-4　进入 Facebook 企业页面

(2)创建或者登录你的 Facebook 账号，如图 4-5 所示。

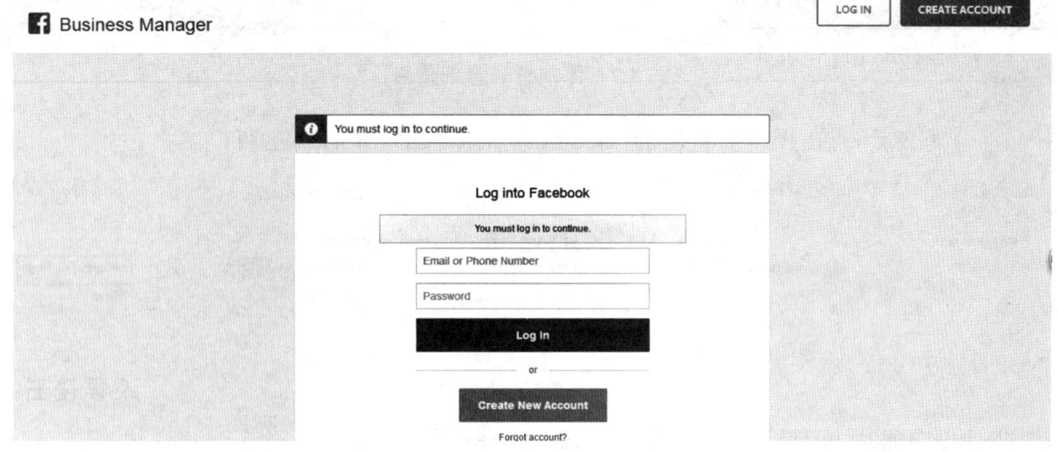

图 4-5　创建或登录 Facebook 账号

(3)创建商务管理平台账户(Business Account)，填写账户名称、邮箱；下一步填写地址、网站等业务详细信息。如图 4-6、图 4-7 所示。

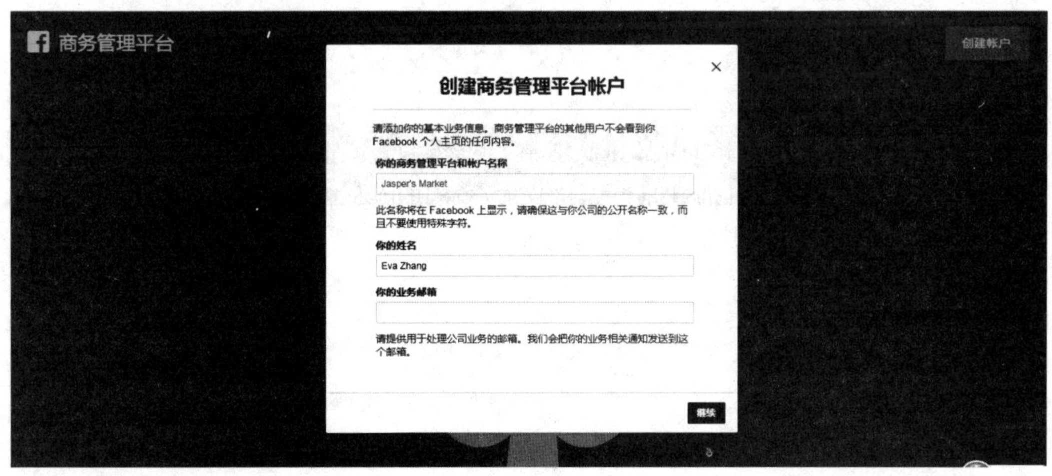

图 4-6　创建商务管理平台账户

商务管理平台
添加业务详细信息
国家/地区
街道地址
城市
州/省/地区
邮编
电话号码
网站
商业用途
推广自己的货品或服务
为其他商务管理平台提供服务
上一步
提交

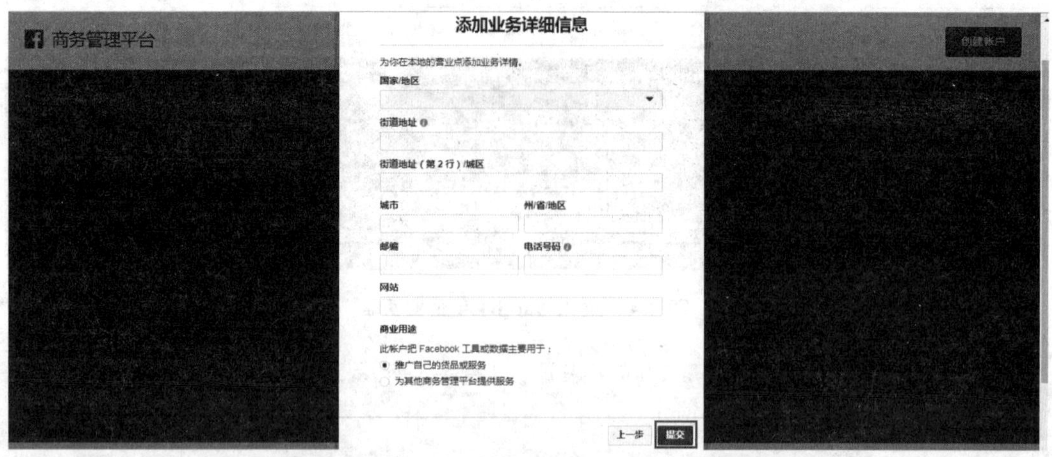

图 4-7 添加业务详细信息

(4)提交后,点击图 4-8 右侧的"Business Settings",开始创建商户主页。

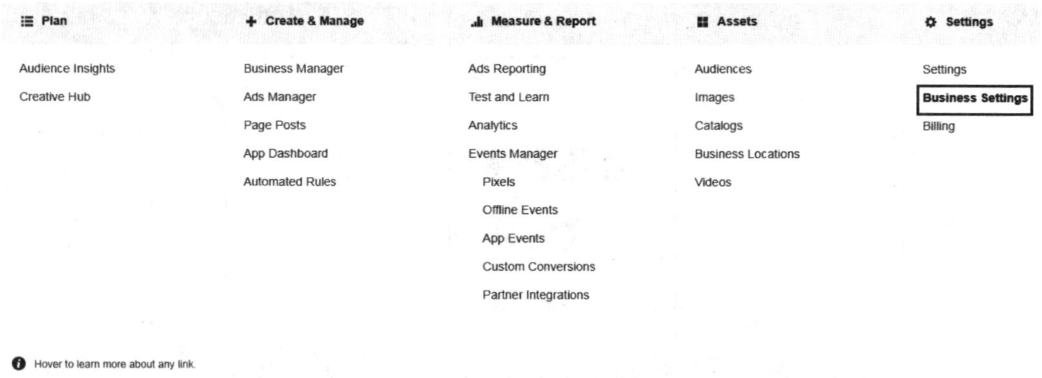

Plan
Audience Insights
Creative Hub
Create & Manage
Business Manager
Ads Manager
Page Posts
App Dashboard
Automated Rules
Measure & Report
Ads Reporting
Test and Learn
Analytics
Events Manager
Pixels
Offline Events
App Events
Custom Conversions
Partner Integrations
Assets
Audiences
Images
Catalogs
Business Locations
Videos
Settings
Settings
Business Settings
Billing
Hover to learn more about any link.

图 4-8 点击"Business Settings"

(5)进入"Business Settings"页面,点击"+Add",并选择创建页面的类型,如图 4-9、图 4-10 所示。

Business Settings
Users
Accounts
Pages
Pages
+ Add
Filter by name or ID

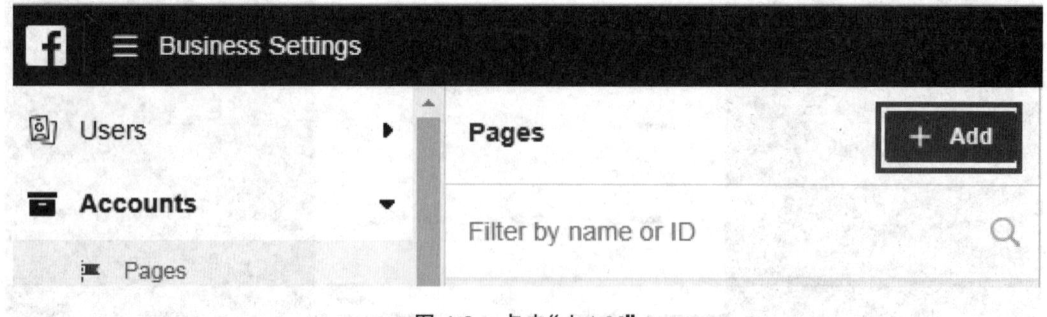

图 4-9 点击"+Add"

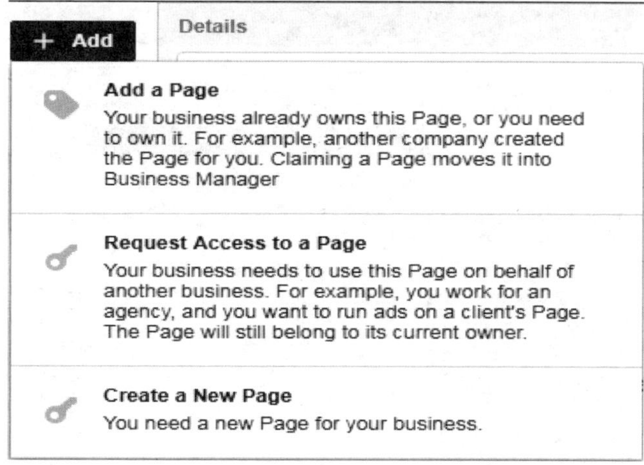

图 4-10　选择创建页面的类型

(6)选择企业的类型,如图 4-11 所示。

图 4-11　选择企业的类型

(7)为主页命名并选择类别,如图 4-12 所示。

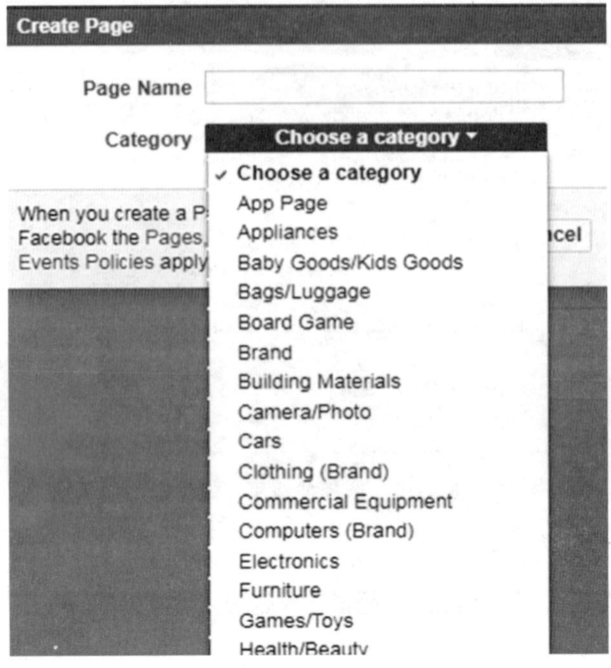

图 4-12　命名并选择类别

(8)为主页设置管理人员,以帮助管理公司的 Facebook 页面,如图 4-13 所示。

图 4-13　设置管理人员

(9)设置 logo、主页专属域名、封面、CTA 按钮,如图 4-14 所示。

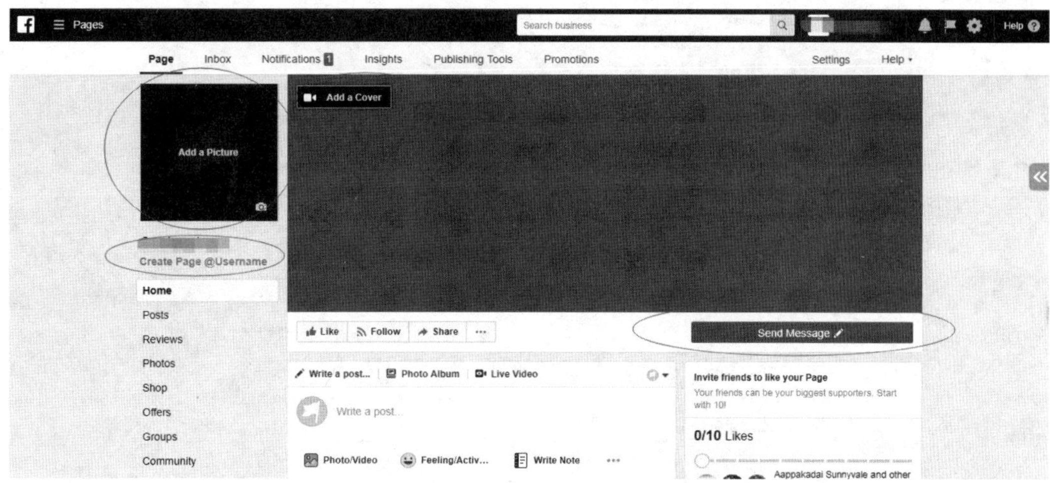

图 4-14　设置 logo 等

(10)通过"Promotions"宣传 Facebook 页面,广告将允许其他 Facebook 用户成为你网页的粉丝或参加事件的推动。如图 4-15 所示。

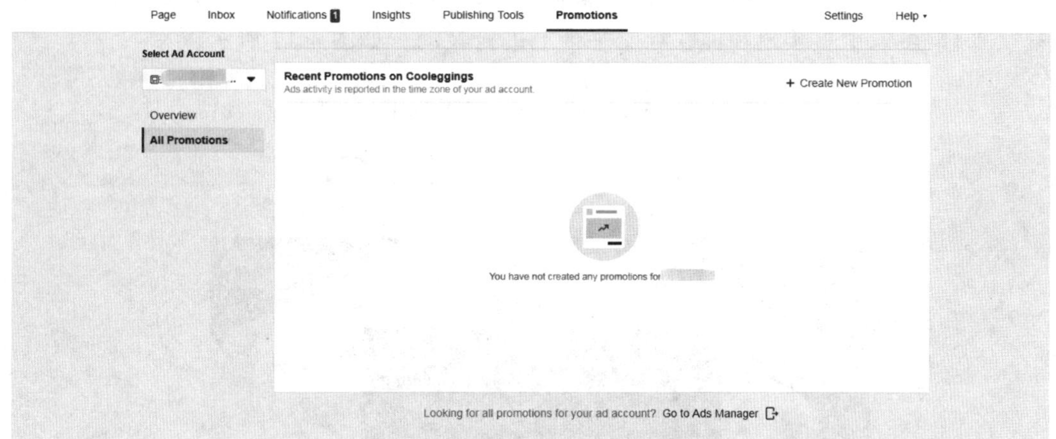

图 4-15　添加付费广告

(11)通过"Insights"查看主页的基本情况,可以看到每天、每周、每月 Facebook 用户与页面的交互情况。如图 4-16 所示。

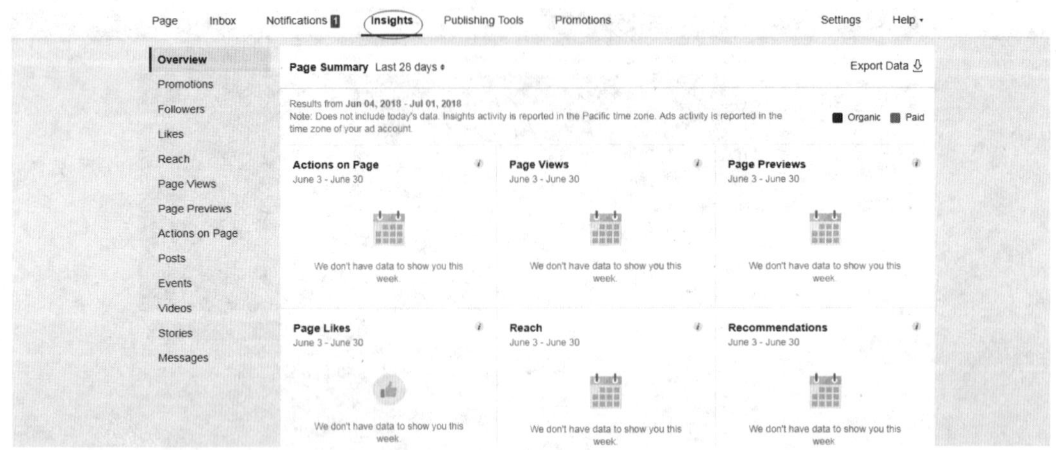

图 4-16 查看主页基本情况

2.Facebook 营销技巧

(1)在主页上放置你已有的其他社交渠道。

在主页显眼的位置放置其他的社交渠道,这样粉丝就可以直接点击进入你的其他社交平台,可以更直接地和你在社交平台上进行互动。如图 4-17 所示。

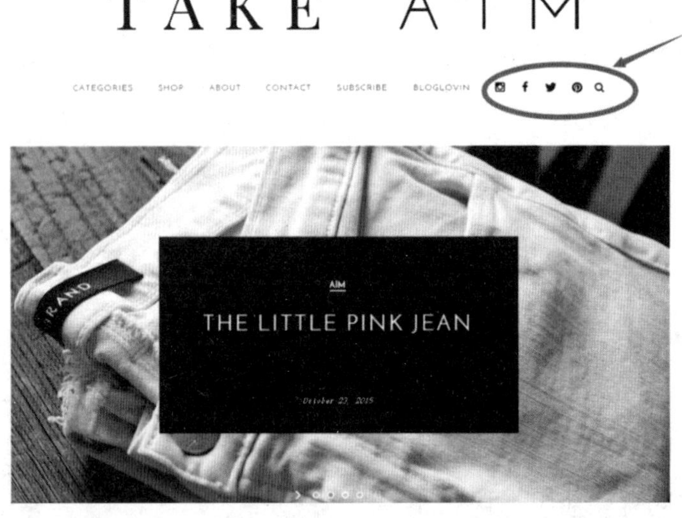

图 4-17 宣传其他的社交渠道

(2)嵌入你的在线店铺。

营销的目的是销售产品或服务,因此,最好在 Facebook 上开设在线商店。这样可以更直接的在与粉丝互动的情况下展示你的商品,增加商品曝光率,提升流量。

(3)选择发布信息的时间。

在正确的时间发布信息,能让更多的人看到。所以需要观察平常发布的信息,总结在哪个时段发布会比较好。或者可以利用工具,如利用 Facebook Insights 进行查看,哪些信息在哪个时段是比较受欢迎的,如图 4-18 所示。

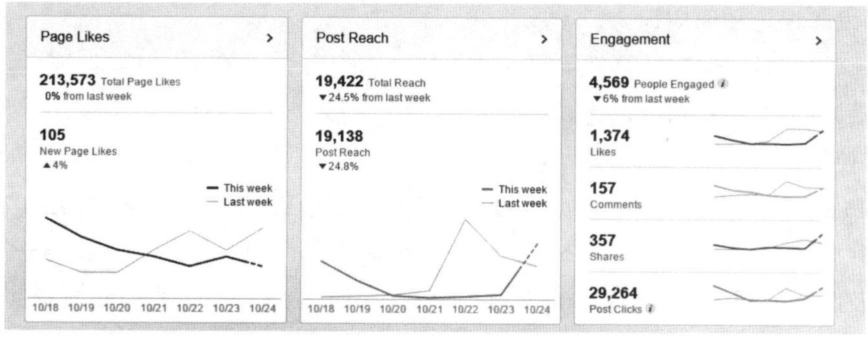

图 4-18　Facebook Insights 查看信息时段

(4)使用 Facebook 插件。

现在很多网站都可以直接用 Facebook 来登录,产品详情处还有放置“like”或者“share”的按钮,这些都是 Facebook 提供的插件,如图 4-19、图 4-20 所示。这些插件有利于用户快速地进行购物,或者可以直接把你的产品分享到用户的社交平台上,有利于信息的快速传播。

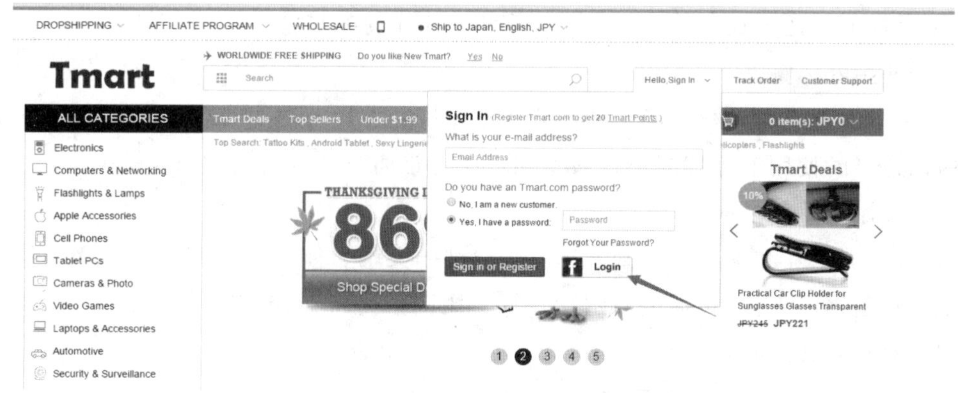

图 4-19　用 Facebook 登录

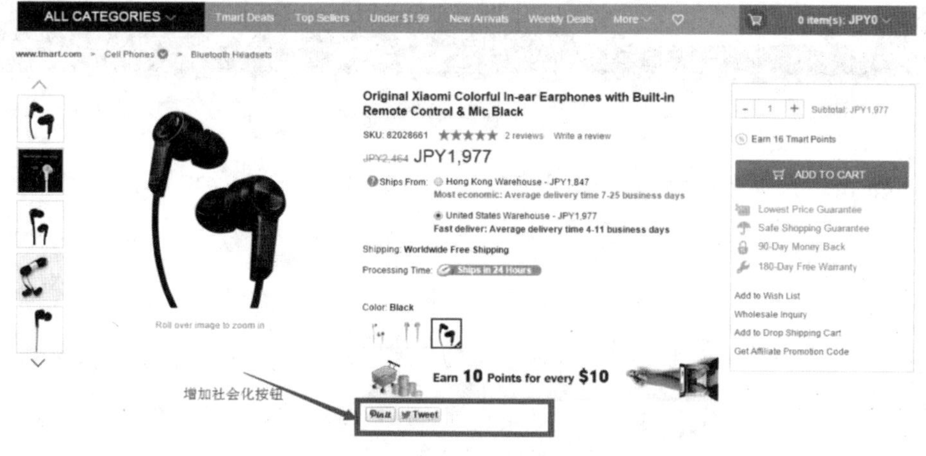

图 4-20　增加社会化按钮

(5)发起评论和回应评论。

评论粉丝和回应评论,增强与粉丝的互动,不仅可以提高 Facebook 排名,还可以通过互动的增加,赢得粉丝的忠诚度。

(6)使用 Facebook 广告。

在 Facebook 上打广告能影响你的粉丝数和企业业绩。Facebook 当前的广告分为以下几种类型:Facebook Page Engagement,增加帖子的 like、share、comment、视频的展示以及图片的到达率;Facebook Page Likes,增加你 Facebook 的粉丝数量;Clicks to Website,把 Facebook 上感兴趣的人引入到你的网站上;Website Conversions,在 Facebook 上设置一些特殊的"call to action"按钮,你首先要在 Facebook 上获取到追踪像素以便来衡量你的效果;App Installs,App 安装到手机;App Engagement,号召人们在 App 中有更高的参与度。

(7)在 Facebook 上做活动。

通过 Facebook 的"contest"可以吸引到很多的用户,同时做活动也能给你的 Facebook 页面带来很高的参与度,这样能增加你的页面的质量得分。类似于"call to action"这样的描述要比那些没有的帖子高出 5.5 倍的参与度。

(8)使用@标签。

每一个人都想成为社交场上的焦点,如果你在所有人之中被@,会有被关注的感觉,所以适当的使用@标签能拉近粉丝和页面的距离。

(9)多用图片和视频。

你会发现图片和视频的达到率远高于单纯的文本。使用图片能增加 120%的参与度,如果你是多图上传(包括相册图片),这一比例会提高到 180%。

(二)LinkedIn 营销

1.创建 LinkedIn 企业主页

(1)点击 LinkedIn 个人页面最上方导航栏的"工作"选项,如图 4-21 所示。

图 4-21 选择"工作"选项

(2)点击下拉框中的"创建公司主页"选项,如图 4-22 所示。

图 4-22　创建公司主页

(3)在页面中依次输入官方的公司主页名称以及你的公司主页公开网址(公开网址一经创建不可更改),勾选官方代表选项,以确保你有权创立该公司主页,之后点击继续。如图 4-23 所示。

图 4-23　输入基本信息

(4)完善公司信息,按照公司的主页内容,依次添加公司的基本信息,包括公司名称、logo、主页图片、公司简介、公司网站等(其中标星号的内容为必填内容)。如图4-24所示。

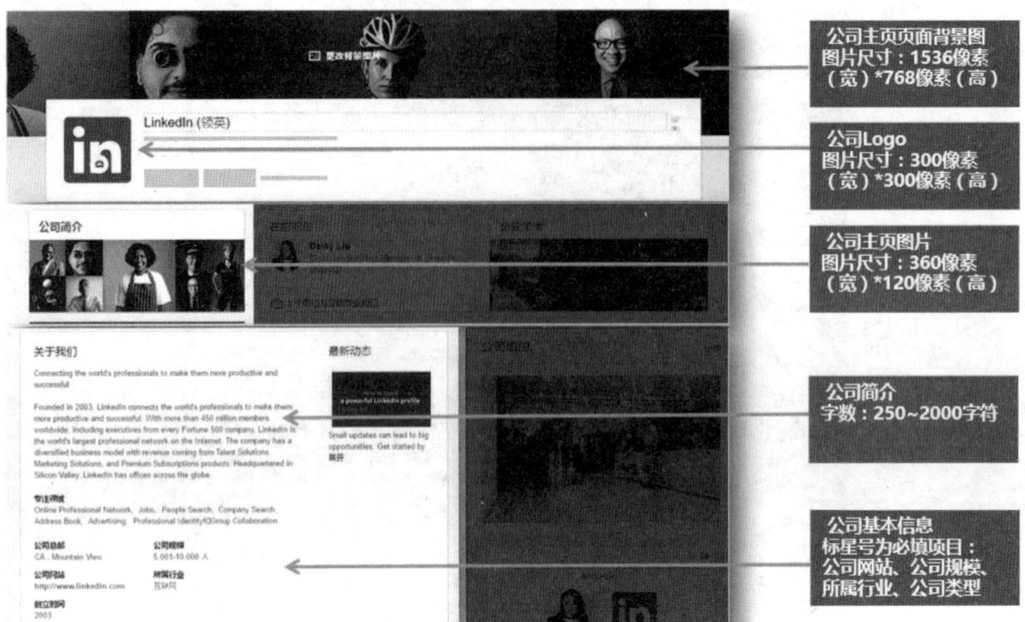

图 4-24 完善公司账户信息

(5)完善好公司信息后,点击发布即可。

2.LinkedIn 营销技巧

LinkedIn 作为目前全球最大的职业社交平台,一直被评为销售线索挖掘领域的第一大社交网络。94%的 B2B 营销人员使用 LinkedIn 进行内容传播,越来越多的外贸企业在此寻找自己的商业合作伙伴,拓展海外业务。

(1)从潜在客户的 Recommendations 中提取细节。

阅读买家资料的"Recommendations"是了解详情的最佳方法之一。快速浏览过后,就会发现他们在工作中的优势、职业成就、职业声誉、个性等细节。这些都是 LinkedIn 消息第一行的重要参考信息。而且还能证明在联系客户前下足了功夫,体现自己的专业程度。例如:

对好消息进行祝贺:

Hi [name],

Congrats on [accomplishment]—that's impressive considering [reason]. Are you working on any similar projects these days?

Best,

[Your name]

对对方的背景感兴趣:

Hi [name],

Judging by your recommendations, you're an expert in [field]. How did you originally become interested in that?

Have a good [day of the week],

[Your name]

这些消息都有以下特点：简短、简单，最重要的是，令人满意。一旦与潜在客户开始对话，也了解了他们的目标，就可以开始多描述自己的价值，并展示解决方案。

(2)提出与客户的共同兴趣。

如果想与买家谈论共同兴趣，可以通过阅读他们的摘要去发现，并使用 InMail(InMail 是让你直接与任何 LinkedIn 用户联系的私人信息)建立融洽关系。把这个兴趣点放在消息的开头或包含在帖子中。例如：

喜欢播客：

Hi [name],

Are you struggling to scale your recruiting efforts? My clients with similar growth rates typically say it's hard to maintain their hiring standards while bringing on enough new hires. I have a couple tips, if you'd like to hear them.

Best,

[Your name]

P.S. I'm also a big podcast fan. Would highly recommend The Growth Show—it's one of my favorites.

(3)提供个性化的内容。

尝试着快速将 LinkedIn 对话移动到邮件。潜在客户在收件箱中花费的时间更多，因此通过邮件获取回复是个不错的选择。例如：

Hi [prospect name],

Are you [seeing X pain, hoping to meet Y goal]? I ask because [client #1] and [client #2], both in your [industry, market, region, product space], experienced this [challenge, opportunity].

There's a great [e-book, white paper, blog post] I can send you on this topic. It might be easier to send over email so I can highlight the sections you'll find most useful—what's your address?

Best,

[Name]

(4)对邮件进行预告。

当你已经有潜在客户的邮箱时，可以尝试使用初步的 LinkedIn 邮件预热。这会提高你的名字的识别度。例如：

Hi [prospect name],

Wanted to give you a heads up I'll be reaching out via email with some [suggestions, strategies, observations] relating to [pain point, opportunity].

For example, my first tip is [short piece of advice].

Looking forward to speaking,

[Your name]

(5)插入图片。

大多数用户可能很少注意到 InMail,但一个有趣的 GIF 或好玩的图片会让你的消息更加引人注目。如图 4-25 所示。

图 4-25 插入有趣的图片或者动画

(6)保留悬念。

设置悬念以激发潜在客户的好奇心。想象一下你的 InMail 是一个故事章节。它需要包括实质性的东西(如提示或发人深省的问题),否则买家会觉得你浪费了他们的时间。例如:

Hey Andrei,

Just browsed your GitHub repos. Your team is working on some exciting open-source projects—MathLAB looks like it has the potential to transform college study groups.

Two entrepreneurs I know fund projects just like MathLAB. I'll reach out to them and will be back in touch soon with their response.

Best,

Hugo

(7)插入附件或者视频链接。

收邮件的时候我们是不是也已经厌倦大段的文字?即便你的产品再好,描述得再好,可是,别人连看都不愿意多看一眼那堆黑乎乎的文字,是不是觉得一切努力都白费了?通过在 InMail 中插入附件或者视频链接,既能清晰地展示产品,又能大大提高邮件的阅读率。

注:案例和技巧来自于领英营销官"LinkedIn 外贸营销,7 种方法效果惊人",搜狐网,http://www.sohu.com/a/134566145_654269.

(三)Twitter 营销

Twitter 是将潜在顾客与产品、品牌连接起来的一种渠道,它可以融入参与者的生活之中,进而建立品牌知名度。要通过 Twitter 进行营销,要注意选择合适的 Twitter 营销软件,识别 Twitter 用户,与用户建立有效的网络关系。

1.Twitter的营销步骤

(1)选择合适的Twitter营销软件。

在使用Twitter的时候,很多人都不是在网站上使用服务的,而是选择通过Twitter平台上的应用程序来开展服务,如Twitterface、Twitalyzer、What the Trend等。

(2)区分Twitter用户。

虽然粉丝量很重要,但是如果关注的粉丝都是无效客户,也无法带来流量。所以,在关注用户的时候,要将目标锁定在能促进自己业务发展的用户上,寻找关联性强的Twitter用户和潜在用户。这样可以通过他们获得客户和相关读者。

(3)建立有效的关系。

社交媒体归根结底是一个建立关系的平台,所以要有社交网络理念。在Twitter中不仅要和用户、网站管理员、出版商等建立关系,还要和相关领域的大牌人物建立网络关系,因为他们会给你的产品和服务带来很好的宣传效果。

2.Twitter的营销技巧

(1)撰写Twitter信息的方法。

首先,利用你所经营行业的最热门话题来发布信息内容,发布内容要尽可能使用简短精练的语言;其次,尽量提供原创内容,切忌敷衍对待。只有提供了优质的信息,才可能得到大家的关注与推荐。

(2)利用Twitter的搜索功能。

Twitter的搜索排名规则是按照时间顺序进行排序的,在搜索的关键词里面,谁的信息最新就会排在前面。所以需要围绕发布的关键词不停地更新,才能排在Twitter搜索的首要位置。另外Twitter的搜索结果会影响到Google的搜索结果,如果你的Twitter搜索是最新的且包含关键词,在别人没有更新之前,你的信息会显示在Google首页,Twitter代表了实时搜索,Google也会把实时搜索的结果结合进去。

(3)关注同行业和相关行业。

当你去关注同一行业或者相关方面的人时,对方也会关注你。如果你发布了一个吸引人的高质量内容,对方可能会转发你的信息。例如你有600个粉丝,而关注你的人也有600个粉丝,并且其中6%的粉丝会转播你的信息,你就将拥有大量的访问者。但是需要注意的是每天发布的产品和服务信息数量不要超过10个广播,否则很多人会认为你是垃圾信息的制造者,然后停止关注你。

三、社交媒体营销要避免的错误

如今,企业已经充分了解社交媒体营销的重要性,但是很多企业在进行社交媒体营销的时候仍然会犯一些错误。以下总结了一些常见的错误,在使用社交媒体营销时要注意规避。

(一)只重视粉丝数量

粉丝数量多固然是好事,但是如果粉丝对你提供的产品或者服务不感兴趣,那么数量再多也无法产生实质性效果。需要挖掘真正的潜在客户,同时,还要注意将粉丝转化为客户,据统计只有12%的人在看过社交平台广告后会考虑购买。所以,要让你的内容让尽可能多的人看到。

(二)使用过多的社交媒体平台

除非你雇佣足够多的员工来运营不同的社交媒体平台,否则运营过多的社交平台,会分散营销力量,反而适得其反。

(三)没有保证优质内容的持续输出

在社交平台里,需要保持持续输出能够吸引人的优质内容,吸引粉丝的注意力。一旦内容没有吸引力,粉丝认为你发了过多的广告和垃圾信息,他们就很有可能会停止对你的关注。

(四)没有整体的营销策略

盲目的在社交平台上进行传播并不是一个好方法,需要制定一个完善的营销策略和计划。这样才能与消费者建立一个连续的、有效的沟通机制。否则,盲目的发布信息内容只会消耗自己的品牌价值。

(五)缺少品牌个性

如果你的宣传内容过于无趣和平淡,阅读者对产品产生兴趣的可能性很小。可以考虑聘请专门的社交媒体人员,来保证每条内容的品牌个性。还要注意,不要在所有社交平台上传播相同的内容,如果想要传播同样的信息,也要考虑用不一样的方式进行传播。

(六)手动处理一切事务

手动处理一切事务会占用你大量的时间,很多平台上都有便捷的应用程序和工具,通过这些工具可以帮助你完成内容制作,既提高了效率,也会丰富内容形式,增添趣味性。

任务实施

实训任务4-2:在Facebook平台做广告推广

实训目的:

- 了解Facebook平台广告推广流程;
- 熟悉Facebook平台广告制定策略;
- 熟悉Facebook Ads Manager的操作方法。

实训指导:

步骤01:进入Facebook Ads Manager,选择营销目标。在进行推广之前,需要明确为什么进行推广?推广目标是什么?不同的营销目标有着不同的策略。市场推广目标选择页面如图4-26所示。

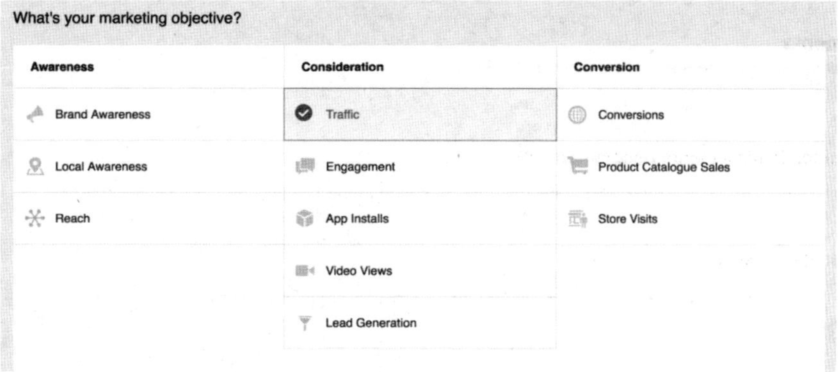

What's your marketing objective?

Awareness	Consideration	Conversion
Brand Awareness	Traffic	Conversions
Local Awareness	Engagement	Product Catalogue Sales
Reach	App Installs	Store Visits
	Video Views	
	Lead Generation	

图 4-26　选择市场推广目标

步骤 02：选择 Audience 受众。如图 4-27 所示。受众选择 Audience 规模一般控制在 10000～50000 人比较合适。Facebook 提供了以下的特征去定位受众群体：Audience Location、Age、Gender、Languages、Interests、Behaviors、Connections。利用 Audience Insight 功能大致了解你受众的特征，然后在 Ads Manager 的 filter 中做出基本的筛选即可。在甄别 Audience 的 Interests 这个部分，可以利用 Audience Insight 找出潜在 Audience 喜欢的 Facebook Page 等，并在 Ads Manager 进行投放。

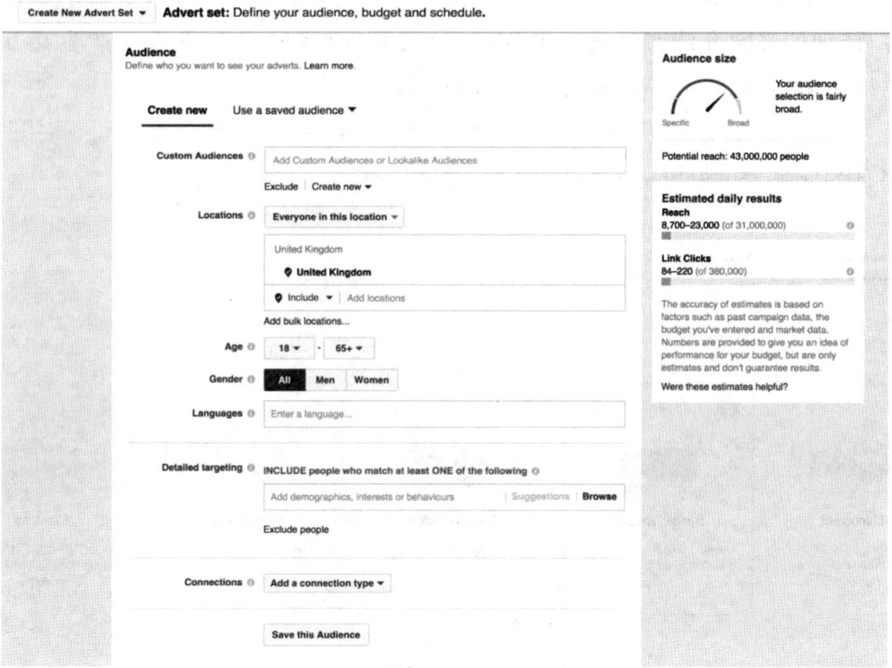

Create New Advert Set ▾　**Advert set:** Define your audience, budget and schedule.

Audience
Define who you want to see your adverts. Learn more.

Create new　Use a saved audience ▾

Custom Audiences: Add Custom Audiences or Lookalike Audiences
Exclude | Create new ▾

Locations: Everyone in this location ▾
United Kingdom
United Kingdom
Include ▾ | Add locations
Add bulk locations...

Age: 18 ▾ - 65+ ▾

Gender: All | Men | Women

Languages: Enter a language...

Detailed targeting: INCLUDE people who match at least ONE of the following
Add demographics, interests or behaviours | Suggestions | Browse
Exclude people

Connections: Add a connection type ▾

Save this Audience

Audience size
Specific　Broad
Your audience selection is fairly broad.
Potential reach: 43,000,000 people

Estimated daily results
Reach
8,700–23,000 (of 31,000,000)
Link Clicks
84–220 (of 380,000)
The accuracy of estimates is based on factors such as past campaign data, the budget you've entered and market data. Numbers are provided to give you an idea of performance for your budget, but are only estimates and don't guarantee results.
Were these estimates helpful?

图 4-27　选择 Audience 受众

步骤 03：选择广告位置。广告位置可以理解为你的广告出现的位置。一般来说建议选择 News Feed 和边栏作为广告位置。如图 4-28 所示。

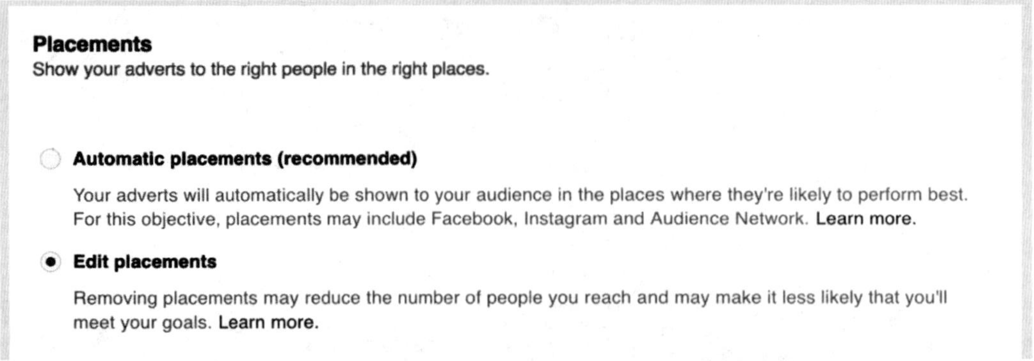

Placements
Show your adverts to the right people in the right places.
Automatic placements (recommended)
Your adverts will automatically be shown to your audience in the places where they're likely to perform best. For this objective, placements may include Facebook, Instagram and Audience Network. Learn more.
Edit placements
Removing placements may reduce the number of people you reach and may make it less likely that you'll meet your goals. Learn more.

图 4-28　选择广告位置

步骤 04：预算费用。预算方面，目前北美用户的平均单次点击价格约为 0.3 美元，可以作为设置预算的参考。

步骤 05：设计广告。广告的设计应形式多样且保持简洁自然，让广告自然地出现在用户的信息流中，这样用户不会在脑海中响起广告警告。生活场景，使用场景配合自然的广告语。选择单一图片做广告是最简单的形式，当然当广告主可以拍摄精彩的视频用于投放的时候，选择视频广告。创建图片广告页面如图 4-29 所示。

步骤 06：编辑文案广告。文案分为几个部分：一是标题，简洁明了的广告标题；二是内容，详细的文案介绍产品或者服务；三是交互性，激励用户和 Ads 产生交互，根据不同的行业来选择，如 shop now、learn more 等。

Advert: Select media, text and links to create one or multiple adverts.
Create New Advert
Use existing post
Format
Choose how you'd like your advert to look.
Carousel
Create an advert with 2 or more scrollable images or videos
Single image
Create up to 6 adverts with one image each at no extra charge
Single video
Create an advert with one video
Slideshow
Create a looping video advert with up to 10 images
Canvas
Tell a more immersive story by combining images and videos

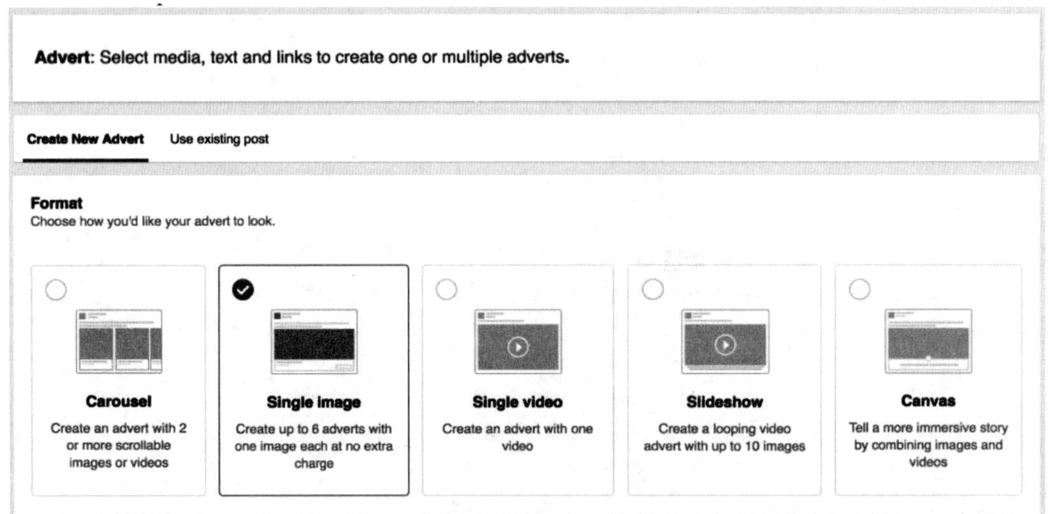

图 4-29　创建图片广告

注：实训任务来源于科学外贸老王的博客“2017 FACEBOOK 推广简单有效的办法”，科学外贸网，http://gettysmart.com/2017-advertising-on-facebook/.

任务评价

任务编号	任务 4-2	任务名称	社交媒体营销任务
任务完成方式	个人完成、小组协作完成		
任务评价内容			分值
社交媒体广告投放策略制定			40
Facebook 平台广告投放流程			30
广告文案和图片制作			30
成绩评定			
自我评价　20%	小组评价　20%		教师评价　60%

任务三　亚马逊站内广告

任务导入

跨境电商营销专员小张明白除了站外引流和站外广告的营销，站内推广也是非常重要的模块。小张想尝试站内广告，但对站内广告还没有很深的理解，面对亚马逊站内广告有一些疑惑：该给哪些产品投放广告呢？如果投入产出不划算怎么办？站内广告怎么提高商品的曝光量和浏览量呢？如果排名已经很好，是否还有必要持续投放站内广告呢？所以，小张想要好好学习一下投放亚马逊站内广告的策略和技巧。

任务分析

根据“任务导入”中的情境进行分析，在亚马逊站内广告任务中需要理解三个问题：(1)亚马逊站内广告的基本知识；(2)亚马逊广告的竞价原理；(3)亚马逊站内推广的策略。

知识学习

一、亚马逊站内广告

什么是亚马逊站内广告？在亚马逊站内购买搜索关键词，用这样的方式来提高商品的曝光率和点击率，进而提升商品转化率。亚马逊的站内广告使用的是竞价模式，同一个商品类别出价高者获得关键词，以点击量计费。

(一)亚马逊广告的营销思路

消费者从打开亚马逊到购买商品会经历两个阶段：第一阶段是输入搜索词，当消费者看到广告，对你的商品感兴趣，会点击进入商品详情页；第二阶段是查看产品标题、图片、Bullet Points、描述和评价，然后决定是否购买商品。如图 4-30 所示。

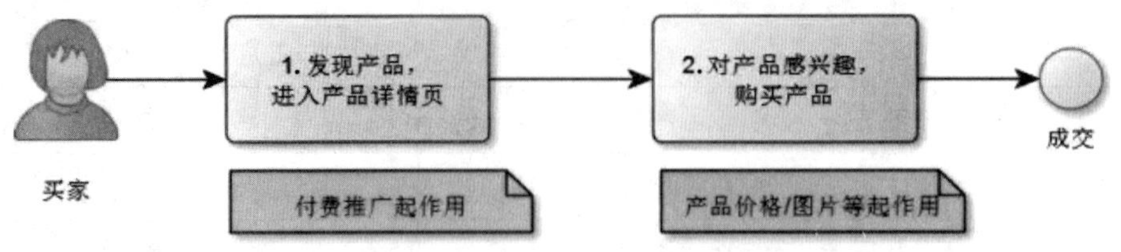

图 4-30　商品成交两个阶段

总结来说，第一阶段是发现，第二阶段是转化，两个阶段都要完成，才能形成订单。所以，推广要完成的事情就是首先让买家尽可能多地看到商品；其次，让买家点击去看商品详情页；最后，促进转化成订单，那么就要求推广前要尽量把产品优化好。

那么，亚马逊广告系统是如何决定在买家输入一个搜索关键词的时候是否展示你的广告呢？广告展示流程如下(如图 4-31 所示)：

1.买家输入搜索关键词

买家输入一个搜索词，例如“outdoor men bag”。

2.亚马逊系统匹配关键词

亚马逊广告系统根据买家输入的搜索词，找到与关键词相匹配的广告(Ad Group)，比如如果你的 Ad Group 包含了关键字“men bag”，匹配类型是 Broad，那么就算匹配了。

3.对匹配的广告词进行排序

对所有匹配的 Ad Group 进行排序，排序不仅仅根据关键词的出价，也要考虑到 Ad Group 中产品的表现，因为所有的电商平台的目的都是要促进成交，即提高订单转化率，如果只是广告出价高但转化低，亚马逊也是不喜欢的。排序完后从 Ad Group 中选出一组产品按顺序展示给买家。

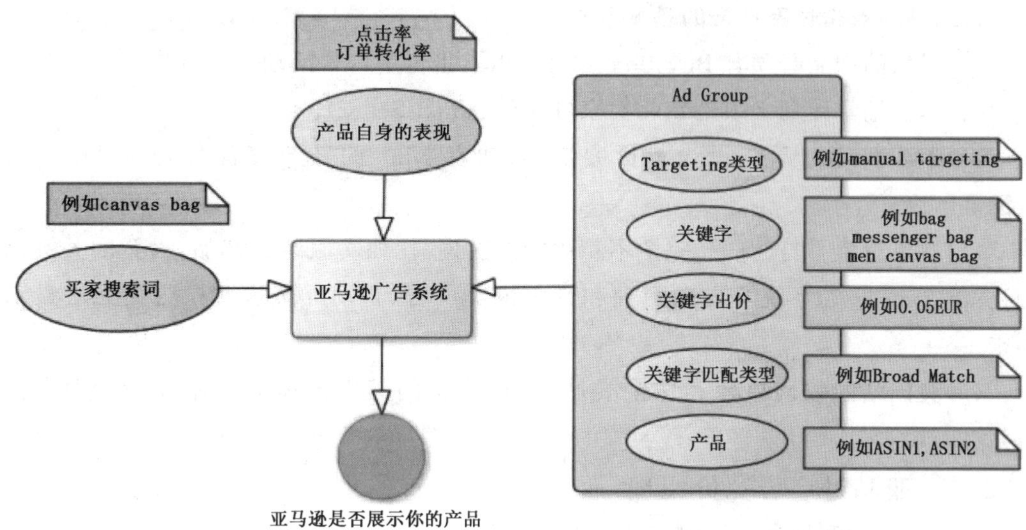

图 4-31　亚马逊广告展示流程

(二)亚马逊站内广告的展示位置

亚马逊站内广告一是可能会出现在搜索结果页面的上侧、下侧或者右侧。如果是广告,页面上面会有"Sponsored"字样,如图 4-32 所示。

图 4-32　搜索结果页商品展示位

二是会出现在产品详情页中部,广告显示的内容包括产品图片、标题、价格和评价,这些就是我们后面要优化的内容。如图 4-33 所示。

Fujifilm Instax Mini 100 Film for Fuji 7s 8 25 50s 90 300 Instant Camera, Share SP-...
54
$65.50 prime

Fujifilm Instax Mini 9 Instant Camera Lime Green (16550655) with 20 Sheets of Insta...
8
$94.00

Polaroid 2x3" Premium ZINK Zero Photo Paper 30-Pack - Compatible with Polaroid Snap...
1753
$13.25 prime

Fujifilm Instax Mini 8 Instant Film 2-PACK (20 Sheets) Value set For Fujifilm Insta...
19
$20.99 prime

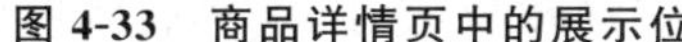

图 4-33　商品详情页中的展示位

(三)站内点击付费广告的基本条件

(1)卖家的产品必须有 Buy Box 才可以做点击付费广告活动。

(2)卖家销售计划必须是专业卖家(Professional Seller)。

(3)不要将竞争品牌设为竞价关键词,如卖 Nike 的鞋却设置"Adidas"作为关键词。

(4)不要设置与自己产品完全不相关的关键词,比如卖服装类产品,设置的关键词却是"phone case",系统会自动甄别和判定该类广告,自动屏蔽这些广告而无法显示出来。

(5)美国站的数码摄像和珠宝类产品、英国站的健康护理类产品都不能做点击付费。

二、亚马逊广告竞价原理

(一)广告的竞价方式

亚马逊广告的费用是采用竞价模式进行收取,按照效果进行收费,广告被点击才需要交费。其竞价原理是:每次广告的点击费用,在出价排名第一位和第二位的广告主之间,点击费用不一定是竞价的最高价,但是会高出排名第二位的广告主的竞价。

(二)广告竞价排名的影响因素

亚马逊付费广告的排名不是只受广告出价的影响,还和广告主的商品绩效得分有关系。按照一般的竞价模式,出价越高,排名就越靠前,但是亚马逊的竞价排名会更优先展示绩效好的商品。这里的绩效得分主要包括商品的销售量、点击率、转化率等。转化率越高,绩效得分就越高,排位就越靠前。

商品的绩效得分还会影响广告的溢价价格,前面我们说过广告的费用是高出排名第二位的价格,也就是排名第二位的竞价加上溢价。如果商品绩效分数高,那么溢价就低,表示广告投入成本低;反之,广告成本就高。

三、亚马逊站内推广的策略

亚马逊站内广告的设置有两种方式:自动和手动。一般而言,建议卖家首先以自动的方式来设置,可以同时或稍后的时候以手动的方式另外设置一个手动方式的广告。自动广告以系统自动识别匹配的方式向潜在买家展示推广,手动广告以精准的关键词设置以求在较低流量的情况下获得更高的转化。同时,还可以通过自动广告报表中的相关数据来优化手动广告的关键词投放,从而达到相互补充的作用。具体策略如下:

(一)为所有商品创建自动广告

这么做的目的是发现有价值的广告关键字。创建自动广告后,亚马逊系统在用户输入搜索词(Search Term)的时候,会自动判断是否展示你的商品。你先为所有商品创建自动广告,然后等上至少一周时间,去下载搜索词报告(Search Term Report),就能看到买家搜索了哪些词,哪些词转换成订单,然后就可以把这些搜索词记录下来成为你产品的关键字,将这些关键字用在产品的搜索词上,或者用在手动广告上。

(二)根据搜索词报告收集有价值的关键字

自动广告使用一段时间后,会产生相关数据,可以在后台生成搜索词报告,点击菜单“REPORTS”,然后选择“Advertising Reports”,再选择“Search Term Reports”,最后点击“Request Report”,即可生成报告,几分钟后刷新页面下载报告。

报告是 txt 格式,右击报告选择用 Excel 打开报告查看,可以看到相关数据,如图 4-34 所示。

C	D	E	F	G	H	I	J	K	L	M	N	O	P
Customer Search Term	Keyword	Matc	First Day of Impress	Last Day of Impres	Impressio	Clic	CTR	Total Spe	Average C	ACoS	Curren	Orders placed within 1-week of a clic	Product Sales within 1-week of a clic
urban decay	*	BROAD	11/26/2015	1/5/2016	103526	170	0.16%	71.61	0.42	53.86%	USD	9	132.95
wunderbrow black brown	*	BROAD	11/25/2015	1/5/2016	13155	65	0.49%	24.7	0.38	25.45%	USD	8	97.06
lip stain	*	BROAD	11/27/2015	1/5/2016	62587	83	0.13%	36.3	0.44	55.15%	USD	5	65.82
physicians formula	*	BROAD	11/25/2015	1/5/2016	61576	49	0.08%	29.4	0.6	36.86%	USD	5	79.77
bobbi brown	*	BROAD	11/25/2015	1/5/2016	33938	25	0.07%	16.75	0.67	28.15%	USD	5	59.5
kardashian beauty	*	BROAD	11/25/2015	1/5/2016	13779	29	0.21%	10.51	0.36	19.76%	USD	4	53.18
nars makeup	*	BROAD	12/14/2015	1/5/2016	16060	34	0.21%	12.81	0.38	23.35%	USD	4	54.85
christian dior	*	BROAD	11/25/2015	1/5/2016	16755	30	0.18%	16.86	0.56	18.24%	USD	4	92.41
wunderbrow brown	*	BROAD	11/25/2015	1/5/2016	4941	29	0.59%	9.86	0.34	29.96%	USD	3	32.91
two faced	*	BROAD	11/25/2015	1/5/2016	17376	50	0.29%	19.77	0.4	60.07%	USD	3	32.91
maybelline new york	*	BROAD	12/14/2015	1/5/2016	23861	26	0.11%	11.96	0.46	36.34%	USD	3	32.91
nars foundation	*	BROAD	12/14/2015	1/5/2016	7677	5	0.07%	1.82	0.36	8.30%	USD	2	21.94
hair curler	*	BROAD	11/26/2015	1/5/2016	2216	15	0.68%	6.45	0.43	29.40%	USD	2	21.94
eyelash fibers	*	BROAD	11/25/2015	1/5/2016	1323	4	0.30%	3.13	0.78	14.27%	USD	2	21.94
bobbi brown makeup	*	BROAD	11/25/2015	1/5/2016	10649	26	0.24%	12.04	0.46	45.28%	USD	2	26.59
sephora makeup	*	BROAD	11/25/2015	1/5/2016	4617	24	0.52%	9.96	0.42	45.40%	USD	2	21.94
curling wand	*	BROAD	11/26/2015	1/5/2016	30864	40	0.13%	19.55	0.49	89.11%	USD	2	21.94

图 4-34　搜索词报告数据

主要的数据列在此做说明:

- Customer Search Term:用户搜索词,这是用户在亚马逊前台真实输入的数据。
- Keyword:Campaign 类型为手动时,是你设置的关键字;如果 Campaign 类型是自动,则此处没有关键字,因为亚马逊是根据商品的标题、Bullet Points 等匹配用户的搜索词,没有具体的关键字。
- Match Type:匹配类型。
- First Day of Impression:广告第一次曝光时间。
- Last Day of Impression:广告最后一次曝光时间(相对于生成报告的时候)。
- Impressions:曝光次数。
- Clicks:点击次数。
- CTR:Click Through Rate,点击率。
- Total Spend:广告费用。
- Average CPC:Cost Per Click,每次点击费用的平均值,Average CPC=Total Spend/Clicks。
- ACoS:Advertising Cost to Sale,等于广告费/销售额。
- Currency:币种。
- Orders Placed Within 1-week of a Click:点击后一周内产生的订单总数。
- Product Sales Within 1-week of a Click:点击后一周内产生的订单的总金额。
- Conversion Rate Within 1-week of a Click:转换率,即订单数/点击次数。
- Same SKU Units Ordered Within 1-week of Click:点击了一个产品的广告,然后在一周内购买该种产品的总数量。
- Other SKU Units Ordered Within 1-week of Click:点击了一个产品的广告,然后在一周内购买了其他产品的总数量。

• Same SKU Units Product Sales Within 1-week of Click：一周内购买了同种产品的总金额。

• Other SKU Units Product Sales Within 1-week of Click：一周内购买了其他产品的总金额。

可以在 Excel 里面把这几列都填充上颜色，然后找出点击次数高的，产生订单/销售额多的搜索词，然后把它们收集起来作为广告的关键词。

（三）创建手动的 Campaign

通过前面步骤找到的重要关键词，创建手动 Campaign，为 Campaign 里面的每个 Ad Group 设置 25～40 个关键字，然后随着时间的推移不断地优化。如通过上述步骤你发现了新的、好的搜索词，就可以把这些搜索词添加到手动 Ad Group 的关键字里面。

（四）不断调整关键字出价

手动 Campaign 创建好后，过一段时间可以下载报告，通过分析 ACoS 来调整出价，如 ACoS 过高，在 40%或以上，你可能要降低关键字报价。如果你的 ACoS 比较低，在 10%以下，你可以考虑适当地提高关键字报价来获得更多的流量和点击。

任务实施

实训任务 4-3：亚马逊站内广告操作实训

实训目的：

• 了解亚马逊站内广告后台；

• 掌握亚马逊站内广告投放操作；

• 掌握亚马逊站内广告投放效果的监测。

实训指导：

1.后台设置亚马逊广告

步骤 01：进入后台，点击“Advertising”→“Campaign Manager”，如图 4-35 所示。

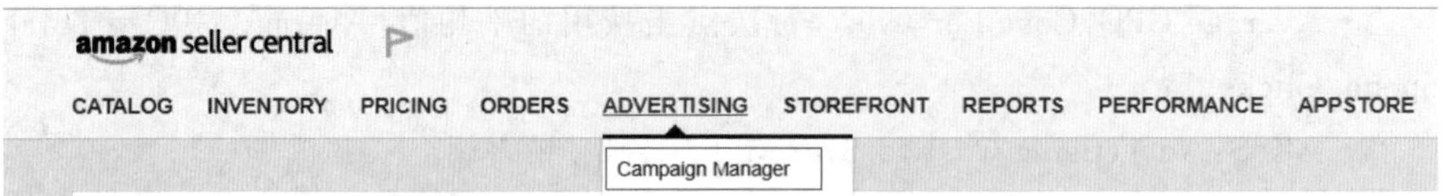

图 4-35　后台广告页面

如果是第一次进入系统，则会跳出图 4-36 的界面。注意，付给亚马逊的广告费是要通过信用卡单独支付的。

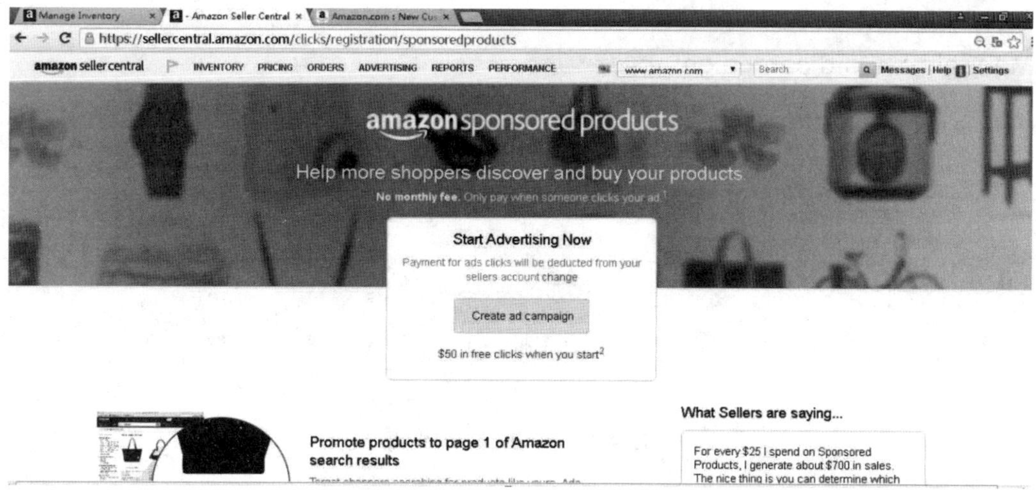

图 4-36 首次进入系统界面

步骤 02:点击图 4-36 中的“Create ad campaign”,进入“Campaign Manager”页面。如图 4-37 所示。

Campaign Manager Learn more | Rate this page

Campaigns　Bulk Operations　Advertising Settings

Actions　Create Campaign　Enabled & paused

Search Campaigns　See ad reports　Lifetime　Sales reported within 48 hrs

Campaigns	Status	Type	Start Date	End Date	Daily Budget	Spent	Sales	ACoS
[illegible]	Running	Automatic keyword	13/07/2	No end	£20.00	£0.00	£0.00	0.00%
[illegible]	Running	Manual	15/06/2	No end	£10.00	£0.00	£0.00	0.00%
[illegible]	Running	Manual	13/06/2	No end	£10.00	£18.24	£561.18	3.3%
[illegible]	Running	Manual	05/05/2	No end	£10.00	£222.22	£178.53	125%

图 4-37 “Campaign Manager”页面

点击一个“Campaign”名称会显示这个“Campaign”底下的所有 Ad group,如图 4-38所示。

Campaign Manager ›

Manual keyword campaign:

Ad Groups | Campaign Settings

Actions | New Ad Group | Enabled & paused

Search ad groups

Lifetime | Sales reported within 48 hrs

Ad Group	Status	Starting Bid	Keywords	Ads	Impr	Clicks	Spent	Sales	ACoS
Ad Group 1	Running	£0.02	100	110	117,518	534	£18.24	£561.18	3.3%

图 4-38 “Ad group”界面

假设你在亚马逊卖包包，想做站内广告，那么你首先要创建一个 Campaign，比如取名叫 BagAds，创建完 Campaign 后，你需要创建 Ad Group。比如女生书包你创建一个 Ad Group，名字叫 Women Back Pack，男生的书包你可以创建另外一个 Ad Group，取名 Men Messenger，即一个 Campaign 要包含 1 个或多个 Ad Group，如图 4-39 所示。此外，在每个 Ad Group 里面，需要选择要做广告的产品和要竞价的关键字。

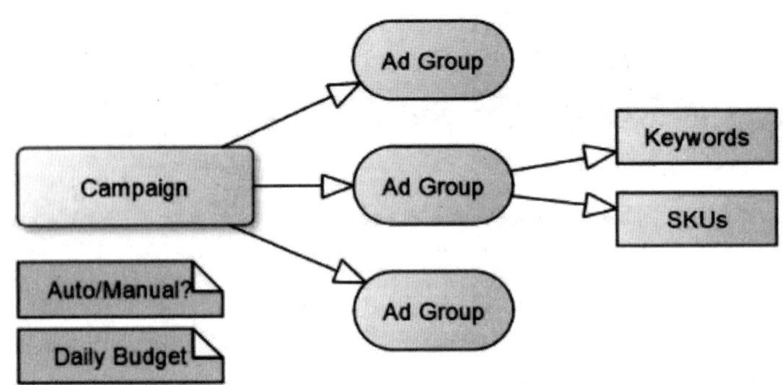

图 4-39 Campaign 和 Ad Group

步骤 03：创建 Campaign 和 Ad Group。首先，每个 Campaign 要取一个唯一的名字；其次，确定每日广告费的上限；再次，设置广告开始和结束的时间（一般而言，结束时间可以设置为“No end date”，即无限期广告）；最后，要选择一个“Targeting Type”。如图 4-40 所示。

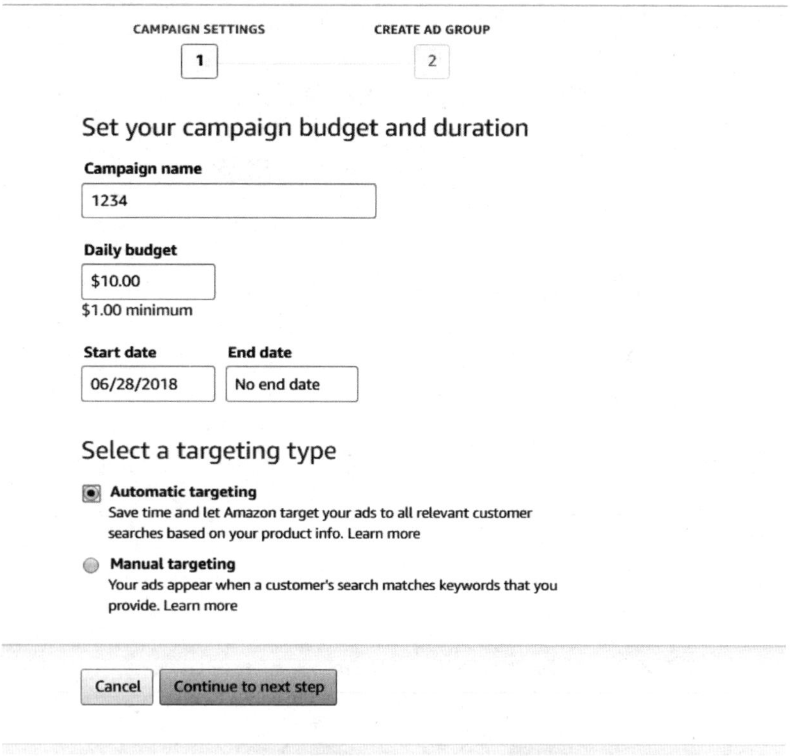

图 4-40　创建 Campaign

Targeting Type 有两种，一种是自动(Automatic)，一种是手动(Manual)。手动广告需要选择和添加广告关键词。自动不需要选关键词，关键词由系统匹配，只需要选择需要广告的商品。当买家输入一个搜索词后，亚马逊会根据 Ad Group 里面产品的信息，如标题、类别、Bullet Point、Search Term 和描述等来决定是不是要展示你的产品。

当你创建 Ad Group 时，先输入名称，然后要选择产品，一个 Ad Group 可以选择一个 SKU，也可以选择很多 SKU。选择完产品，要输入默认的每个关键词的报价，建议先输入 0.02。接下来，如果 Campaign 的类型是手动，会有建议的关键词，点击“Select All”，看看效果，当然也可以输入你想要竞价的关键字；如果 Campaign 是自动，则无法编辑关键字。如图 4-41 和图 4-42 所示。

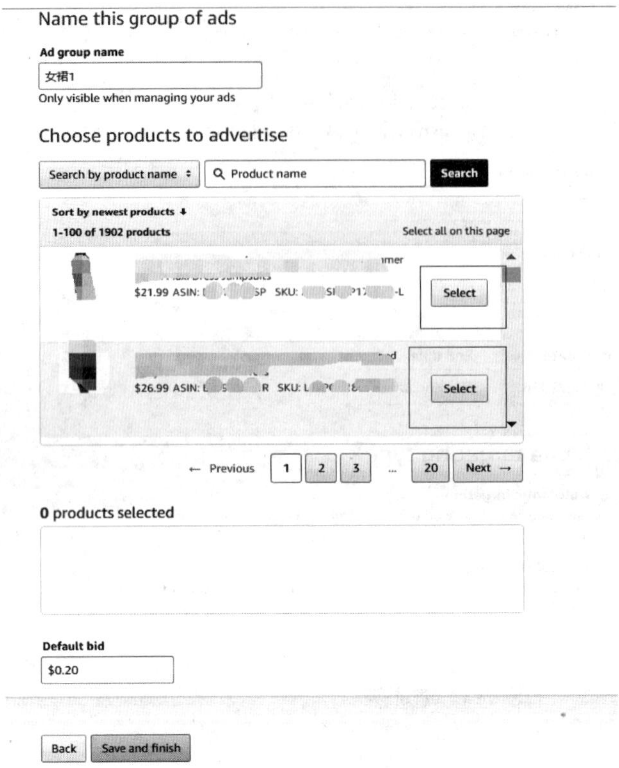

Name this group of ads

Ad group name

女裙1

Only visible when managing your ads

Choose products to advertise

Search by product name　Product name　Search

Sort by newest products

1-100 of 1902 products　Select all on this page

$21.99 ASIN:　SKU:　Select

$26.99 ASIN:　SKU:　Select

← Previous 1 2 3 ... 20 Next →

0 products selected

Default bid

$0.20

Back　Save and finish

图 4-41　自动创建 Ad Group

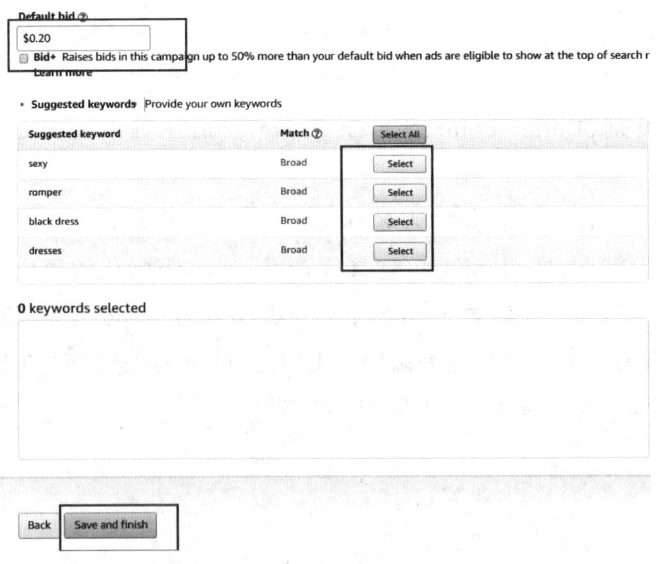

图 4-42　手动创建 Ad Group

2.查看广告效果

如图4-43,可以选择日期查看广告效果。如图4-44,查看每一个Campaign的表现情况,图中有6个Campaign,其中1个是手动广告,4个是自动广告,后面1个有数据。第5个Campaign花费了200.81美元的广告费,产品销售额是194.87美元,投入/产出×100%=103.05%,那肯定亏本,原因是每次点击的费用(CPC)设置成0.49美元,设置的太高了,要降低每次点击的费用。第3个花费0.84美元的广告费,产品销售额是14.99美元,投入/产出×100%=5.60%,看起来还是比较经济的。效果图里面有部分英文名称,需要大家熟悉。

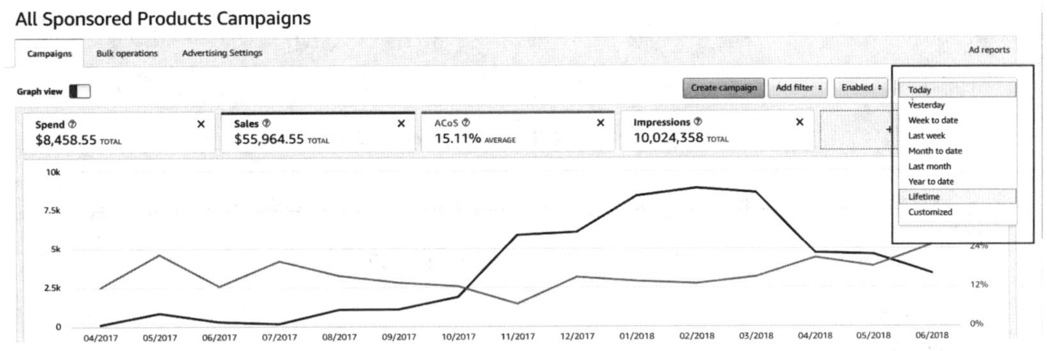

图4-43　选择日期进行查看Campaign

Campaign	Status	Targeting	Start d...	End date	Daily budget	Impr	Clicks	Spend	CTR	CPC	Orders	Sales	ACoS
Total: 26						10,024,357	66,233	$8,458.55	0.66%	$0.13	1,921	$55,964.55	15.11%
489	Running	Automatic	06/13/2018	06/30/2018	$5.00	842	3	$0.49	0.36%	$0.16	-	-	-
141	Running	Automatic	06/13/2018	06/30/2018	$5.00	418	1	$0.14	0.24%	$0.14	-	-	-
515	Running	Manual	06/07/2018	06/30/2018	$8.00	985	11	$0.84	1.12%	$0.21	1	$14.99	5.60%
516	Running	Automatic	06/07/2018	06/30/2018	$8.00	468	6	$1.57	1.28%	$0.26	1	$14.99	10.47%
436	Running	Automatic	05/18/2018	No end date	$5.00	146,183	538	$200.81	0.37%	$0.49	12	$194.87	103.05%
565	Running	Automatic	05/09/2018	No end date	$10.00	2,445	22	$4.08	0.90%	$0.19	1	$19.99	20.41%

图4-44　广告效果图——"Campaign"页面

• ACoS(Advertising Cost of Sale):ACoS=广告费/销售额×100%。这个销售额包括因为买家点击而产生的所有产品的销售额,例如你花了4美元的广告费,收获了20美元的销售额,那么ACoS =4/20×100%=20%。

• CPC(Cost Per Click):单次点击费用,即买家搜索后看到了推广的产品,每点击一次卖家要付给亚马逊的费用。大家常用CPC来代替Sponsored Product,其实都是指亚马逊的站内广告推广。

• Impr (Impression):广告曝光次数,即该Ad Group中的产品有多少次显示给买家看了。

• Clicks:买家点击次数。

• CTR:Click Through Rate=Clicks/Impression,即点击率。如果点击率太低,

要看看你的图片、标题、价格是不是不够吸引人？

点击一个“Campaign”，可以查看里面每个 Ad Group 的表现，如图 4-45 所示。

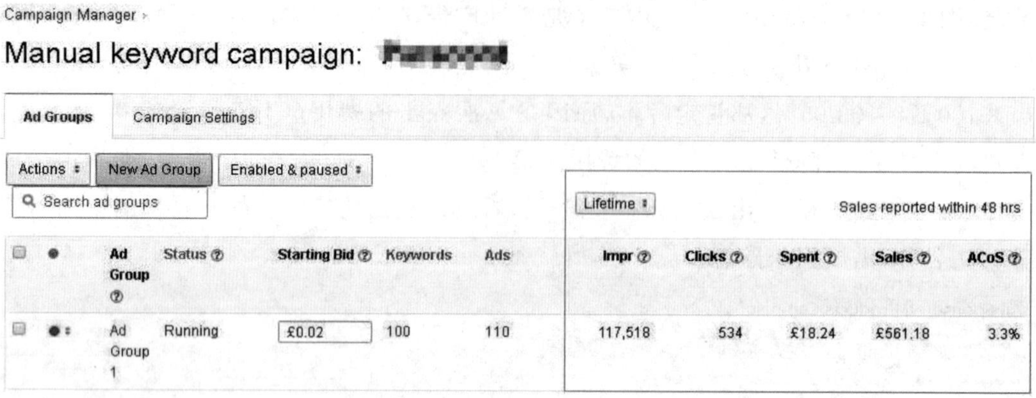

Campaign Manager ›

Manual keyword campaign:

Ad Groups　Campaign Settings

Actions　New Ad Group　Enabled & paused

Search ad groups

Lifetime　Sales reported within 48 hrs

		Ad Group	Status	Starting Bid	Keywords	Ads	Impr	Clicks	Spent	Sales	ACoS
		Ad Group 1	Running	£0.02	100	110	117,518	534	£18.24	£561.18	3.3%

图 4-45　广告效果图——“Ad Group”页面

注：实训任务参考莱卡尼供应链“亚马逊站内 CPC 广告：后台操作＋投放逻辑＋实操策略全解”，搜狐网，http://www.sohu.com/a/138035287_653393.

任务评价

<table>
<tr><td>任务编号</td><td>任务 4-3</td><td>任务名称</td><td colspan="2">亚马逊站内广告任务</td></tr>
<tr><td>任务完成方式</td><td colspan="4">个人完成、小组协作完成</td></tr>
<tr><td colspan="3">任务评价内容</td><td colspan="2">分值</td></tr>
<tr><td colspan="3">亚马逊站内广告后台操作实训</td><td colspan="2">50</td></tr>
<tr><td colspan="3">亚马逊站内广告效果分析实训</td><td colspan="2">50</td></tr>
<tr><td colspan="5">成绩评定</td></tr>
<tr><td>自我评价　20%</td><td colspan="2">小组评价　20%</td><td colspan="2">教师评价　60%</td></tr>
</table>

学习巩固

一、单项选择题

1.以下不是 Facebook 推广要素的是（　　）。

A.市场品牌　　B.推广粉丝

C.搜索排名　　D.增加与粉丝的互动性

2.以下哪个不是 LinkedIn 网站的收入途径？（　　）

A.付费服务　　B.媒体宣传

C.为招聘机构提供定制软件解决方案　　D.广告

3.CPC 指的是（　　）。

A.多次点击费用　B.单次点击费用
C.广告效果费用　D.销售额

4.SEO 指的是(　　)。
A.搜索引擎优化　B.搜索引擎推广
C.搜索引擎广告　D.搜索引擎注册

5.在 Facebook 上使用什么标签可以拉近粉丝和页面的距离?(　　)
A.&　B.@　C.*　D.#

6.LinkedIn 营销主要用于哪种类型的跨境电商的市场推广?(　　)
A.B2C　B.C2C　C.C2B　D.B2B

7.Twitter 的搜索排名规则是按什么进行排序的?(　　)
A.时间顺序　B.内容长短　C.内容质量　D.转发人数

8.亚马逊站内广告每个广告组可以设置多少个关键词?(　　)
A.15～30 个　B.25～40 个　C.20～40 个　D.30～50 个

9.在亚马逊广告搜索词报告中 CTR 指的是(　　)。
A.曝光率　B.曝光次数　C.点击次数　D.点击率

二、多项选择题

1.搜索引擎营销包括以下哪些层次?(　　)
A.收录层　B.排名层　C.点击层　D.转化层

2.搜索引擎的价值是什么?(　　)
A.分析市场　B.分析竞争对手
C.开设跨境店铺　D.获取买家关注

3.以下哪些是跨境电商社交媒体营销平台?(　　)
A.Facebook　B.LinkedIn　C.Twitter　D.Pinterest

4.亚马逊站内广告设置有哪两种方式?(　　)
A.手动设置　B.网站设置　C.自动设置　D.机器设置

5.亚马逊站内广告竞价排名受哪些因素的影响?(　　)
A.广告竞价　B.商品绩效得分
C.广告投放时间　D.排名第二位的竞价

6.投放亚马逊站内广告要关注哪两个阶段?(　　)
A.收藏阶段　B.发现阶段　C.转化阶段　D.售后阶段

7.Twitter 的营销步骤包括(　　)。
A.随机与粉丝进行互动　B.选择合适的 Twitter 营销软件
C.区分 Twitter 用户　D.建立有效的关系

三、简答题

1.SEO 和 SEM 有什么异同?

2.跨境电子商务营销中有哪些常用的社交媒体?

3.搜索并了解 Twitter,说明如何通过 Twitter 进行社交媒体营销?

4.通过互联网搜索三家跨境电商知名品牌,并阐述和分析它们是如何进行品牌宣传推广的。

5.简要说明亚马逊站内付费广告的竞价原理。

四、案例分析题

美国家居跨境电商零售商 Wayfair,近几年销售额持续且高速增长,Wayfair 的另一项重大成就是在社交媒体上的影响力。Wayfair 通过 Facebook、Twitter 和 Instagram 来不断增加用户,以下是 Wayfair 经营社交媒体的策略:

第一,创建一致性。家居和室内设计行业已经接近饱和状态,既有 Pinterest 和 Instagram 这类的图片网站,又有宜家和 West Elm 这类知名品牌的激烈竞争,再加上设计和时尚博客越来越火,想要脱颖而出,非常困难。最大的挑战是坚持创建风格一致的内容,但又不能显得重复和无趣。在不同平台创建风格一致的内容,有助于品牌创建独特而有辨识度的形象。很多人使用颜色或风格进行品牌化。

第二,互动和回应。社交平台是一个交流互动的平台,所以品牌要注重与用户的互动并回复评论。Wayfair 推动用户参与的一个方式是通过其照片说明,Wayfair 会提出问题或讨论点,而一些异想天开或幽默的评论,也能提高用户的参与度。

第三,为用户提供价值。许多品牌利用漂亮的图片来激发人们购买产品的欲望。Wayfair 也这样做,它还采取措施来确保其品牌易于理解和接近。一种方式是通过用户生成内容,Wayfair 在 Instagram 声明里请用户分享自己使用 Wayfair 产品的照片,这些照片有机会被选中展示。

第四,加标签。加标签确保帖子可被发现,根据研究发现,带有至少一个 Instagram 标签的帖子与用户的互动率比没有标签的帖子平均增加了 12.6%。标签可以帮助整理用户生成的内容,但它们主要用于帮助发现帖子。Wayfair 经常使用与产品类别相关的主题标签,例如#summer cooking#,虽然看着不热门,但这意味着当用户搜索这类产品时,品牌内容会出现。

第五,利用网红营销。Wayfair 把网红营销作为其社交媒体营销策略的一部分。它甚至推出了一个名为 Heart Home 的会议,专门用于促进品牌和网红博主之间的合作。在 Instagram 平台,Wayfair 定期推出由网红参与或网红创建的品牌内容。Wayfair 更倾向于选择小网红,或选择具有中等粉丝数量的网红,以增强其营销内容的真实性。Wayfair 也经常与电视节目的人物合作,例如《单身女郎》和《美少女的谎言》,以求吸引这些节目的女性观众。

结合上述案例并搜索相关资料,回答下列问题:

1.Wayfair 通过哪些平台、哪些方法进行社交媒体营销?

2.根据 Wayfair 给你的启示,请自选一个商品品类,为其设计社交媒体营销的策略和方案。

参考资料

1.鲁丹萍.《跨境电子商务》,中国商务出版社,2016年7月.

2.邓志超,崔慧勇,莫川川.《跨境电商基础与实务》,人民邮电出版社,2017年6月.

3.张瑞夫.《跨境电子商务理论与实务》,中国财政经济出版社,2017年4月.

4.领英营销官."LinkedIn外贸营销,7种方法效果惊人",搜狐网,http://www.sohu.com/a/134566145_654269,2017年4月.

5.科学外贸老王."2017 FACEBOOK推广简单有效的办法",科学外贸网,http://gettysmart.com/2017-advertising-on-facebook/,2017年6月.

6.跨境电商莱卡尼."亚马逊站内CPC广告实操策略",雨果网,http://www.cifnews.com/article/25669,2017年5月.

7.跨境电商实操:如何创建企业版Facebook页面,雨果网,http://www.cifnews.com/Article/10678,2014年9月.

◆学习情境五◆
跨境电商物流与海外仓操作

学习情境导入

如何选择跨境电商物流渠道

在成功开设店铺并获得订单后，小张所面临的问题就是如何发货，由于有了之前的成功经验，小张对跨境物流跃跃欲试，但公司经理建议小张不要着急，应先去了解全球零售的商品在重量和体积上有哪些要求，如何制定跨境物流解决方案等，为发货做好准备。经理给小张布置了以下几项任务：(1)调研亚马逊平台产品的跨境物流运费及物流选择；(2)计算跨境小包物流运费；(3)计算国际商业快递物流运费；(4)计算国际海空运头程物流费用；(5)计算海外仓及海外本地物流相关费用；(6)调研其他跨境第三方平台物流运费及物流选择。

学习情境分析

在跨境电商中，物流扮演着重要的角色。它是连接国内卖家与国外买家的通道。目前，市场上有多种物流模式：邮政物流、商业快递、海外仓储等，要想从各种各样的物流解决方案中，选出最适合自己的，就需要小张对主要的跨境物流方式及其特点有所了解。为完成经理布置的几项任务，本章内容围绕以下几个方面展开：

(1)邮政物流的选择；

(2)商业快递物流渠道；

(3)海外仓操作。

学习情境目标

<table>
<tr><th rowspan="2">岗位细分</th><th rowspan="2">工作任务</th><th>技能转化</th><th>知识转化</th></tr>
<tr><th>技能目标</th><th>知识目标</th></tr>
<tr><td rowspan="3">跨境电商物流管理岗</td><td>任务一
邮政物流的选择</td><td>1.能选择中国邮政小包作为跨境物流方式；
2.能选择e邮宝作为跨境物流方式</td><td>1.掌握中国邮政小包的含义、资费、规格限制、优劣势、适用范围等；
2.了解中国邮政大包的含义、资费、优劣势、适用范围等；
3.熟悉e邮宝跨境专线物流的特点、包装、价格、优劣势等</td></tr>
<tr><td>任务二
商业快递物流渠道</td><td>能选择四大国际商业快递（FedEx、DHL、TNT、UPS)作为跨境物流方式</td><td>了解四大国际商业快递(FedEx、DHL、TNT、UPS)的特点、包装、价格、优劣势及所适用的产品</td></tr>
<tr><td>任务三
海外仓操作</td><td>1.能选择跨境专线物流作为跨境物流方式；
2.能选择海外仓及海外本地物流作为跨境物流方式</td><td>1.了解海外仓的含义、优势、流程；
2.掌握各大跨境电商平台海外仓的操作步骤及费用；
3.了解第三方物流海外仓的操作步骤及费用</td></tr>
</table>

任务一　邮政物流的选择

任务导入

邮政网络覆盖全球，跨境电商出口中我国卖家有70%以上的包裹都是通过邮政网络发出的。在电商微利的环境下，卖家们都意识到物流成本控制的重要性，尤其是小张所在的公司以经营女装及配饰为主，这些商品重量轻、不带电且无紧急性要求，邮政包裹是个不错的选择。邮政物流是指各国邮政部门所属的物流系统，包括国际小包、大包、e邮宝和国际特快专递EMS等，每种渠道都有自己的特点、优势及适用要求。作为跨境电商专员，小张接下来的任务就是要了解熟悉每种邮政物流渠道的优缺点及适用情况，并根据公司产品的具体特点，计算邮政物流渠道下的产品运费。

任务分析

根据“任务导入”中的情境进行分析，邮政网络中物流模式的选择需要理解两个问题：(1)熟悉各邮政物流渠道的特点；(2)掌握邮政物流渠道运费的计算。

知识学习

一、中国邮政航空小包

(一)含义

中国邮政航空小包(China Post Air Mail)，又称中国邮政小包、邮政小包、航空小包，是指包裹重量在 2 千克以内，外包装长、宽、高之和小于 90 厘米，且最长边小于 60 厘米，通过中国邮政空邮服务寄往国外的小邮包。它分为平邮小包(China Post Ordinary Air Mail)和挂号小包(China Post Registered Air Mail)两种，可寄达全球各个邮政网点。

(二)资费与查询

中国邮政小包资费低，首重按照 100 克起算(货运代理按照实际重量算)，挂号服务费率稍高(资费标准参照网址 http://11185.cn/index.html)。平邮小包不受理查询，挂号小包大部分国家可全程跟踪，部分国家只能查询到签收信息，部分国家不提供信息跟踪服务，具体可参考 http://17track.net 网站的统计信息。

(三)规格限制

中国邮政小包重量不超过 2 千克；非圆筒形货物：长＋宽＋高≤90 厘米，单边长度≤60 厘米，长度≥14 厘米，宽度≥9 厘米；圆筒形货物：直径的两倍＋长度≤104 厘米，单边长度≤90 厘米，直径的两倍＋长度≥17 厘米，长度≥10 厘米。

(四)优劣势

中国邮政小包重量限制在 2 千克以内，以个人物品方式出境，出口清关不会产生关税或清关费用，但在目的地国家进口时有可能产生进口关税，具体根据每个国家海关税法的规定各有不同(相对于其他商业快递来说，中国邮政小包能最大限度地避免关税)。由于中国邮政小包价格较低，并且中国邮政网络基本覆盖全球，比其他任何物流渠道都要广，因此中国邮政小包的优势非常明显。据不完全统计，中国跨境电商出口业务 70%的包裹都通过邮政系统投递，其中，中国邮政占据 50%左右的份额，香港邮政小包、新加坡邮政小包等也是中国跨境电商卖家常用的物流方式。

当然，中国邮政小包也存在一些固有的缺点，包括：限制重量 2 千克；运送时间总体较长，如目的地为俄罗斯、巴西等国家，超过 40 天才会显示买家签收；还有许多国家是不支持全程跟踪的，而且邮政官方的 183 网站也只能跟踪国内部分，国外部分不能实现全程跟踪，因此卖家需要借助其他公司的网站或登录到寄达国的查询网站进行跟踪，不便于卖家查询物流信息。

(五)适用范围

中国邮政小包适合寄递重量较轻、量大、价格要求实惠而且对时限和查询便捷度要求不高的物品。

(六)其他邮政小包

跨境电商卖家除了选择中国邮政小包之外,还可以根据产品的特点(是否能带电池等)选择其他国家和地区的邮政小包,如新加坡邮政小包、香港邮政小包、瑞士邮政小包等。

二、中国邮政航空大包

(一)含义

中国邮政航空大包(China Post Air Parcel),又称航空大包或中邮大包,是区别于中国邮政小包的服务。通过邮政空邮服务寄往国外的大邮包,又可称为国际大包。国际大包分为普通大包(Normal Air Parcel,非挂号)和挂号大包(Registered Air Parcel)两种。

(二)资费与查询

中邮大包相关资费及体积和重量的限制根据运输物品的重量及目的国家而有所不同,参照网址 http://11185.cn/index.html。普通大包空邮费率较低,邮政不提供跟踪查询服务;挂号大包空邮费率稍高,可提供网上跟踪查询服务,查询网址为 http://intmail.183.com.cn。

(三)优劣势

优势:

(1)以首重 1 千克、续重 1 千克的计费方式结算,价格比 EMS 低,且和 EMS 一样不计算体积重量,没有偏远附加费,与商业快递相比有绝对的价格优势;

(2)可寄达全球 200 多个国家和地区,通达国家多且清关能力非常强;

(3)中邮大包的运单简单,操作方便。

劣势:

(1)部分国家限重 10 千克,最重也只能 30 千克;

(2)妥投速度慢、查询信息更新慢。

(四)适用范围

对时效性要求不高且重量稍重的货物,可选择使用此方式寄递。

三、中国邮政跨境专线物流

(一)含义

中国邮政速递物流股份有限公司目前已经开通了适用于轻小件寄递的 e 邮宝业务和较高价值物品寄递的 e 特快业务等跨境专线物流。epacket 俗称 e 邮宝,又称 EUB,是中国邮政速递物流股份有限公司为适应跨境电商物品寄递的需要,整合邮政速递物流网络资源,与主要电商平台合作推出的速递产品。e 邮宝业务现已开通美国、澳大利亚、英国、加拿大、法国、俄罗斯、以色列、沙特阿拉伯、乌克兰路向,也称之为美国专线、欧洲专线、澳大利亚专线、俄罗斯专线、中东专线、南美专线。e 邮宝业务资费如表 5-1 所示。

表 5-1 e 邮宝业务资费表

路向	费用	时效
美国	7 元/件+0.08 元/克(国内 1 区) 10 元/件+0.09 元/克(国内 2 区)	7～10 个工作日
俄罗斯	10 元/件+0.1 元/克	7～10 个工作日
加拿大	25 元/件+0.07 元/克	7～10 个工作日
英国	25 元/件+0.07 元/克	7～10 个工作日
法国	26 元/件+0.07 元/克	7～10 个工作日
澳大利亚	25 元/件(≤50 元/克)+0.08 元/克 30 元/件(>50 元/克)+0.08 元/克	7～15 个工作日
以色列	22 元/件+0.07 元/克	7～10 个工作日
沙特阿拉伯	26 元/件+0.05 元/克	7～10 个工作日
乌克兰	8 元/件+0.1 元/克	7～10 个工作日

e 特快业务现已开通日本、韩国、新加坡、中国香港、中国台湾、英国、法国、加拿大、澳大利亚、西班牙、荷兰、俄罗斯、巴西、乌克兰、白俄罗斯路向，后续将根据市场需要扩大开办范围。国际及中国港澳台 e 特快业务资费如表 5-2 所示。

表 5-2 国际及中国港澳台 e 特快业务资费表

路向	首重 50 克(元)	续重 50 克(元)	参考时限
中国台湾	16	0.6	2～4 个工作日
中国香港	48	0.5	2～4 个工作日
日本	81	1.2	2～4 个工作日
日本(促销价)	35	1.5	2～4 个工作日
韩国	60	0.9	2～4 个工作日
韩国(促销价)	35	1.2	2～4 个工作日
新加坡	70	1.2	2～4 个工作日
澳大利亚	69	3.0	2～4 个工作日
英国	70	2.0	2～4 个工作日
法国	105	2.0	2～4 个工作日
荷兰	91	2.0	2～4 个工作日
西班牙	85	2.2	2～4 个工作日
加拿大	105	3.0	2～4 个工作日

续表

路向	首重 50 克(元)	续重 50 克(元)	参考时限
俄罗斯	60	4.0	2～4 个工作日
巴西	115	4.0	2～4 个工作日
乌克兰	120	2.5	2～4 个工作日
白俄罗斯	120	2.5	2～4 个工作日

(二)规格限制

e 邮宝单件最高限重 2 千克；最大尺寸：非圆筒形货物长＋宽＋高≤90 厘米，单边长度≤60 厘米；圆筒形货物直径的两倍＋长度≤104 厘米，单边长度≤90 厘米；最小尺寸：非圆筒形货物单件邮件长度≥14 厘米，宽度≥11 厘米；圆筒形货物直径的两倍＋长度≥17 厘米，长度≥11 厘米。

(三)时限标准

国际及中国港澳台电子商务业务不提供时限承诺，主要城市与全程时限标准参考如下：

e 邮宝业务：7～10 个工作日。

e 特快业务：日本、韩国、新加坡、中国香港、中国台湾：2～4 个工作日；英国、法国、加拿大、澳大利亚、西班牙、荷兰：5～7 个工作日；俄罗斯、巴西、乌克兰、白俄罗斯：7～10 个工作日。

(四)操作流程

客户首次使用国际及中国港澳台电子商务业务需登录中国邮政速递物流国际在线发运系统(http://shipping.ems.com.cn)，申请注册账号，审批通过后，登录在线发运系统根据系统操作说明上传订单信息，并打印邮件详情单，发送派揽请求。电商平台或业务量较大的客户可以申请 API 对接。

(五)查询赔偿

(1)e 邮宝业务：美国、澳大利亚和加拿大的 e 邮宝业务提供全程时限跟踪查询，但不提供收件人签收证明；英国 e 邮宝业务提供收寄、出口封发和进口接收信息，不提供投递确认信息。客户可以登录邮政速递物流官网或拨打客服热线 11183 查询。

e 邮宝业务不受理查单业务，不提供邮件丢失、延误赔偿。

(2)e 特快业务：e 特快业务提供收寄、出口封发、进口接收和投递签收等实时跟踪查询，客户同时可以通过邮政速递物流网站或拨打邮政速递客服热线 11183 查询。

e 特快业务因延误引起索赔的情况，退还邮费的 50%。邮件发生丢失或内件完全损毁时，按实际损失比例赔偿，但每件最高不超过(2×首重资费＋2 元/50 厘米)，并退还寄件人所付的邮费。在支付赔偿金后，原认为已经丢失的邮件又找到时，应通知寄件人退回补偿金，领取其邮件。

(六)交寄方式

客户可以在在线发运系统中选择上门揽收,或拨打邮政速递物流客服热线 11183,也可以自行送到邮政速递物流揽收网点。

(七)优劣势

优势:集中大批量货物发往目的地,通过规模效应降低成本,因此,价格比商业快递低,速度快于邮政小包,丢包率也比较低。

劣势:与邮政小包相比,跨境专线物流的运费成本还是高了不少,而且在国内的揽收范围相对有限,覆盖地区有待扩大。

(八)适用范围

e 邮宝和 e 特快业务适用于轻小件寄递;由于 e 邮宝不受理查单业务,不提供邮件丢失、延误赔偿,因此一些价值比较高的产品不适合 e 邮宝,而适合 e 特快寄递。e 邮宝和 e 特快都是 EMS 推出的特定产品。EMS 是由万国邮政联盟创办的邮政特快专递,受各国法律保护,享有航运和海关验关优先权,是最迅速、最安全的邮政特种业务。在中国,EMS 是属于中国邮政速递物流股份有限公司的一个快递品牌,而中国邮政速递物流股份有限公司是属于中国邮政集团旗下的公司,邮政小包、大包由中国邮政集团直接运营。

四、国际 EMS 业务

国际 EMS 业务通达全球 200 多个国家和地区以及国内近 2000 个城市,以高速度高质量为用户传递国际、国内紧急信函、文件资料、金融票据、商品货样等各类文件资料和物品。

EMS 全国统一客户服务电话:11185,网址 http://www.ems.com.cn/。

(一)规格限制

单件货物不能超过 30 千克,每票货只能走一件;货物单边长度超 60 厘米(含 60 厘米)需要按照体积重量计费,计费方式为:长×宽×高/8000。

(二)快递查询

EMS 具备领先的信息处理能力,凭借与万国邮政联盟(UPU)查询系统链接,可实现 EMS 邮件的全球跟踪查询。建立了多通道信息接入:公司网站平台(www.11183.com.cn)、全国统一的 7×24 小时的呼叫平台(11183)和遍布城乡的邮政营业网点。

(三)实时跟踪

通过邮件跟踪与查询服务,可以实时了解交寄邮件的全程信息,对签约客户可以提供邮件实时信息的主动反馈服务。

(四)承诺时限

按照从邮政编码到邮政编码的方式计算承诺时限。承诺时限是客户交寄邮件的最大运递时限,实际运递时间有可能比承诺时限短,国际特快专递邮件一般只需要 3~5 天,因 EMS 原因造成邮件的实际运递时间超过承诺时限的,退还已收取的邮件资费。

(五)优劣势

优势:EMS依托中国邮政航空有限公司陆路运输网络和以上海为集散中心的全夜航航空集散网,现有专用速递揽收、投递车辆20000余部,满足了国际快递高效派送的需求。

EMS拥有高效发达的邮件处理中心,全国共有200多个处理中心,各处理中心配备了先进的自动分拣设备。亚洲地区规模最大、技术装备先进的中国邮政航空速递物流集散中心在2008年投入使用,有力保证了EMS国际快递的“便捷、及时、安全、准确”。

EMS拥有快速清关的优点:EMS不仅网络强大、价格合理、实重发货不受材积限制,不用提供商业发票即可清关,而且具有优先通关的权利。特别是对敏感货物,一般都可以通关,通关不过的货物可以免费运回国内。

劣势:价格比中国邮政小包、e邮宝贵。

(六)适用范围

可以寄递文件和物品,物品类邮件中准许寄递全部适于邮递的货样、商品、馈赠的礼品及其他物品。

任务实施

实训任务5-1:计算中国邮政国际小包的物流运费

俄罗斯客人从“Miss Lady Show”的全球速卖通店铺购买了2条人造水晶项链,重量为15克/条(纸箱重量为10克),若选择中国邮政国际小包运输,请计算运费。

中国邮政国际小包的报价(部分)如表5-3所示。

表5-3　中国邮政国际小包报价表(部分)

代码	国名	计费区	资费标准(元/千克)	挂号费(元)
RB	日本	1	62.0	8
HG	韩国	2	71.5	8
DG9	德国	3	89.0	8
ELS	俄罗斯	11	96.3	8

实训目的:

- 了解中国邮政国际小包不同国家的资费标准;
- 掌握中国邮政国际小包费用的计算方法;
- 会正确选择中国邮政国际小包作为跨境物流方式。

实训指导:

情形1:若直接选择去邮局邮寄,则运费为:

100/1000×96.3+8=17.63(元)

解读:如果直接去邮局邮寄,则邮寄计费的重量首重为100克,不到100克的按照

100 克计算,并且没有折扣。

情形 2:若选择与国际货运代理合作,则运费为:

40/1000×96.3×0.95+8=11.66(元)

解读:如果选择与国际货运代理合作,则按照货物的实际重量计算运费,不计算货物的首重,并且能够享受一定的折扣(如 9.5 折),但国际货运代理会要求每天提供一定的订单量,发货的订单数决定了折扣的高低。挂号费不能打折。

实训任务 5-2:计算国际 e 邮宝的运费

一个美国客人从“Eternal glasses”(杭州)的亚马逊店铺购买了一副太阳镜,包装重量为 0.15 千克,若选择国际 e 邮宝运输,请计算运费。

美国路向国际 e 邮宝报价如表 5-4 所示(中国邮政速递物流有限公司 2015 年 10 月 1 日起上调美国路向国际 e 邮宝资费)。

表 5-4 国际 e 邮宝报价表(美国路向)

<table>
<tr><td>处理费/件</td><td colspan="2">9 元/件</td></tr>
<tr><td>包裹运费/克</td><td colspan="2">80 元/千克(200 克以上 75 元/千克),首重 70 克</td></tr>
<tr><td rowspan="2">上门揽收费/次</td><td>少于 5 件</td><td>5 件及以上</td></tr>
<tr><td>5 元</td><td>免收</td></tr>
<tr><td>挂号费/件</td><td colspan="2">免</td></tr>
<tr><td>退还费/件</td><td colspan="2">免</td></tr>
</table>

实训目的:

- 了解国际 e 邮宝美国路向的资费标准;
- 掌握国际 e 邮宝费用的计算方法;
- 会正确选择国际 e 邮宝作为跨境物流方式。

实训指导:

运费=处理费+包裹运费+上门揽收费+挂号费+退还费,其中处理费为 9 元/件。包裹运费=150 克×0.08 元/克=12 元,上门揽收费=5 元/次。挂号费、退还费均免。

本次运费=9+12+5=26(元)

实训任务 5-3:调研亚马逊平台产品的跨境物流运费及物流选择

实训目的:

- 熟悉出口至美国的平板电脑跨境物流运费及物流方案设计;
- 熟悉出口至巴西的平板电脑跨境物流运费及物流方案设计;
- 掌握亚马逊平台产品的跨境物流运费及物流选择。

实训指导:

(1)点击亚马逊官网(www.amazon.com),选择“Computer&Ofic”。某款平板电脑的包装重量为1.1千克,包装尺寸为20厘米×15厘米×10厘米,拟出口到美国,其跨境物流运费及物流方案设计如表5-5所示。

表5-5 某款平板电脑跨境物流运费及物流方案设计

Shipping Company	Shipping Cost	Estimated Delivery Time	Processing Time
Swiss Post	Free Shipping	15～50 days	9 days
DHL	US$9.85 You save: US $67.40 (about 87%)	3～7 days	9 days
EMS	US $27.37 You save: US$37.89 (about 58%)	5～15 days	9 days

解读:

该款平板电脑若使用瑞士邮政小包快递到美国,包邮,预计15～30天到货;若使用DHL国际快递,享受折扣后的运费是9.85美元,节省了约87%,预计3～7天到货;若使用EMS邮寄,享受折扣后的运费是27.37美元,节省了约58%,预计5～15天到货。

(2)点击亚马逊官网(www.amazon.com),选择品类“Women's Fashion—Shoes—Boots”。某品牌女式雪地靴的包装重量为0.60千克,包装尺寸为30厘米×20厘米×10厘米,拟出口到巴西,其跨境物流运费及物流方案设计如表5-6所示。

表5-6 某品牌雪地靴跨境物流运费及物流方案设计

Shipping Company	Shipping Cost	Estimated Delivery Time	Processing Time
China Post Registered Air Mail	US $3.05 You save: US $9.33 (about 75%)	20～60 days	10 days
EMS	US $50.96 You save: US $21.84 (about 30%)	12～18 days	10 days
DHL	US$194.54	4～8 days	10 days

解读:

该品牌雪地靴若使用中国邮政挂号小包快递到巴西,享受优惠后的运费是3.05美元,节省了约75%,预计20～60天到货;若使用EMS邮寄到巴西,享受优惠后的运费是50.96美元,节省了30%,预计12～18天到货;若使用DHL邮寄到巴西,运费是194.54美元,预计4～8天到货。

总结:亚马逊平台为货物的跨境运输提供了邮政小包(中国邮政小包、瑞士邮政小包等)、国际商业快递DHL和EMS等物流解决方案,物流费用、到货时间等设计合理、计算较准确。

任务评价

任务编号	任务 5-1～5-3	任务名称	邮政物流的选择
任务完成方式	小组协同完成		
任务评价内容		分值	
计算中国邮政国际小包物流运费		30	
计算国际 e 邮宝的运费		30	
调研亚马逊平台产品的跨境物流运费及物流选择		40	
成绩评定			
小组评价　20%		教师评价　80%	

任务二　商业快递物流渠道

任务导入

通过上一节的学习，小张了解到选择邮政物流网络具有价格便宜、网络覆盖范围广、通关能力强等特点，适用于一些体积不大且时效性要求不高的货品，但还有些货物本身的价值较高，对物流商的速度和服务要求也比较高，这类货品应该选择哪种物流方式呢？通过调研比较，小张发现此类货品可以选择国际商业快递，一些大的跨国快递公司拥有全球网络和代理清关资质，针对跨境网购的国际快件业务非常高效、安全，且能提供全程跟踪查询。国际商业快递主要包括 FedEx、TNT、UPS、DHL 等。不同的快递公司具有不同的特点，在资费、服务、时效上也有所区别。作为跨境电商专员，小张接下来的任务就是要掌握四大国际商业快递公司各自的特点及适用情况，为公司出口到不同国家的货品找到最优的物流方案。

任务分析

根据"任务导入"中的情境进行分析，国际商业快递物流渠道的选择要理解两个问题：(1)四大商业快递的特点、资费和时效区别；(2)不同商品国际商业快递运费的计算。

知识学习

一、UPS

UPS(United Parcel Service，联合包裹速递服务有限公司)是一家全球性的公司，也是目前世界上最大的快递承运商与包裹递送公司。

(一)UPS 的业务类型

UPS 可以为客户提供 5 种保证确定时间和确定日期的全球快递服务，一般大部分货代公司都可以提供 UPS 的 4 种主要业务服务，即 UPS Worldwide Express Plus(全球特快加急服务)、UPS Worldwide Express(全球特快服务)、UPS Worldwide Express Saver(全球速快服务)、UPS Worldwide Expedited(全球快捷服务)。

这 4 种业务服务中，在 UPS 货源单上，除了 UPS Worldwide Expedited(全球快捷服务)是用蓝色标记外，即所谓的蓝单，另外 3 种都是用红色标记的。但是，通常所说的红单是指 UPS Worldwide Express Saver(全球速快服务)。其中，UPS Worldwide Express Plus(全球特快加急服务)的资费最高，UPS Worldwide Expedited(全球快捷服务)的资费最低，速度也最慢。亚马逊平台主要采用的是 UPS Worldwide Express Saver(全球速快服务)和 UPS Worldwide Expedited(全球快捷服务)，即通常所说的红单和蓝单。

(二)UPS 体积、重量限制

UPS 国际小型包裹服务一般不接收超重或超过尺寸标准的包裹，否则要对每个超重或超长包裹收取相应的附加费(每个包裹最多收取一次超重超长费)。货物体积重量的计算公式为：体积(立方厘米)÷5000＝重量(千克)。

具体的体积重量限制标准如下：

每个包裹的重量不得超过 70 千克；

每个包裹的长度不得超过 270 厘米；

每个包裹的长＋周长之和不得超过 330 厘米。

(三)资费标准

卖家可登录 UPS 官网 http://www.ups.com 查询相关资费和进行货物跟踪查询。

在此，有一点值得注意：一票多件货物的总计费重量取运单内每个包裹的实际重量和体积重量中较大者，不足 0.5 千克的按 0.5 千克计算，超过 0.5 千克的，按 1 千克计算。则每票包裹的计费重量为该票包裹中每一件包裹的计费重量之和。

(四)UPS 的优点

(1)速度快，服务好；

(2)美洲等线路具有绝对优势，尤其是日本、加拿大、美国、英国和南美，比较适合发快件；

(3)货物可送达全球 200 多个国家和地区；

(4)提供在线发货，全国 109 个城市提供上门取货；

(5)可覆盖的国家和地区广，支持一票多件。

(五)UPS 的缺点

(1)运费较贵，要计算产品包装后的体积重量；

(2)托运货物有比较严格的限制；

(3)需要计算单件超重费、超长费。

二、TNT

TNT(Thomas National Transport)总部位于荷兰,是全球领先的快递服务商,为企业和个人提供快递和邮政服务。TNT 在欧洲、亚太、南美和中东地区拥有公路和航空运输网络。

(一)TNT 服务类型

TNT 可以提供限时和限日快递服务,其中包括两种能够翌日送达的快递服务和经济快递服务。对于不太紧急的包裹或者是较重的货物,可以选择限时和限日快递服务中的经济快递服务。

(二)资费标准

TNT 除了要收取基本运费,还要收取相应的附加费用,包括燃油附加费、偏远附加费、安全附加费等。由于燃油价格不断波动,燃油附加费也会有所变动,可登录官网 http://www.tnt.con 进行相关资费查询。安全附加费,是指 TNT 已经执行了额外的程序、活动和投资,为其监管范围的客户货物提供安全保护。为了抵消部分附加费用,所有货物均收取安全附加费。TNT 对所有国际快递、经济快递和特殊快递服务货物收取附加费,费率为每千克 0.05 欧元,每票最低 0.50 欧元,最高 10.00 欧元。

对于空运货物,附加费按照每千克 0.09 欧元收取。最低附加费基于 100 千克重量。它没有最大计费重量限制。

TNT 使用体积换算系数来计算货物应按照统计重量还是体积重量收取费用——两者取其大。

(三)TNT 体积、重量限制

TNT 对包裹也有体积重量限制:单件包裹的三条边(长、宽、高)的长度分别不能超过 240 厘米、150 厘米、120 厘米,单件包裹重量不得超过 70 千克。

体积重量超过实际重量的部分按照体积重量计费,体积重量的计算公式如下:

体积重量=长(厘米)×宽(厘米)×高(厘米)÷5000

(四)TNT 的优点

(1)速度快,通关能力强,提供报关代理服务;

(2)信息更新快,可及时跟踪查询货物,遇到问题及时响应;

(3)纺织类大货运送到新西兰、西欧、澳大利亚有较大优势;

(4)无偏远派送费。

(五)TNT 的缺点

(1)价格相对较高,要计算产品的体积重量;

(2)对货物限制较多。

三、FedEx

FedEx(Federal Express,美国联邦快递)是一家国际性速递集团,提供隔夜快递、地面快递、重型货物运送、文件复印及物流服务,总部设于美国田纳西州。

(一)FedEx 的服务类型

FedEx 分为联邦快递优先服务(FedEx IP)和联邦快递经济服务(FedEx IE),二者的区别如表 5-7 所示。

表 5-7　FedEx 服务类型及其特点

服务类型	特点
联邦快递优先服务(FedEx IP)	①运送时效快,一般为 2～5 个工作日; ②清关能力强; ③覆盖范围广,可达全球 200 多个国家和地区
联邦快递经济服务(FedEx IE)	①相较于优先型服务价格更优惠; ②运送时效一般为 4～6 个工作日,比优先型服务慢; ③与优先型服务有同等的清关能力; ④可达全球 90 多个国家和地区

(二)FedEx 体积、重量限制

体积限制为:单件包裹最长边≤274 厘米,(最长边+其他两边)×2≤330 厘米。

重量限制为:单票的总重量≤300 千克,超过 300 千克需提前预约;若一票多件,其中每件的重量≤68 千克,单件或者一票多件中的单件包裹超过 68 千克,也需提前预约。

FedEx 的体积、重量计算公式为:长(厘米)×宽(厘米)×高(厘米)÷5000,如果货物体积重量比实际重量大,则按体积重量计费,具体的资费标准卖家可登录官方网站 http://www.fedex.com/cn/进行查询。包裹的跟踪查询也可在其官网上进行。

(三)FedEx 的优点

(1)适宜 21 千克以上的大件,到中南美洲和欧洲的价格较有竞争力;

(2)包裹一般在 2～4 个工作日可以送达;

(3)网络覆盖全,网站信息更新快且查询响应快。

(四)FedEx 的缺点

(1)价格较贵,需要计算产品体积重量;

(2)对托运货物有较严格的限制;

(3)会收取偏远附加费、单件超重费、地址更改派送费。

四、DHL 公司

DHL(敦豪快递)是全球知名的邮递和物流集团 Deutsche Post DHL 旗下公司。DHL 的业务遍布全球 200 多个国家和地区,是全球国际化程度最高的公司之一。

(一)DHL 体积、重量限制

体积、重量计算公式为:长(厘米)×宽(厘米)×高(厘米)÷5000,计费时取货物的实际重量和体积重量二者中的较大者。

根据包裹寄往的国家不同,体积、重量的限制也有所不同。对寄往大部分国家的包裹,单件包裹的重量不得超过 70 千克,单件包裹的最长边不得超过 120 厘米,具体

标准可登录官网 http://www.cn.dhl.com 进行详细查询。

(二)运送时效

通过 DHL 运送的货物，一般从客户交货之后第二天开始的 1～2 个工作日就会有物流信息，参考妥投时效为 3～7 个工作日(不包括清关时间)。

(三)DHL 的优点

(1)速度快，一般 2～4 个工作日可送达，到欧洲一般 3 个工作日，到东南亚一般 1～2 个工作日；

(2)可送达的网点多，到西欧、北美有绝对优势；

(3)网站信息更新快，遇到问题可及时解决。

(四)DHL 的缺点

(1)价格相对较高，要计算产品的体积重量；

(2)对货物限制较多；

(3)会收取偏远附加费、单件超重费、地址更改派送费。

任务实施

实训任务 5-4:计算国际商业快递物流运费

西班牙客人在某知名服装定制品牌网站定制了一件衬衫，包装重量为 450 克，包装尺寸为 20 厘米×10 厘米×8 厘米，拟选用 UPS 商业快递邮寄，请计算运费。(经查 UPS 的报价表，中国到西班牙的报价为 230 元/0.5 千克，货物重量每增加 0.5 千克，运费增加 2 元。)

实训目的：

- 了解国际商业快递的资费标准；
- 掌握国际商业快递费用的计算方法；
- 会正确选择国际商业快递作为跨境物流方式。

实训指导：

先计算货物的体积重量：

货物的体积重量＝(20×10×8)/5000＝0.32(千克)＝320(克)

由于货物的毛重为 450 克，毛重大于体积重量，因此按照毛重计算运费：

运费＝450/500×230＝207(元)

由于 UPS 要求货物首重为 500 克，不足 500 克按照 500 克计算运费，因此，该票货物的运费为 230 元。

实训任务 5-5:计算国际海空运头程物流费用

实训目的：

- 掌握计算国际空运头程运费的方法；
- 掌握计算国际海运头程运费的方法。

实训指导：

1.计算国际空运头程运费

福建××电子商务有限公司拟空运200只玩具猴子到其德国仓，每只猴子0.22千克，长×宽×高为21厘米×6厘米×8厘米，请计算每只玩具猴子的空运运费。

福建××电子商务有限公司的空运报价如表5-8所示。

表5-8　福建××电子商务有限公司的空运报价

转运方式	重量区间	德国仓(人民币元)	英国仓(人民币元)	最低起运量	时效
空运	5～21千克	45	45	5千克	5～7个工作日
	22～45千克	32	33		
	46～99千克	30	32		
	100千克以上	29	30		

解答：在计算货物的国际航空运输费时，要比较货物的体积重量(体积/5000)和实际毛重之间的大小，确定货物是泡货(轻货)还是重货。如果体积重量大于实际毛重，则该货物为泡货，计算运费时按照实际体积重量计算；如果体积重量小于实际毛重，则该货物为重货，计算运费时按照实际毛重计算。

(1)先计算玩具猴子的体积重量：

体积重量＝(长×宽×高)/5000＝21×6×8×200/5000＝40.32(千克)

(2)再计算玩具猴子的实际毛重：

实际毛重＝0.22×200＝44(千克)

因为实际毛重大于体积重量，所以按照实际毛重计算运费。

根据空运报价表，重量在44千克，对应的德国仓的运费是32元/千克，所以：

运费＝44×32＝1408(元)

请思考：如果玩具猴子的重量为46千克，运费应该为多少？

根据空运报价表，重量为46千克，对应的运价为30元/千克，所以运费是1380元。因为空运的报价规律是运价与货物的重量成反向关系，如果公司多运2千克玩具猴子，运费反而会减少，所以在这种情况下，航空公司会同意福建××电子商务有限公司按照46千克，即下一个重量分界点对应的较低运费来计算。

所以，福建××电子商务有限公司本次的运费为46×30＝1380(元)，平摊到200只玩具猴子，每只玩具猴子的运费是6.9元。

2.计算国际海运头程运费

福建××电子商务有限公司拟海运一批摇马到英国仓，每个摇马重3.3千克，体积为53厘米×27厘米×12厘米，共有500个。请计算每个摇马的海运运费。

福建××电子商务有限公司的海运报价如表5-9所示。

表 5-9 福建××电子商务有限公司的海运报价

转运方式	立方区间	德国仓(人民币元) CBM/T	英国仓(人民币元) CBM/T	最低起运量
海运散货 (LCL)	0～5 CBM/T	1700/1800	1600/1700	1 CBM/T
	5.01～10 CBM/T	1550/1650	1450/1550	
	10 CBM/T 以上	1400/1500	1300/1400	
	时效	35 个工作日以上		

解答：

计算货物的国际海运运费时，要计算货物的尺码吨和重量吨，将它们折算成运费吨，并且比较大小，选用数值大的计算运费。

(1)首先计算货物的尺码吨：

500×53 厘米×27 厘米×12 厘米＝8.58 CBM＝8.58 运费吨

(2)然后计算货物的重量吨：

500×3.3 千克＝1650 千克＝1.65 运费吨

任务评价

任务编号	任务 5-4、5-5	任务名称	商业快递物流渠道
任务完成方式	个人完成、小组协作完成		
任务评价内容		分值	
计算国际商业快递物流运费		30	
计算国际海空运头程物流费用		70	
成绩评定			
自我评价 20%	小组评价 20%	教师评价 60%	

任务三 海外仓操作

任务导入

作为外贸公司的跨境电商专员，在跨境电商交易过程中还会接触到海外仓的物流仓储模式。海外仓是指在本国以外的国家或地区建立的海外仓库，主要用于发展海外电子商务。海外仓可以为全球卖家提供仓储、包装、分拣、派送等一站式综合服务。海外仓实现了海外物流的本地化运输，提升了海外客户的体验度；同时，还可以改变卖家身份，降低海外竞争的激烈程度，从而降低跨境物流费用。一些跨境电商平台和仓储公司针对跨境电商推出了很多相关服务，因此很多卖家都开启了海外仓储。

任务分析

根据“任务导入”中的情境进行分析，关于海外仓物流模式的选择，小张应弄清楚以下三个问题：(1)海外仓的建立流程和相关费用；(2)跨境电商平台海外仓的选择；(3)海外仓物流成本计算。

知识学习

一、海外仓模式概述

海外仓是指由网络外贸交易平台、物流服务商单独或合作为卖家在物品销售目的地提供的货品仓储、分拣、包装、派送一站式控制与管理服务。整个流程包括头程运输、仓储管理、本地配送 3 个部分，即卖家将要销售的货物存储在当地的仓库，当有买家需要时，仓库立即做出响应，并及时对货物进行分拣、包装以及递送，具体流程如图 5-1 所示。

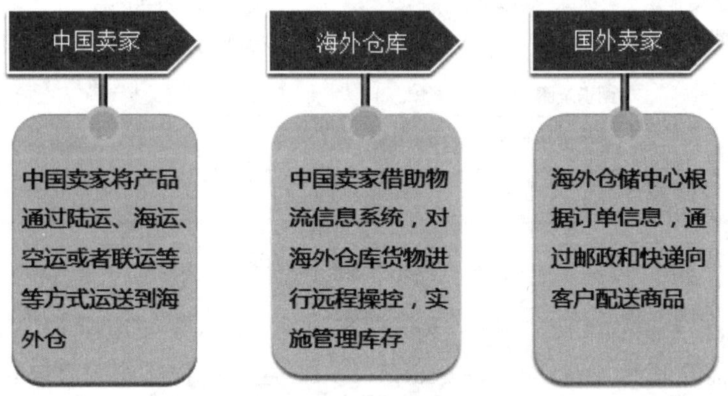

图 5-1　海外仓模式运送流程

使用海外仓需要支付一定的海外仓储费用，计算方法如下：

海外仓储费用＝头程费用＋仓储及处理费＋本地配送费用

头程费用、仓储及处理费、本地配送费用具体所指如图 5-2 所示。

图 5-2　海外仓费用构成

二、亚马逊 FBA 介绍

FBA 的全称是 Fulfillment by Amazon，中文翻译为亚马逊物流。它能够帮助卖家处理自己的客户服务等日常琐事。参加 FBA 的卖家可以将其库存中的部分产品或全部产品运送到亚马逊的仓库中，由亚马逊代理销售，并负责产品的配送和相关的客户服务，同时也支持退货服务。

(一)FBA 的服务流程

FBA 是由亚马逊提供的包括仓储、拣货打包、派送、收款、客服与退货处理的一条龙式的物流服务，其服务主要包括 5 个工作流程，如图 5-3 所示。

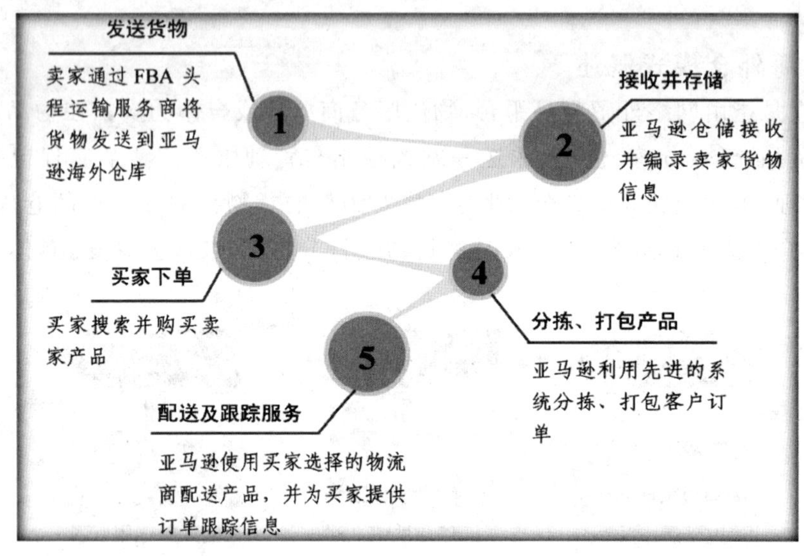

图 5-3 FBA 工作流程

在选择头程运输物流商的时候，卖家需要注意一点，最好选择 FBA 的合作商，因为 FBA 入仓需要预约，DHL、UPS、FedEx、UFPS 这 4 家物流商有固定的入仓时间，不需要与仓库预约，而其他物流公司需要提前在网站上预约，并且是只有在预约的时间内送货，仓库才收货，非预约时间内仓库不会收货。

(二)FBA 包裹尺寸规格

FBA 对产品尺寸规格的要求分为标准尺寸(Standard-Size)和超大尺寸(Oversize)，两者又可继续划分，标准尺寸又分为小标准尺寸(Small Standard-Size)和大标准尺寸(Large Standard-Size)；超大尺寸又分为小超大尺寸(Small Oversize)、中超大尺寸(Medium Oversize)、大超大尺寸(Large Oversize)、特殊超大尺寸(Special Oversize)。

1.标准尺寸与超大尺寸

单个包装单位的商品满足以下所有要求的为标准尺寸(Standard-Size)：

(1)重量≤20 磅(约 9 千克)；

(2)最长边(A)≤18 英寸(约 46 厘米)；

(3)中长边(B)≤14 英寸(约 36 厘米)；

(4)最短边(C)≤8 英寸(约 20 厘米)。

包裹形状示意图如图 5-4 所示。以上各个条件中，只要有一个条件不满足，即为超大尺寸。

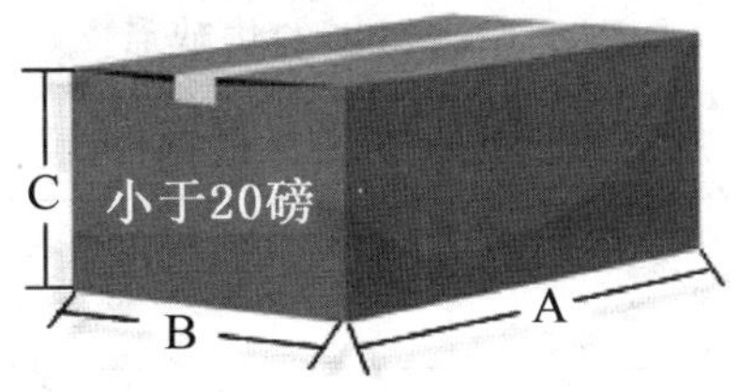

图 5-4　包裹形状示意图

2.小标准尺寸与大标准尺寸

标准尺寸中又包括小标准尺寸和大标准尺寸，两者各个边长以及重量的最大规格标准如表 5-10 所示。

表 5-10　小标准尺寸与大标准尺寸具体规格的最大限制标准

尺寸规格	最长边	中长边	最短边	重量
小标准尺寸(Small Standard-Size)	15 英寸	12 英寸	0.75 英寸	媒介产品:14 盎司 非媒介产品:12 盎司
大标准尺寸(Large Standard-Size)	18 英寸	14 英寸	8 英寸	20 磅

注:1 英寸=2.54 厘米　1 磅=0.45 千克　1 盎司=28.35 克

3.小超大尺寸、中超大尺寸、大超大尺寸、特殊超大尺寸

在超大尺寸中，不同层级的超大尺寸的具体规格如表 5-11 所示。

表 5-11　超大尺寸各个层级具体规格的最大限制

尺寸规格	小超大尺寸(Small Oversize)	中超大尺寸(Medium Oversize)	大超大尺寸(Large Oversize)	特殊超大尺寸(Special Oversize)
最长边	60 英寸	108 英寸	108 英寸	>108 英寸
中长边	30 英寸	不适用	不适用	不适用
最短边	不适用	不适用	不适用	不适用
长度+周长	130 英寸	130 英寸	165 英寸	>165 英寸
重量	70 磅	150 磅	150 磅	>150 磅

注:1 磅=0.45 千克　1 英寸=2.54 厘米

(三)FBA 费用构成

FBA 的费用包括配送费和仓储费两大部分，其中配送费包括订单处理费(Order Handling)、分拣包装费(Pick&Pack)、重量处理费(Weight Handling)、仓储费(Storage)。以下费用标准是指产品从美国仓库到顾客手中的费用，FBA 头程运输(卖家将货物从中国运到美国仓库)的费用，需要具体咨询 FBA 头程运输合作商。

(四)FBA 的优缺点

作为一个全程的物流服务,FBA 具有其自身的优点和缺点,如表 5-12 所示。

表 5-12 FBA 的优缺点

优缺点	具体表现
优点	提高 Listing 排名,提高客户的信任度,帮助卖家成为特色卖家和抢夺购物车,进而提升销售额
	物流经验丰富,仓储遍布全球,管理职能化
	仓库大多靠近机场,配送速度快
	拥有亚马逊专业客服,帮助卖家减轻客服压力
	由 FBA 引起的中差评符合亚马逊移除中差评的政策,有助于改善账户表现
	对于单价超过 300 美元的产品可免费
缺点	一般来说,费用偏高(尤其是非亚马逊平台的 FBA 发货)
	灵活性差,其他第三方海外仓有中文客服处理一些问题,而 FBA 只能用英文与客户沟通,且邮件回复通常不太及时
	FBA 仓库不为卖家的头程发货提供清关服务
	如果前期工作没有做好,标签扫描出现问题会对货物入库造成影响,甚至无法入库
	使用美国站点的 FBA,退货只支持美国地区

三、全球速卖通海外仓

2015 年 2 月 6 日,全球速卖通开通海外仓储。全球速卖通海外仓储可以帮助卖家拓展销售品类,提升曝光转化,扩大销量,缩短运输时长,降低物流成本,还能为卖家提供退换货服务,完善售后服务环节。

(一)全球速卖通海外仓发货地

全球速卖通海外仓地区辐射北美、欧洲、大洋洲,具体包括美国、俄罗斯、澳大利亚、印度尼西亚、英国、法国、德国、意大利、西班牙共 9 个国家。虽然只有 9 个国家,但是海外仓的商品除了设置发货到海外仓本土范围,还可以设置发货到这些国家相应的辐射地区,如表 5-13 所示。

表 5-13 全球速卖通海外仓发货地

海外仓所在地	发货国及辐射范围
美国	美国、加拿大、墨西哥、巴西、智利
英国	英国、西班牙、葡萄牙、法国、丹麦、芬兰、捷克、希腊、土耳其、比利时、挪威
德国	德国、西班牙、葡萄牙、法国、丹麦、英国、芬兰、捷克、希腊、土耳其、挪威、意大利、爱尔兰、比利时、瑞典、荷兰、拉脱维亚、波兰

续表

海外仓所在地	发货国及辐射范围
西班牙	法国、英国、捷克、土耳其、意大利、比利时、荷兰、波兰、拉脱维亚、瑞典、德国、爱尔兰、挪威、希腊、芬兰、丹麦、葡萄牙
法国	西班牙、英国、捷克、土耳其、意大利、比利时、荷兰、波兰、拉脱维亚、瑞典、德国、爱尔兰、挪威、希腊、芬兰、丹麦、葡萄牙
意大利	西班牙、法国、英国、捷克、土耳其、比利时、荷兰、波兰、拉脱维亚、瑞典、德国、爱尔兰、挪威、希腊、芬兰、丹麦、葡萄牙
俄罗斯	俄罗斯
澳大利亚	澳大利亚
印度尼西亚	印度尼西亚

(二)全球速卖通海外仓设置流程

在全球速卖通平台,卖家选择的海外仓发货地必须是卖家在该地已经拥有备货,同时卖家只有已经备货到了海外,才能向全球速卖通申请成为海外仓卖家。全球速卖通海外仓设置流程如图 5-5 所示。

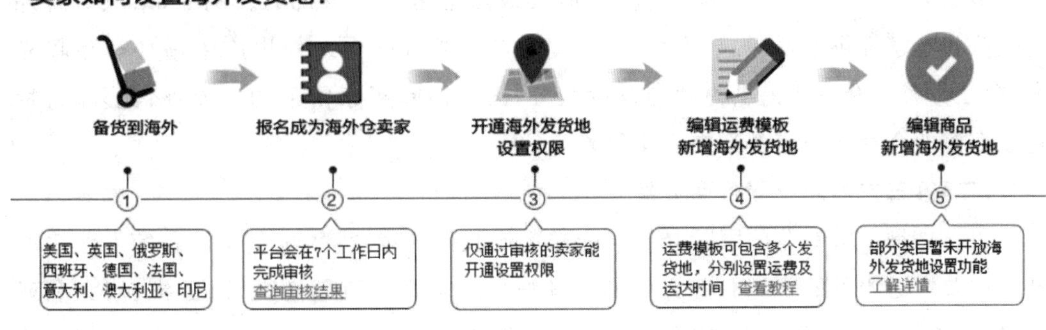

图 5-5　设置海外仓发货地的流程

四、第三方海外仓介绍

目前,海外仓主要有两种:自建仓和租用仓。自建仓需要有强大的实力和资金支持,门槛较高,因此,提供"现成服务"的第三方海外仓成为很多卖家的选择。跨境电商卖家与第三方海外仓的合作方式有两种:租用和合作建设。卖家采取租用的方式,会产生操作费用、物流费用、仓储费用,成本较高,而合作建设则只会产生物流费用,成本较低。

(一)第三方海外仓与 FBA 对比

与亚马逊 FBA 相比,第三方海外仓具有一定优势。

1.选品范围更广

亚马逊 FBA 对产品的尺寸、重量、类别有一定的限制,比较适合体积小、利润高、质量好的产品。而第三方海外仓选品范围则更加广泛,即使是体积大、重量大的产品也能找到合适的海外仓。

2.提供头程清关服务

亚马逊 FBA 不为卖家提供头程清关服务,一些第三方海外仓服务商会为卖家提供头程清关服务,甚至还会提供代缴税金、派送到仓一条龙服务。

3.对产品入仓前要求较宽松

亚马逊 FBA 要求卖家在发货前贴好外箱标签及产品标签,如果外箱或产品标签有破损,卖家需将其整理好后才能入仓。第三方海外仓的入库要求较为宽松,有的服务商还会提供上架前整理、组装产品的服务。

4.产品集中管理

FBA 是默认分仓,卖家的产品往往会被分散到不同的仓库,而第三方海外仓一般是将产品放在同一个仓库中进行集中管理。

5.适用范围广

FBA 仓储只向亚马逊平台上的卖家开放,而第三方海外仓则向所有的跨境电商卖家开放。此外,第三方海外仓还具有中转的作用,如果卖家同时使用第三方海外仓和 FBA,在销售旺季可以直接从第三方海外仓向 FBA 仓发货,节省国内发货时间。

虽然第三方海外仓存在诸多优势,但其缺点也是不容忽视的。例如,第三方海外仓无法为卖家提供产品推广服务,需要卖家自己通过站内站外推广来增加产品曝光度;第三方海外仓不能提供售后与投诉服务,无法消除买家留下的中差评;此外,将货物放在海外仓存在一定的潜在安全风险。

(二)第三方海外仓服务商介绍

出口易是一家专业的国际仓储与配送物流服务的运营商,也是中国首家专注于海外仓储及配送服务的物流服务提供商。其海外仓配送范围覆盖北美、欧洲、澳大利亚全境,对货物没有体积、重量限制,且能使货物避免遭受旺季航路不畅的影响,能够让卖家实现海外本土化销售,进行实时的库存管理与监测。

1.资费计算方法

出口易的海外仓有美国仓库、英国仓库、德国仓库、澳大利亚仓库、加拿大仓库、俄罗斯仓库。其资费计算方法如下:

总价格=头程运费+税金+仓储及处理费+二程运费

2.操作流程

卖家根据市场预测进行备货并将这些货物交给出口易,出口易通过海运、空运等方式将卖家的货物运送至海外仓库。当海外买家购买产品后,卖家在出口易物流管理系统下单,填写需要配送的商品、买家的联系方式和选择本地配送方式,出口易根据卖家的订单要求对卖家海外仓库中的产品进行海外本地配送,将产品送至海外买家手中。整个操作流程如图 5-6 所示。

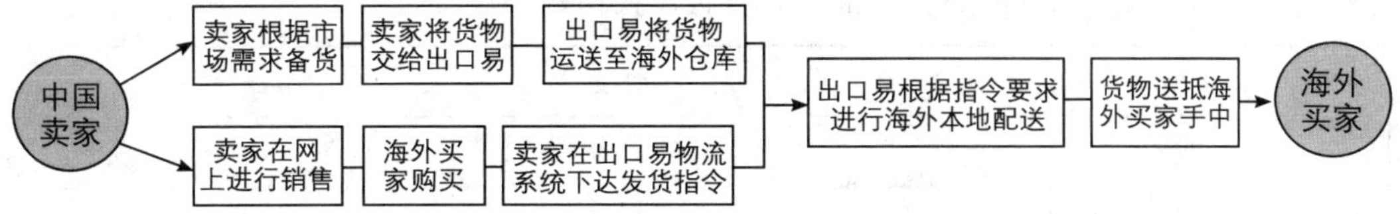

图 5-6　卖家通过出口易海外仓发货流程

任务实施

实训任务 5-6：计算海外仓及海外本地物流相关费用

海外仓及海外本地物流相关费用主要是指海外仓仓储费、订单处理费和海外本地派送费。

纽约的 Tom 从 A 公司在全球速卖通的店铺购买了一个饰品，重量为 28 克，A 公司在芝加哥的海外仓准备打包发货，拟选择标准型物流服务，请分别计算海外仓订单处理费和海外本地派送费。相关报价如表 5-14 和表 5-15 所示。

表 5-14　美国本地物流价格报价表

计费重量（盎司）	参考公制重量（克）	经济型（人民币元）（7 个工作日）	标准型（人民币元）（5 个工作日）	快速型（人民币元）（3 个工作日）
1	28	12.76	14.39	16.01
2	56	13.28	14.65	16.01
3	85	13.93	14.97	16.01
4	113	16.08	16.86	17.58
5	141	16.73	18.03	19.27
6	170	17.58	19.27	20.90
7	198	18.62	20.64	22.59
8	226	19.27	21.68	24.59
9	255	20.12	22.98	25.78
10	283	20.96	24.22	27.41
11	311	21.81	25.45	29.10
12	340	22.65	26.63	30.53
13	368	23.50	27.73	31.96
14	396	34.83	40.88	46.94
15	425	34.83	40.88	46.94
16	453	34.83	40.88	46.94

表 5-15 订单操作费

重量	价格(人民币元)	计量单位	备注
0～7 盎司	5	每单	
7.01 盎司～2 磅	6.5	每单	
2 磅以上	6.5＋0.65/磅	每单	
复合订单(每增加一项)	1.5	每件	每日订单 100 单以上,有折扣

实训目的:

- 熟悉海外仓的费用结构;
- 掌握海外仓费用的计算方法;
- 掌握海外仓本地物流相关费用的计算方法。

实训指导:

(1)先计算海外仓订单的处理费。根据表 5-15,重量在 7 盎司以下,每单的订单操作费是 5 元,所以:订单处理费＝5 元。

(2)再计算海外本地派送费。根据表 5-14,重量为 28 克的货物,若选经济型物流服务,派送费为 12.76 元;若选标准型物流服务,派送费为 14.39 元;若选快速型物流服务,派送费为 16.01 元。所以:海外本地派送费＝14.39 元。

实训任务 5-7:调研其他跨境第三方平台物流运费及物流选择

实训目的:

- 掌握亚马逊平台物流费用及物流选择的调研步骤;
- 掌握调研 eBay 平台物流费用及物流选择的调研步骤。

实训指导:

1.调研亚马逊平台物流费用及物流选择

打开亚马逊美国站(www.amazon.com),选择品类为“Tools,Home Improvement”,某品牌的手动充电手电筒的重量为 12.8 盎司,体积为 4.9 英寸×4.4 英寸×2.8 英寸,其物流方案为使用 FBA 物流,亚马逊规定满 35 美元包邮(美国本地)。(Order with Free Shipping by Amazon:If your order is ＄35 or more,you may qualify for free shipping on eligible items fulfilled by Amazon. com. With free shipping, your order will be delivered 5～8 business days after all of your items are available to ship, including pre-order items.)

2.调研 eBay 平台物流费用及物流选择

打开 eBay 美国站(www.ebay.com),选择品类为“Outdoor sports”,某品牌野外用头戴电筒,从厦门发货,查看其物流方案。

解读:

该货物从深圳发往加拿大,若使用国际邮政小包等经济型物流方式,物流费用为包邮;若使用标准型物流方式,则每一件的运费为 18.99 美元,每增加一件运费是 15 美元;若使用加急型物流方式,则每一件的运费是 35.99 美元,每增加一件运费是 10 美元。

总结:亚马逊平台有自己特有的国际物流解决方案——FBA,满 35 美元包邮;eBay 平台提供经济型(Economy Int' I Shipping)、标准型(Standard Int' I Shipping)和加急型(Expcdited Int' I Shipping)三种国际物流解决方案。

任务评价

任务编号	任务 5-6、5-7	任务名称	海外仓操作
任务完成方式	个人完成、小组协作完成		
任务评价内容			分值
计算海外仓及海外本地物流相关费用			40
调研其他跨境第三方平台物流运费及物流选择			60
成绩评定			
自我评价　20%	小组评价　20%		教师评价　60%

学习巩固

一、单项选择题

1.中国邮政小包的包裹重量一般不超过(　　)。

A.1 千克　　B.2 千克　　C.2.5 千克　　D.1.5 千克

2.中国邮政小包非圆筒货物:长+宽+高不超过(　　),单边长度不超过(　　)。

A.90 厘米　60 厘米　　B. 100 厘米　50 厘米

C.90 厘米　50 厘米　　D. 100 厘米　60 厘米

3.国际 e 邮宝单件最高限重(　　)。

A.1 千克　　B.2 千克　　C.2.5 千克　　D.1.5 千克

4.国际 e 邮宝非圆筒形货物单件邮件的最小尺寸:邮件长度不小于(　　),宽度不小于(　　)。

A.90 厘米　60 厘米　　B.100 厘米　50 厘米

C.90 厘米　50 厘米　　D.14 厘米　11 厘米

5.EMS 寄递每票货只能走一件,单件货物不能超过(　　)。

A.1 千克　　B.2 千克　　C.30 千克　　D.20 千克

二、判断题

1.重量在 2 千克以内的小包都可以称为中国邮政小包。(　　)

2.中国邮政小包可以寄递文件。(　　)

3.一般情况下,e 邮宝比邮政小包快,比 EMS 慢。(　　)

4.国际 e 邮宝、e 特快、e 速宝都是 EMS 旗下的产品。(　　)

5.选择跨境物流渠道需要根据目的地、货物的重量段、货物的性质、对货物的时效要求、清关要求等进行选择。(　　)

三、能力拓展

1.调研亚马逊平台 5 个品类产品的跨境物流费用及物流选择,将相关信息填入表 5-16。

表 5-16　亚马逊平台 5 个品类产品信息

Shipping Company	Shipping Cost	Estimated Delivery Time	Processing Time

2.调研 Wish 平台 3C 类产品的跨境物流运费及物流选择。

3.计算跨境小包物流运费。

(1)福建××电子商务有限公司在亚马逊平台上向美国客人销售了一件饰品,包装重量为 0.03 千克,请计算跨境物流运费。表 5-17 为中国邮政小包资费表。

表 5-17　中国邮政小包资费表

计费区	资费标准(人民币元/千克) 以下不含挂号费,挂号费加收 8 元/件
1	62.0
2	71.5
3	81.0
4	85.0
5	90.5
6	105.0
7	110.0
8	120.0
9	147.5
10	176.0

(2)福建××电子商务有限公司在亚马逊平台上向俄罗斯客人销售了一条连衣

裙，包装重量为0.38千克，长×宽×高为25厘米×15厘米×3厘米，请计算跨境物流运费。表5-18为e邮宝业务资费表。

表5-18　e邮宝业务资费表

路向	运费	参考时限
美国	7元/件+0.08元/克，起重60克，不足60克按60克	7～10个工作日
澳大利亚	无首重，500克以内(含)：25元/件+0.08元/克	7～10个工作日
	500克以上至2千克(含)：30元/件+0.08元/克	
英国	无首重，25元/件+0.07元/克	7～10个工作日
加拿大	无首重，22元/件+0.07元/克	7～10个工作日
法国	无首重，22元/件+0.07元/克	7～10个工作日
俄罗斯	10元/件+0.1元/克，起重50克，不足50克按50克	7～15个自然日

4.计算四大国际商业快递公司的物流运费。

福建××电子商务有限公司在亚马逊平台上向美国客户销售了一款婚纱，包装重量为2.6千克，长×宽×高为30厘米×20厘米×10厘米，请计算跨境物流运费。此款婚纱专门为客户量身订制，定位中端客户，附加值高，从婚纱产品对客户的特殊意义与时间要求方面考虑，拟使用DHL快递，DHL运费参考价格如表5-19所示。

表5-19　DHL运费(不含燃油附加费以及其他附加费用)

参考价格：人民币元

重量(千克)/地区	1区	2区	3区	4区	5区	6区	7区	8区	9区
0.5	173	244	230	261	262	267	344	439	660
1.0	211	299	291	319	344	355	434	554	807
1.5	249	354	352	377	426	443	524	669	954
2.0	287	409	413	435	508	531	614	784	1101
2.5	325	464	474	493	590	619	704	899	1248
3.0	362	519	529	549	669	706	800	1014	1394

备注：

(1)DHL按照下列公式计算体积重量：长×宽×高/5000。

(2)每票货物最低征收燃油附加费160元。

(3)偏远地区派送附加费：人民币3元/千克，最低收费150元；偏远地区取件附加费：人民币3元/千克，最低收费150元。

5.调研全球速卖通、eBay等平台的物流运费及物流选择。

参考资料

1.韩琳琳,张剑.《跨境电子商务实务》,上海交通大学出版社,2017年7月.

2.跋涉文化传媒.《跨境电商多平台运营实战基础》,电子工业出版社,2017年9月.

3.陈明,许辉.《跨境电子商务操作实务》,中国商务出版社,2015年5月.

4.肖旭.《跨境电商实务》(第二版),中国人民大学出版社,2018年2月.

5.吕宏晶,孙明凯.《跨境电商实务》,中国人民大学出版社,2016年9月.

6.邓志超,崔慧勇,莫川川.《跨境电商基础与实务》,人民邮电出版社,2017年6月.

◆ 学习情境六◆
跨境电商支付与结汇

学习情境导入

如何完成跨境支付与结汇

跨境支付是整个跨境交易过程中的重要一环。如何收款、如何提现、如何降低汇损等都是跨境电商专员必须掌握的技术。接下来,小张准备选择并申请一个跨境支付账户,负责跨境收款及结汇等工作。

对于选择申请跨境支付账户,小张通过书本学习,对比各种支付方式,及结合自己公司在亚马逊平台开店铺的特点,选择了 Payoneer 作为跨境支付方式,并申请注册开通 Payoneer,也通过认真学习结汇和退税的相关方法和流程,完成公司交予的结汇和退税工作。

学习情境分析

选择一个好的结算方式,是跨境电商业务实现效益的重要环节。一种好的适合自己的结算方式可以提高资金回笼速度、降低汇损。小张认为跨境结算方式的选择与开通、结汇方式及流程、退税方式及流程都是跨境支付环节必须掌握的功力。在认真分析之后,小张认为以下几部分是跨境支付与结汇的主要任务:

(1)跨境电商支付方式的选择;

(2)跨境电商结算账户的设置;

(3)跨境电商结汇和退税。

学习情境目标

<table>
<tr><th rowspan="2">岗位细分</th><th rowspan="2">工作任务</th><th>技能转化</th><th>知识转化</th></tr>
<tr><th>技能目标</th><th>知识目标</th></tr>
<tr><td rowspan="3">跨境电商专员</td><td>任务一
跨境电商支付方式</td><td>能够结合企业的特点，通过比较分析选择适合公司的跨境支付方式</td><td>1.了解主流跨境电商的支付方式；
2.掌握各种跨境支付方式的优缺点、费率、费用及适用范围</td></tr>
<tr><td>任务二
跨境电商结算账户的设置——以亚马逊为例</td><td>会使用常见跨境电商结算方式</td><td>1.熟悉 Payoneer 的收款工具；
2.掌握跨境结算账户的申请、注册及操作</td></tr>
<tr><td>任务三
跨境电商结汇和退税</td><td>会使用相关的平台以及去相关部门办理结汇和退税</td><td>1.了解结汇和退税的定义和概念；
2.掌握结汇的方式和流程；
3.掌握退税的方式和流程</td></tr>
</table>

任务一　跨境电商支付方式

任务导入

小张认为对于跨境电商卖家来说，应该了解各种跨境电商支付方式，根据自身的特点，综合考虑不同平台的兼容性、不同渠道的汇损、支付的安全性等因素，选择适合自己的支付方式。作为跨境电商专员，小张认为他接下来的任务就是要了解熟悉各种支付方式，对比各大支付方式的优缺点及适用范围等，提出适合本公司的支付方式，为公司开展跨境电商相关业务做好充分准备。

任务分析

根据“任务导入”中的情境进行分析，跨境电商支付方式需理解两个问题：(1)现有的主流的跨境电商支付方式有哪些；(2)各种支付方式的主要特点及其适用范围。

知识学习

跨境电商支付方式有两大类：网上支付(包括电子账户支付和国际信用卡支付，适合小额的跨境零售)和银行汇款模式(适合大金额的跨境交易)。

一、线上的跨境支付方式

(一)信用卡收款

跨境电商网站可通过与 Visa、MasterCard 等国际信用卡组织合作，或直接与海外银行合作，开通接收海外银行信用卡支付的端口。

优点：信用卡支付是欧美最流行的支付方式，信用卡的用户人群非常庞大；缺点：接入方式麻烦、需预存保证金、收费高昂、付款额度偏小。黑卡蔓延，存在拒付风险。

适用范围：从事跨境电商零售的平台和独立 B2C。目前国际上五大信用卡品牌 Visa、MasterCard、America Express、Jcb、Diners Club，其中前两个为大家广泛使用的。

(二)PayPal

PayPal 与支付宝类似，在国际上知名度较高，是很多国家客户的常用付款方式。它允许在使用电子邮件来标识身份的用户之间转移资金。

优点：交易完全在线上完成。适用范围广，尤其受美国用户信赖。收付双方必须都是 PayPal 用户，以此形成闭环交易，风控好。

缺点：PayPal 用户买家（消费者）利益大于 PayPal 用户卖家（商户）的利益，交易费用主要由商户提供，对买家过度保护；需要电汇费用，即每笔交易除手续费外还需要支付交易处理费；账户容易被冻结，商家利益易受损失。

适用范围：跨境电商零售行业，几十到几百美金的小额交易更划算。

费率：（eBay 平台）2.9%～3.9%；（其他平台或传统外贸）1.4%～3.4%。

费用：无开户费及使用费；每笔收取 0.3 美元的银行系统占用费；以美金形式提现至大陆银行每笔收取 35 美元；以人民币形式提现至大陆银行每笔收 1.2%的手续费。

(三)CashPay

优点：加快偿付速度（2～3 天），结算快；支持商城购物车通道集成；提供更多支付网关的选择，支持商家喜欢的币种提现。

缺点：在中国市场的知名度低。

安全性：有专门的风险控制防欺诈系统 CashShield，一旦出现欺诈，100%赔付；降低退款率，专注客户盈利；资料数据更安全。

特点：安全，快速，费率合理，PCIDSS 规范，是一种多渠道集成的支付网关。

费率：2.5%。

费用：无开户费及使用费；无提现手续费及附加费。

(四)Payoneer

Payoneer 是一家总部位于纽约的在线支付公司，主要业务是帮助其合作伙伴，将资金下发到全球，同时也为全球客户提供美国银行/欧洲银行的收款账户，用于接收欧美电商平台和企业的贸易款项。

优点：便捷，使用中国身份证即可完成 Payoneer 账户的在线注册，并自动绑定美国银行账户和欧洲银行账户；合规，像欧美企业一样接收欧美公司的汇款，并通过 Payoneer 和中国支付公司的合作完成线上的外汇申报和结汇；便宜，电汇设置单笔封顶价，人民币结汇最多不超过2%。Payoneer费用清单如表6-1所示。

表6-1 Payoneer费用清单

项目	明细	收费	优惠说明
账户管理年费	万事达卡+欧美收款账户	4.95～29.95美元	通过"推荐好友"注册，入账满100美元返现25美元
入账手续费	美国、欧洲银行入账	0～1%	3个月内入账15万美元或者累积入账20万美元，入账免费
提现手续费	人民币结汇、外币电汇	1.2%～2%	累计入账50万美元，提现费用降低为1.8%； 累计入账100万美元，提现费用降低为1.5%； 累计入账150万美元，提现费用降低为1.2%
	万事达卡	0～3.15美元/笔	POS刷卡免费，ATM单笔3.15美元； 汇损不超过万事达卡市场汇率的3%； 不推荐日常使用，可在境外旅游或者急需资金时使用

适用范围：单笔资金额度小但是客户群分布广的跨境电商网站或卖家。

(五)ClickandBuy

ClickandBuy是独立的第三方支付公司，收到ClickandBuy的汇款确认后，在3～4个工作日内会收到货款。每次交易金额最低100美元，每天最高交易金额10000美元。如果客户选择通过ClickandBuy汇款，则可以通过ClickandBuy提款。经济商保留选择通过ClickandBuy退款的权利。

(六)Paysafecard

Paysafecard主要是欧洲游戏玩家的网游支付手段，是一种银行汇票，购买手续简单而安全。Paysafecard在大多数国家，可以用在报摊、加油站等场所。用户用16位账户密码完成付款。要开通Paysafecard支付，需要有企业营业执照。

(七)WebMoney

WebMoney是俄罗斯最主流的电子支付方式，俄罗斯各大银行均可自主充值取款。

(八)CashU

CashU主要用于支付在线游戏、VoIP技术、电信和IT服务，以及外汇交易。CashU允许你使用任何货币进行支付，但该账户将始终以美元显示你的账户资金。CashU现已为中东和独联体广大网民所使用，是中东和北非地区运用最广泛的电子支付方式之一。

(九)LiqPAY

LiqPAY 是一个小额支付系统,其一次性付款不超过 2500 美元,且立即到账,无交易次数限制。LiqPAY 用客户的移动电话号码为标识。账户存款是美元,所以如果你存入另一种货币,将根据 LiqPAY 内部的汇率进行折算。

(十)Qiwi Wallet

Qiwi Wallet 是俄罗斯最大的第三方支付工具。它使客户能够快速、方便地在线支付水电费、手机话费以及网购费用,还能用来偿付银行贷款。

(十一)NETeller

NETeller(在线支付方式或电子钱包)免费开通,全世界有数以百万计的会员选择了 NETeller 的网上转账服务。

二、线下的跨境支付方式

(一)电汇

优点:收款迅速,几分钟即可到账;先付款后发货,保证商家利益不受损失。

缺点:先付款后发货,买方容易产生不信任感;用户量少,限制商家的交易量;买卖双方都要支付手续费,数额较大的,手续费高;对银行信息要求非常高。

适用范围:电汇是传统的 B2B 付款模式,适合大额的交易付款。

费用:买卖双方各自承担所在地的银行费用。具体费用根据银行的实际费率进行计算。

(二)西联汇款

西联汇款是目前世界上领先的特快汇款方式,可以在全球大多数国家的西联代理所在地汇款和提款。

优点:到账速度快;对于卖家来说最划算,可以先提钱再发货,安全性高。

缺点:对买家来说风险极高,买家不易接受;买卖双方需要去西联线下柜台操作,手续费较高;适用范围较窄,仅适合 1 万美金以下的中等额度支付。

费用:西联手续费由买家承担,需要买卖双方到当地银行实地操作。在卖家未收款时,买家可以随时撤回资金。

(三)MoneyGram

MoneyGram,又称速汇金汇款。它是一种快捷、可靠的国际汇款方式,收款人凭汇款人提供的编号即可收款。

优点:汇款速度快,十几分钟即可到账;汇款金额不高时,费用相对较低,无中间行费,无电报费;手续简单。

缺点:汇款人及收款人都必须是个人;必须是境外汇款;如果客户持现钞账户汇款,还须缴纳一定的现钞变汇的手续费。

费率:MoneyGram 收费标准如表 6-2 所示。

表 6-2 MoneyGram 收费标准

汇款金额	手续费
400 美金以下	10 美金
400～500 美金	12 美金
500～2000 美金	15 美金
2000～5000 美金	25 美金
5000～10000 美金	33 美金

要注意：单笔最高汇款金额不得超过 10000 美元(不含)，每天每位汇款人的累计汇出最高限额为 20000 美元(不含)。

(四)香港离岸公司银行账户

卖家通过在香港开设离岸银行账户，接收海外买家的汇款，再从香港账户汇往大陆账户。

优点：接收电汇无额度限制，不需要像大陆银行一样受 5 万美元的年汇额度限制；不同货币可自由兑换。

缺点：香港银行账户的钱还需要转到大陆账户，较为麻烦；部分客户选择地下钱庄的方式，有资金风险和法律风险。

适用范围：传统外贸及跨境电商都适用，适合已有一定交易规模的卖家。

在实际应用中，跨境的线上和线下的收汇款方式也没有绝对的不同，比如离岸银行账户既可以用来做线下的收汇款，也可以用于在线上的跨境平台收款。如亚马逊目前就可以使用美国、欧洲、澳大利亚、香港以及新加坡等的银行账号收款，不管你的香港或其他银行账户是否开通美金或其他外币账户，亚马逊都会直接以银行所属地的本地币种入账，并且入账过程中汇损不小，据说用香港账户收款转款汇率损失达到 3%～3.5%。所以一般只有需要外币流水做进出口退税的公司才乐于使用离岸账户收款。

跨境收汇款的支付方式很多，以上提到的只不过是我们常见常用的一些。跨境收汇款是一个会涉及国家区域政策、跨境平台兼容性以及交易性质等各方面的复杂问题。总之，线上线下的收汇款模式有很多不同，我们需要根据不同的金额、跨境平台、地区、币种来选择不同的收汇款方式。

目前，我国的第三方支付平台更是尚未渗透，但首批获准进行跨境电子商务外汇支付业务试点的第三方支付企业就有 17 家。除了众所周知的支付宝、财付通，还有深圳的钱宝、杭州的贝付科技、重庆的易极付以及上海的汇付天下、快钱等 8 家和北京的通融通等 4 家企业。第三方支付企业进行跨境支付的简易支付流程如图 6-1 所示。

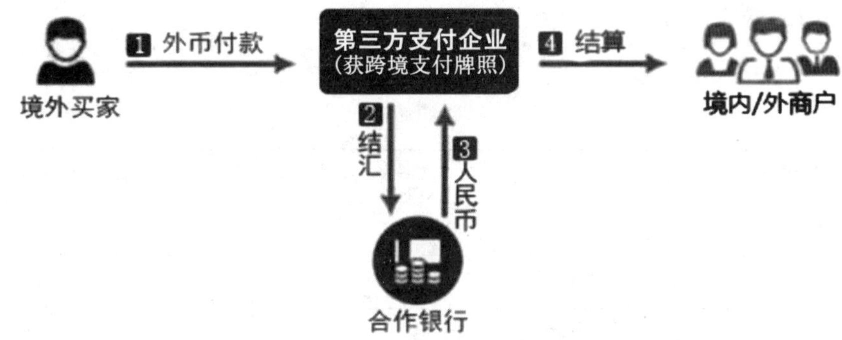

图 6-1　第三方支付企业的简易支付流程

另外，随着跨境电商的发展，跨境收汇业务需求不断增加，还出现了一些面向第三方支付机构、开展"第四方"支付业务的企业。比如 MasaPay（乾汇科技）就通过整合不同的第三方支付网关，成为"第四方"支付机构，为从事国际贸易的商户或个人提供国际收单业务。同时，一些提供全球支付技术解决方案的业务也不断脱颖而出，比如致力于企业支付安全解决方案的 CyberSource。

任务实施

实训任务 6-1：分析与对比主流的跨境电商相关的支付方式

实训目的：

• 了解主流的跨境电子商务的支付方式；

• 掌握各种跨境支付方式的优缺点、费率、费用及适用范围。

实训指导：

通过百度等搜索引擎查询下列跨境支付方式：

（1）信用卡收款；

（2）PayPal；

（3）CashPay；

（4）Moneybookers；

（5）Payoneer；

（6）ClickandBuy；

（7）Paysafecard；

（8）WebMoney；

（9）CashU；

（10）LiqPAY；

（11）Qiwi Wallet；

（12）NETeller；

（13）电汇；

(14)西联汇款;

(15)MoneyGram。

任务评价

任务编号	任务 6-1	任务名称	选择跨境支付方式
任务完成方式	小组协同完成		
任务评价内容			分值
是否了解主流的跨境支付方式			25
是否熟悉各大跨境支付方式的特点			50
能否根据各大跨境支付方式的特点选择适合自己的支付方式			25
成绩评定			
小组评价　20%			教师评价　80%

任务二　跨境电商结算账户设置——以亚马逊为例

任务导入

在学习比较各种跨境支付方式后,小张选择了 Payoneer 作为结算方式,认为 Payoneer 是亚马逊最重要的收款方式之一,亚马逊选择 Payoneer 作为亚马逊美国站、欧盟站点卖家平台的收款方式,为 24 国跨境卖家唯一指定的收款方式,是公司的最好选择。小张认为他接下来的任务就是要申请 Payoneer 账户,熟悉美国站、欧洲站、英国站、日本站、加拿大站和墨西哥站等主要站点,懂得如何使用 Payoneer 提供的美元/欧元/英镑收款银行账户进行收款。

任务分析

根据“任务导入”中的情境进行分析,跨境电商结算账户设置需要理解两个问题:(1)为何选择 Payoneer 作为亚马逊的主要支付方式;(2)Payoneer 的账户设置。

知识学习

作为最成功的电子商务公司之一,美国亚马逊吸引了全球的卖家。当 1995 年亚马逊成立伊始、销售商品仅为图书时,创始人 Jeff Bezos(杰夫 · 贝佐斯)就已经预料到了亚马逊的爆炸性发展和电子商务的蓬勃未来。他一开始就想要亚马逊成为一个

"everything store"一"网"打尽所有商品。21 年后的 2016 年，亚马逊年净销售额达到惊人的 1360 亿美元(净利润 24 亿美金)，截至 2017 年 9 月，亚马逊全球员工总数已达 54 万人，亚马逊全球第三方卖家有 500 多万人。亚马逊汇聚全世界 100 多个国家和地区的卖家，其中来自中国大陆和香港地区的卖家数量以每年 80%的速度增长。

在亚马逊平台销售产品必须要设置收款方式。Payoneer 是亚马逊最重要的收款方式之一，亚马逊选择 Payoneer 作为亚马逊美国站、欧盟站点卖家平台的收款方式，为 24 国跨境卖家唯一指定的收款方式，下面将介绍亚马逊卖家设置 Payoneer 账户的方法，主要针对亚马逊美国站、欧洲站、英国站、日本站、加拿大站和墨西哥站，使用 Payoneer 提供的美元/欧元/英镑收款银行账户进行收款，款项会入账到 Payoneer(P 卡)。

一、账号申请

一个 Payoneer(P 卡)账户，可同时拥有 Payoneer 美元账户、欧元账户和英镑账户，建议用 Payoneer 的美国银行账户绑定亚马逊美国站，欧洲银行账户绑定亚马逊欧洲站(德、西、法、意)，英镑账户绑定亚马逊英国站，其他需要货币转换的站点(如亚马逊日本站、加拿大站和墨西哥站)则用 Payoneer 的欧元/英镑账户来收款。如果你有 P 卡，也需要从亚马逊欧洲站、英国站收款，但却没有欧元、英镑账户，可向 Payoneer 中文客服申请。

二、亚马逊美国站设置 Payoneer 美元账户收款

(一)找到自己的 US Payment Service

首先登录 Payoneer 后台一接收一US Payment Service，在页面左下角找到美元收款账户信息，包括 9 位汇款路线号码(9-Digit Routing Number，路由编码 ABA)、美国银行账号(Bank Account Number)。此外还有两个隐藏信息——从银行名称(Bank of America 或 First Century Bank)可以看出银行所在国家(Bank Location Country)是美国，在 Payoneer 后台右上角也有显示账户持有人姓名(Bank Account Holder Name)，比如下午好 Tianquan Xie，如图 6-2 所示。

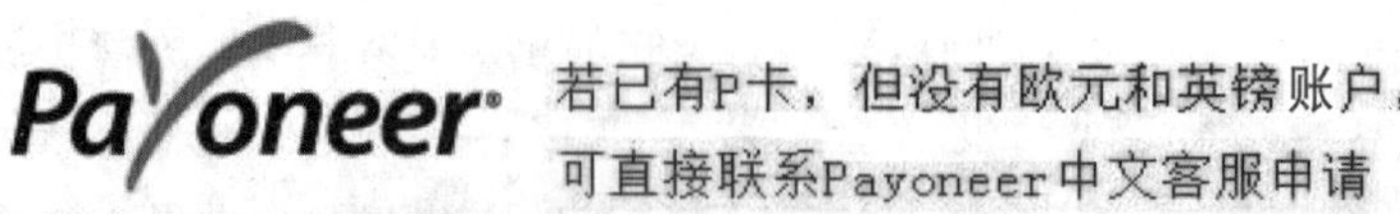

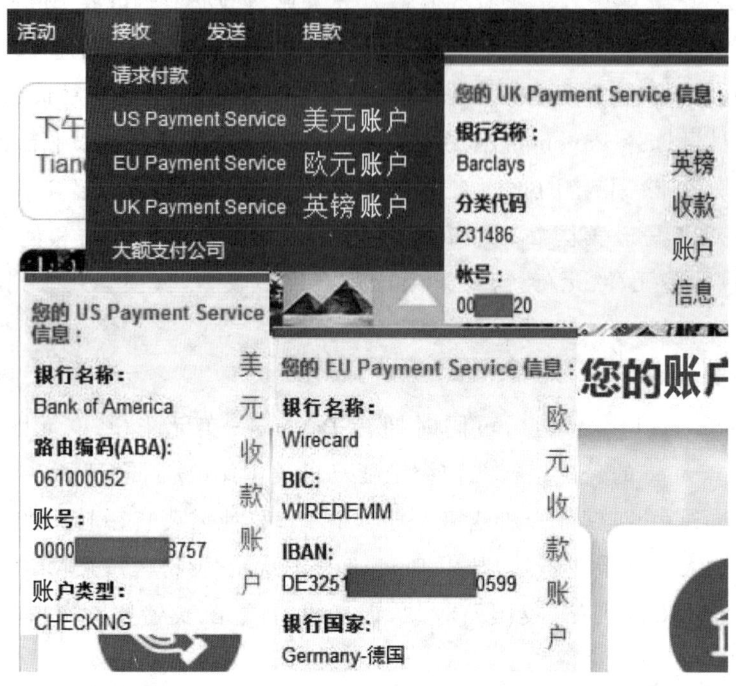

图 6-2　Payoneer 后台查询欧美收款账户信息

(二)添加或修改美国亚马逊收款方式

登录亚马逊美国站卖家平台(Amazon Seller Central)，点击右上角的“Settings”(设置)下的“Account Info”(账户信息)，如图 6-3 所示。在弹出的页面里找到“Payment Information”(付款信息)选项，选择“Deposit Methods”(存款方式)。然后点击亚马逊美国站(Amazon.com)右侧的“Add/Edit”按钮即可添加或修改收款方式，绑定 Payoneer 的美国银行收款账号(美元账户)，如图 6-4、图 6-5 所示。

图 6-3　点击“Settings”的“Account Info”

图 6-4 亚马逊美国站卖家设置 Payoneer 收款(英文界面)

图 6-5 亚马逊美国站卖家设置 Payoneer 收款(中文界面)

亚马逊美国站用 Payoneer 的美国银行账户来收款，Bank Location Country(银行所在的国家)选美国(the United States)。

9-Digit Routing Number，填 Payoneer 美国银行 9 位路由编码(ABA)。

Bank Account Number，填 Payoneer 美国银行账号，并非 P 卡卡号。

Bank Account Holder Name，填 Payoneer 账户持有人姓名。

Payoneer 个人账户举例：Tianquan Xie。

Payoneer 企业账户举例：Shenzhen ZNP JinChuKou MaoYi Ltd。

填好后，点“Submit”提交完成绑定。

成功添加美国银行收款账户后，可能需要填写税务信息，个人卖家没有美国税号，可填 W-8BEN 表账户持有人姓名/开户公司名称，可填 Payoneer 后台显示的个人姓名或企业名，用拼音或英文填写。

若以公司身份在亚马逊开店，可绑定 Payoneer 企业账户，或者法人/股东的 Payoneer 个人账户。

三、亚马逊欧洲站设置 Payoneer 欧元账户收款

亚马逊德国站(Amazon.de)、亚马逊西班牙站(Amazon.es)、亚马逊法国(Amazon.

fr)、亚马逊意大利(Amazon.it)、都可以参考以下方法进行设置:首先登录 Payoneer 后台—接收—EU Payment Service,在页面左下角找到欧元收款账户信息,包括 BIC 银行识别码、IBAN 国际银行账号、银行国家等信息。如图 6-6 所示。如果你有 P 卡,也需要从 Amazon 欧洲站收款,但却没有欧元账户,可向 Payoneer 中文客服申请。

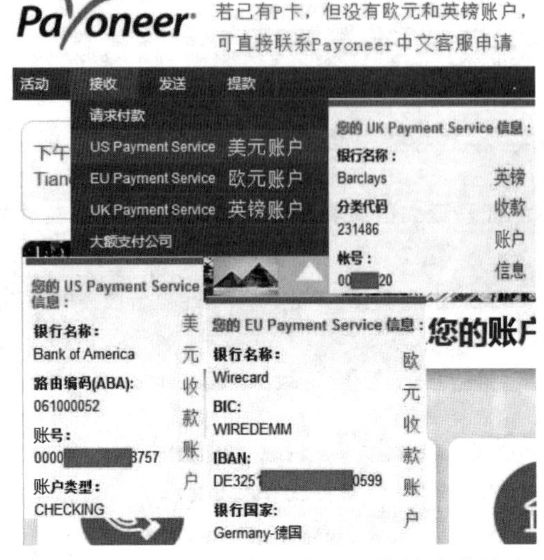

图 6-6 Payoneer 后台查询欧美收款账户信息

然后登录亚马逊欧洲站卖家平台(Amazon Seller Central),点右上角的"Settings"(设置)下的"Account Info"(账户信息),在弹出的页面里找到"Bank Account Information"(银行账户信息)选项,然后点击右侧的"Add/Edit"按钮即可添加或修改收款方式(如图 6-7 所示),绑定 Payoneer 的欧洲银行收款账号(欧元账户),如图 6-8 所示。

图 6-7 点击"Add/Edit"按钮添加或修改收款方式

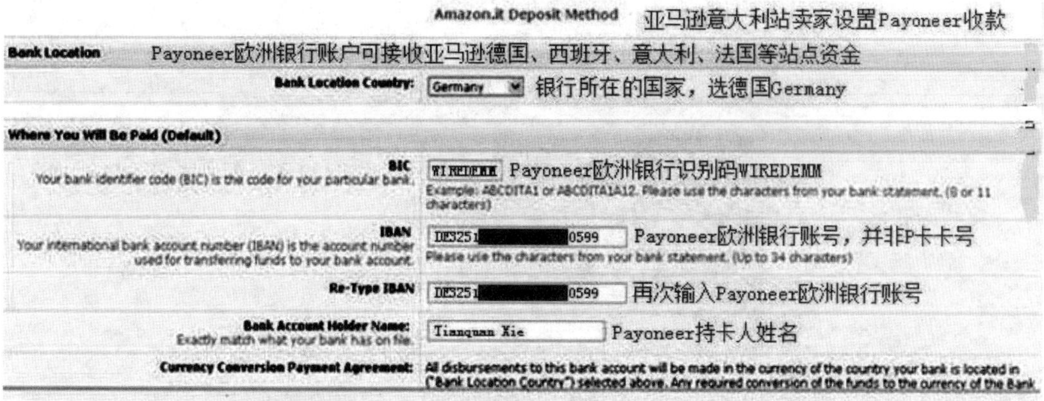

图 6-8　亚马逊欧洲站卖家绑定 Payoneer 欧元账户收款

亚马逊欧洲站的欧元可直接免费入账到 Payoneer 欧洲银行账户(没有 1%的入账费),建议用欧元账户来收款亚马逊欧洲站点,银行所在国家(Bank Location Country)都选德国(Germany)。

BIC,填 Payoneer 欧洲银行识别码 WIREDEMM。

IBAN,填 Payoneer 欧洲银行账号,并非 P 卡卡号。

Bank Account Holder Name,填 Payoneer 账户持有人姓名。

Payoneer 个人账户举例:Tianquan Xie。

Payoneer 企业账户举例:Shenzhen ZNP JinChuKou MaoYi Ltd。

亚马逊欧洲站点比较严格,账户持有人姓名/开户公司名称,最好以 Payoneer 后台显示的为准,若以公司身份在亚马逊开店,可绑定 Payoneer 企业账户,或者法人/股东的 Payoneer 个人账户,填好后,点“Submit”提交完成绑定。亚马逊欧洲站的欧元可直接免费入账到 Payoneer 欧元账户。

四、亚马逊英国站设置 Payoneer 英镑账户收款

亚马逊英国站可以用英镑账户来收款。要在亚马逊英国站绑定 Payoneer 英镑账户,首先要登录 Payoneer 后台－接收－UK Payment Service,在页面左下角找到英镑收款账户信息,包括分类代码、账号等信息,如图 6-9 所示。如果你有 P 卡,也需要从亚马逊英国站收款,但却没有英镑账户,可向 Payoneer 中文客服申请。

图 6-9　Payoneer 后台查询欧美收款账户信息

然后登录亚马逊欧洲站卖家平台（Amazon Seller Central），点击右上角的“Settings”（设置）下的“Account Info”（账户信息），在弹出的页面里找到“Bank Account Information”（银行账户信息）选项，然后点击亚马逊英国站（Amazon.co.uk）右侧的“Add/Edit”按钮即可添加或修改收款方式，绑定 Payoneer 的英国银行收款账号，如图 6-10 所示。

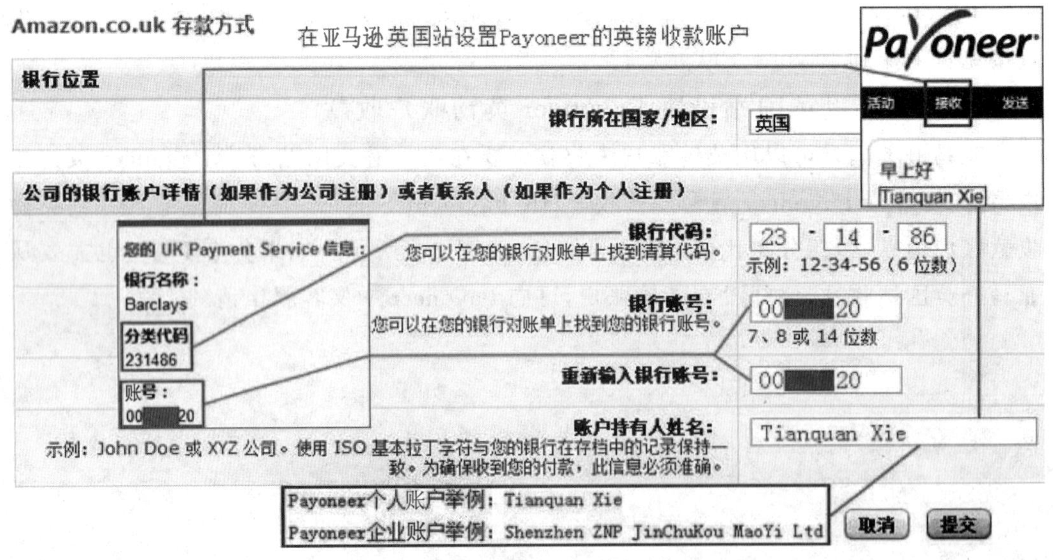

图 6-10　在亚马逊英国站设置 Payoneer 的英镑收款账户

亚马逊英国站也比较严格，账户持有人姓名，可填写 Payoneer 后台显示的个人姓名或企业名，用拼音或英文填写。

若以公司身份在亚马逊开店，可绑定 Payoneer 企业账户，或者法人/股东的 Payoneer 个人账户。

五、亚马逊日本站、加拿大站和墨西哥站设置 Payoneer 欧元、英镑或美元账户收款

目前 Payoneer 暂未推出日元、加元和墨西哥账户，所以亚马逊日本站、加拿大站和墨西哥站暂时可以任意绑定 Payoneer 欧元、英镑或美元账户来收款，请参考上述方法进行设置。

亚马逊日本站的日元会被亚马逊自动转化为 Payoneer 支持的币种（欧元、英镑或美元），假设用欧元账户来收款，亚马逊日本站会自动把日元转换为欧元后再打入 Payoneer 欧元账户。亚马逊加拿大站的加元也能用 Payoneer 来收款，只要在后台存款方式（Deposit Methods）里，银行所在国家（Bank Location Country）选择"Germany"，再填写 Payoneer 欧洲银行账户信息即可，亚马逊加拿大站会自动把加币转换为欧元后再打入 Payoneer 欧元账户。亚马逊墨西哥站的比索也能用 Payoneer 来收款，凡是需要货币转换的亚马逊站点（比如日本站、加拿大站和墨西哥站），都建议用 Payoneer 欧元或英镑账户来收款（可免费入账），如图 6-11 所示。需要注意的是，用 Payoneer 收亚马逊的日元、加拿大元、比索时，亚马逊会收取币种转换费（大概是 3% 左右的汇损）。

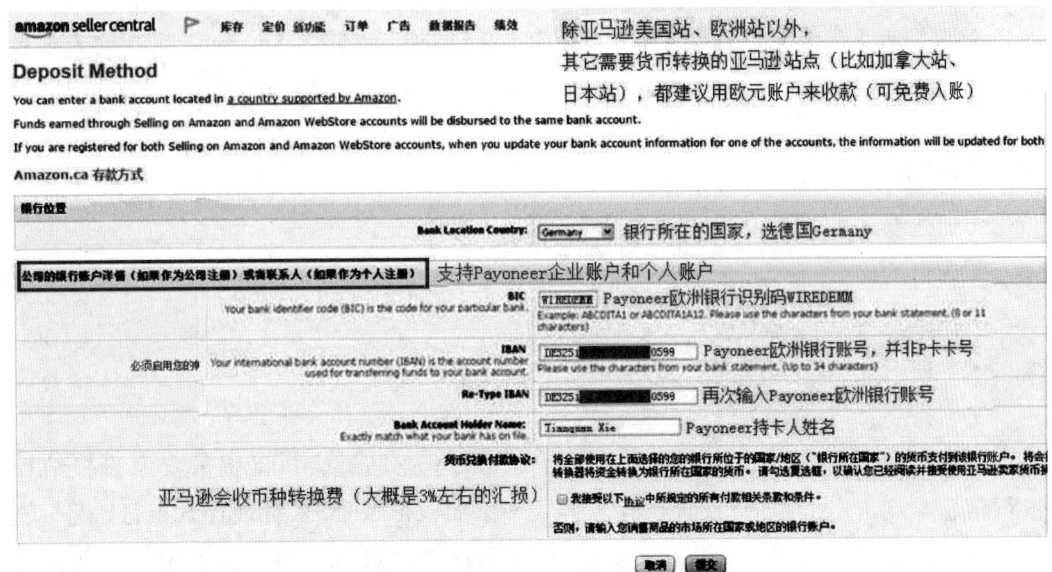

图 6-11　亚马逊日本站、加拿大站和墨西哥站设置 Payoneer 收款

六、打款

亚马逊每隔 14 天将定期自动发放销售货款到 Payoneer 美国/欧洲/英国银行账户（亚马逊以注册之日起 14 天为一个周期给收款账号打款，每个卖家的注册时间不一样，打款的日期也不一样），资金抵达 Payoneer 后，Payoneer 将在 3～4 个工作日内为

你审核，入账到 Payoneer 卡(首次接收亚马逊资金需要提交资金来源证明，主要是问卷＋身份证照片)，到账后会有邮件通知，到时你可以随时支取 Payoneer 卡中的资金(推荐直接转账到国内银行，支持人民币入账)。此外，Payoneer 无卡账户也能从亚马逊卖家平台收款，设置方法和 P 卡是一样的。

需要特别注意的是：

亚马逊不同国家的站点是相互独立运营的，所以可以绑定同一个 Payoneer 收款银行账号，比如多个欧洲站就是用同一个欧元账户来收款的，不用担心关联问题；但如果同一个站点(比如亚马逊美国站)里的多个店铺使用同一个 Payoneer 美元账户来收款，是很危险的，很容易导致两个亚马逊店铺关联封店。如果有多账户收款的需要，可以联系 Payoneer 中文客服，申请额外的美国和欧洲银行账户信息，分别绑定不同的店铺(有点类似子账户)。此外，每个企业可以申请一个 Payoneer 企业账户。

不能用 Payoneer 卡来注册亚马逊——在亚马逊开店需要信用卡和美国银行账户。P 卡不是信用卡，无法透支，而注册亚马逊账户时会扣取小额验证资金(1 美元)和月租(39.99 美元)，若此时 Payoneer 账户里没钱，就无法用来注册亚马逊账户。P 卡里有钱的话虽然可以注册成功，但亚马逊明文规定开店注册需要绑定的是信用卡，Payoneer 卡并非信用卡，就算前期验证成功，后期也会存在一定的风险。建议用双币信用卡(中国境内任意银行签发的双币 Visa 或 MasterCard 信用卡，且已开通外币支付和网上支付功能)来注册，后续用 Payoneer 的欧美银行账户来收款。

注：亚马逊设置 Payoneer 账户收款参考 Payoneer 交流的博客：Amazon 亚马逊卖家设置 Payoneer 卡收款教程，新浪博客，http://blog.sina.com.cn/s/blog_e30359860102wamu.html.

任务实施

实训任务 6-2：在亚马逊平台设置 Payoneer 账户

实训目的：

- 熟悉亚马逊跨境平台；
- 掌握 Payoneer 结算账户的申请、注册及操作。

实训指导：

(1)首次登录卖家账户后，在卖家平台的页面里亚马逊会自动提醒卖家设置结算银行信息。点击右上角的“设置—存款方式—添加银行账号”来管理存款银行账号。

(2)以北美开店为例。选择 amazon.com 添加存款账号。如果选择银行所在国为中国，亚马逊会自动弹出合作 Payoneer 的申请链接。点击注册 Payoneer，填写好相关信息后，等待 Payoneer 的审核。

(3)Payoneer 审核通过后，会为你的注册邮箱发来一封确认的邮件，并提供卡号等信息。

(4)重新选择银行账户所在地为“美国”，把 Payoneer 邮件提供的银行信息填写在亚马逊页面，完成收款账户的绑定。

任务评价

任务编号	任务 6-2	任务名称	Payoneer 账户设置
任务完成方式	个人完成、小组协作完成		
任务评价内容			分值
掌握查看 Payoneer 账户的方法			20
掌握在亚马逊设置 Payoneer 账户的操作步骤			50
了解 Payoneer 的收费标准			30
成绩评定			
自我评价　20%	小组评价　20%		教师评价　60%

任务三　跨境电商结汇和退税

任务导入

小张认为对于跨境电商卖家来说，结汇和退税是跨境支付的收尾环节，也是企业资金回流变现的关键环节，应该熟悉各种结汇方式和退税方式，并且熟悉整个结汇和退税的流程及应准备的材料。作为跨境电商专员，小张认为他接下来的任务就是要了解并熟悉结汇和退税，在海外货款回笼后，熟练地为公司办理结汇和退税事宜。

任务分析

根据“任务导入”中的情境进行分析，结汇和退税需要理解两个问题：(1)结汇的方式、方法及流程等；(2)退税的方式及流程等。

知识学习

一、跨境电商结汇

(一)定义

结汇，是外汇结算(Exchange Settlement/Foreign Exchange Settlement)的简称，分为个人结汇与公司结汇两种情况，需到银行办理，也可以在网上银行办理，目前，我国国内多家银行都可以办理结汇业务。

(二)大额跨境电商贸易结汇方式

大额跨境电商贸易主要集中在 B2B 交易中。目前跨境电商 B2B 是跨境电商贸易的主要方式，2018 年跨境电商 B2B 总量占整个跨境电商贸易量的 83.20%。跨境电商

B2B 业务是企业之间或商家之间的交易，不同国家或地区的企业借助跨境电商交易平台完成贸易操作。B2B 贸易可按常规方式报关，按常规方式结汇、退税。跨境电商 B2B 在支付环节，企业多采用传统的电汇、信用证方式完成支付，也可以利用电商平台提供的金融服务完成支付。企业在选择结汇方式时需要考虑结汇的安全性和后续的出口退税业务。

1.使用汇付、信用证业务结汇

传统贸易中企业经常使用银行的汇付或信用证支付。目前国内阿里巴巴平台也可以完成汇付业务操作。汇付和信用证符合国家外管局的监管条件，符合出口退税要求。其中汇付费用较低，但存在一定的风险；信用证信用较高，但不易操作且费用高。

企业如果使用跨境电商平台交易，电商平台可以利用历史交易数据判断企业的信用状况，有效降低了跨境支付的风险。一些电商平台（如阿里巴巴平台）可以提供信用证审核服务，同时也可以帮助企业索偿，有效降低了信用证的支付风险。例如，曾有印度某银行恶意拖欠中方企业信用证尾款 2 万美金，而跨境追偿的成本大大高于 2 万美金。由于该笔交易发生在阿里巴巴一达通平台上，所以阿里巴巴公司出面帮助企业追偿了被拖欠的尾款。大型跨境电商平台都非常重视支付环节的安全性，企业借助大型跨境电商平台的相关服务可以有效降低支付环节的风险。

2.使用电商平台的结汇通道或金融服务结汇

一些大型电商平台设有结算通道，可以帮助企业完成结汇业务。以阿里巴巴一达通平台为例，该平台在香港中行设有结算账户，国内出口企业可以通过该平台的香港账户完成收汇操作，再通过中国香港账户转账至国内账户，该平台可以提供出口退税服务。国内大型电商平台一般都符合国家外贸监管要求，所以能为国内企业提供更加便捷的服务。

阿里巴巴平台提供的一些金融服务可以帮助企业提前结汇，这些金融服务是建立在大数据的基础上，通过买方以往的交易数据来衡量每笔贷款的风险，有效降低了融资成本。这些服务包括：金融买断服务，出口企业向阿里巴巴平台提供信用证和相关单据，阿里巴巴平台即可买断单证提前支付货款；出口赊销融资，出口企业出口 3 日后阿里巴巴平台可先行支付 80%的货款，这种赊销服务即为买方提供贷款服务。

上述的金融服务并非所有的电商平台都能提供，国外的跨境电商平台大多不满足我国外汇和金融的监管条件而无法提供结汇服务。尤其是小额贸易需要通过第三方支付平台完成收汇。

（三）小额跨境电商贸易结汇方式

小额跨境电商支付主要集中在 B2C 交易中。B2C 是商家与消费者之间进行的交易，在跨境贸易 B2C 交易中，出口企业可通过电子商务平台直接向进口国消费者销售产品，货物通过国际快递交付给消费者。B2C 交易占跨境电商贸易的比重相对较小，但保持着高增速，发展迅猛。B2C 交易的特点是每笔交易额较小且分散化，而传统的汇付和信用证业务的银行费用较高，因此传统的汇付、信用证的支付方式不适用于

B2C 贸易结汇。目前企业可以通过第三方支付平台完成小额外汇结汇。在小额结汇方面目前常见的方式有以下几种：

1.集中报关结汇

集中报关结汇是将小额贸易集中起来操作，这种方式主要适用于国内一些大型 B2C 跨境电商平台。集中报关结汇可按常规方式报关结汇，也可正常退税。目前国内 B2C 平台中，阿里巴巴旗下的全球速卖通平台推出针对国内卖家的结汇业务。全球速卖通平台可将多个 B2C 订单合并后报关结汇，可以为卖家提供退税的服务。这种结汇方式目前局限于国内的电商平台。

2.利用第三方支付平台结汇

使用境外 B2C 电商平台交易结汇时一般需要使用第三方支付平台，支付平台可以汇总小额结汇业务进行集中办理，从而减少结算费用。限于各国政府的外汇监管要求，第三方支付平台支持的电商平台和结算货币都有限制，目前国外的一些大型跨境 B2C 平台（如亚马逊）都有第三方支付平台支持。我国出口企业使用较多的支付平台包括 World First、Payoneer、PingPong、PayPal 和 Skyee 等。有的支付平台支持国内提现，如 PingPong 和 Skyee 支持亚马逊平台收款国内提现；有的支付平台需要企业开立中国香港账户或美国账户，海外账户收款后再转回国内。

3.海外账户收汇

一些外贸企业在国外注册海外账户便于收款，国外大型电商平台都支持在中国香港、美国的海外账户收款。企业注册海外账户手续烦琐，费用较高。海外账户收款脱离了我国的外汇监管，造成了监管中断，所以外汇再转入国内时往往缺少相匹配的结汇业务操作而无法完成出口退税。此外，在出现贸易纠纷的情况下，企业的海外账户容易被国外法院冻结。

(四)跨境电商贸易结汇产品举例——易结汇

易结汇（首页如图 6-12 所示）是一个不限额度结汇、免手续费的正规结汇渠道，是非常阳光、合法的结汇项目，主要是针对有跨境电商背景的境外电商平台，比如 PayPal、eBay、亚马逊平台用户。实物贸易、服务贸易都可以结汇，只要能够提供真实的跨境交易明细即可。

图 6-12 易结汇首页

易结汇只要是个人就可以结汇。个人要走易结汇的项目，首先需要通过在重庆的中国银行两江支行办理一张普通的借记卡，然后绑定到自己的PayPal账户或者亚马逊美国账户进行提现，当提现美金到达银行后，银行会根据商户和重庆易极付公司签署的合作协议直接结汇，结汇后的人民币会打到商户在易极付平台上开设的账户里，通过自己的易极付账户提现，几分钟内人民币就可以到达商户的银行账户里。在商户结汇的过程中，需要提交商户在各个平台例如PayPal、亚马逊、eBay等平台的交易记录给易极付的工作人员，由易极付的工作人员将交易记录提交到重庆国际电子商务交易认证中心完成对商户真实交易的认证。

易结汇有如下优势：

(1)额度突破——真实交易背景，突破个人每年5万美金的结售汇额度限制。

(2)简化申报手续——无须海关报关、清关，中国银行核销。

(3)安全——账户资金受中国人民银行和外管局双重监管，多重加密保驾护航。

(4)合法——开展收结汇业务获得政府授权，每一笔操作受中国人民银行监管。

(5)实惠——实时汇率，结汇无任何费用。

(6)快捷——T+1到账，到账即为人民币。

(7)多币种——你可以选择包括人民币、美元、欧元、港元在内的多种货币结算方式，全面满足你的业务需求。

二、出口跨境电商退税

(一)定义

退税是指因某种原因或特殊情况，税务机关将已征税款按规定的程序和手续退还给原纳税人的一项税收业务。主要包括：(1)误收退税。由于计征工作差错而发生的多征需要办理的退税。(2)政策性退税。因税收政策变动所涉及原已征税款需要办理的退税。(3)其他退税。由于其他某些特殊原因需要办理的退税。办理退税的基本程序和规定为：纳税人向税务机关提出退税申请，税务机关审批后，根据不同情况予以办理。

出口跨境电商退税是指对出口跨境电商货物退还其在国内生产和流通环节实际缴纳的增值税、消费税。出口货物退税制度，是一个国家税收的重要组成部分。出口退税主要是通过退还出口货物的国内已纳税款来平衡国内产品的税收负担，使本国产品以不含税成本进入国际市场，与国外产品在同等条件下进行竞争，从而增强竞争能力，扩大出口的创汇。

(二)退税的形式

目前，国内出口货物退税的形式主要有三种：

(1)出口免税并退税，指货物在出口销售环节不征增值税，对货物在出口前实际承担的税收负担，按规定的退税率计算后予以退税。

(2)出口免税不退税，指货物在出口销售环节不征增值税，而且因为这类货物在前一道生产、销售环节或进口环节是免税的，因此出口时该货物的价格中是不含税的，也无须退税。

(3)出口不免税也不退税,出口不免税是指国家限制出口的某些货物在出口环节视同内销,照常征税;出口不退税是指对这些货物不退还出口前实际负担的税款。适用这个政策的主要是税法列举限制出口的货物。

(三)退税条件

通常情况下,出口退税货物应具备以下条件:

(1)必须属于增值税、消费税征税范围的货物;

(2)必须是报关离境的货物;

(3)必须是在财务上做销售处理的货物;

(4)必须是出口收汇并已核销的货物。

如果电子商务出口企业出口货物,不符合上述退(免)税条件的,但同时符合下列三种条件,可享受增值税、消费税免税政策:

(1)电子商务出口企业已办理税务登记;

(2)出口货物取得海关签发的出口货物报关单;

(3)购进出口货物取得合法有效的进货凭证。如出口企业只有税务登记证,但未取得增值税一般纳税人资格或未办理出口退(免)税资格认定,以及出口货物报关单并非出口退税专用联次,购进货物出口时未取得合法凭证等,应当享受免税政策。

随着跨境电商物流的发展,很多跨境B2C的卖家开始使用海外仓储的服务。头程使用海/空运派送,都是以一般贸易清关的,这种方式在符合出口退税条件下是可以退免税的。那么,跨境电商卖家具体哪些情形可以出口退税呢?国家对通过一般贸易交易方式出口的货物可以按规定办理退(免)税,目前跨境电商卖家适用的情形包括:

(1)海外仓头程(海运/空运/快递)发货;

(2)FBA头程(海运/空运/快递)发货;

(3)国际快递发货。

(四)退税流程

出口退税流程可概括为:出口退税备案→申报→审核→税款退付、退税清算(图6-13为生产型出口企业办理出口退税业务流程图)。具体如下:

(1)有关证件的送验及登记表的领取。企业在取得有关部门批准其经营出口产品业务的文件和工商行政管理部门核发的工商登记证明后,应于30日内办理出口企业退税登记。

(2)退税登记的申报和受理。企业领取"出口企业退税登记表"后,即按登记表及有关要求填写,加盖企业公章和有关人员印章后,连同出口产品经营权批准文件、工商登记证明等证明资料一起报送税务机关,税务机关经审核无误后,即受理登记。

(3)填发出口退税登记证。税务机关接到企业的正式申请,经审核无误并按规定的程序批准后,核发给企业"出口退税登记"。

(4)出口退税登记的变更或注销。当企业经营状况发生变化或某些退税政策发生变动时，应根据实际需要变更或注销退税登记。

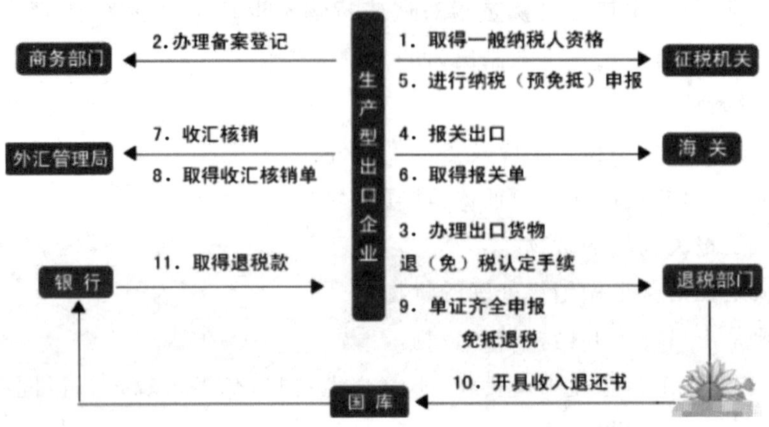

图 6-13　生产型出口企业办理出口退税业务流程图

出口退税附送材料如下：

(1)报关单。报关单是货物进口或出口时进出口企业向海关办理申报手续，以便海关凭此查验和验放而填具的单据。

(2)出口销售发票。这是出口企业根据与出口购货方签订的销售合同填开的单证，是外商购货的主要凭证，也是出口企业财会部门凭此记账做出口产品销售收入的依据。

(3)进货发票。提供进货发票主要是为了确定出口产品的供货单位、产品名称、计量单位、数量，是否是生产企业的销售价格，以便划分和计算确定其进货费用等。

(4)结汇水单或收汇通知书。

(5)属于生产企业直接出口或委托出口自制产品，凡以到岸价 CIF 结算的，还应附送出口货物运单和出口保险单。

(6)有进料加工复出口产品业务的企业，还应向税务机关报送进口料、件的合同编号、日期、名称、数量、复出口产品名称、进料成本金额和实纳各种税金额等。

(7)产品征税证明。

(8)出口收汇已核销证明。

(9)与出口退税有关的其他材料。

通常情况下，外贸电商从业者基本是小型公司，退税方面面临退税流程复杂、监管机构审核严格等使企业退税办理周期长、时间成本高。

为进一步发挥外贸综合服务企业提供出口服务的优势，支持中小企业更加有效地开拓国际市场，2014 年国家税务总局发布《关于外贸综合服务企业出口货物退（免）税有关问题的公告》，允许符合一定条件的第三方外贸综合服务企业代理出口货物退（免）税实务。新规出台后，跨境电商企业可以将退税业务外包专业服务平台，以提升退税操作的效率。

针对跨境电商零售出口的税收问题，2014 年财政部、国家税务总局发布实施了《关于跨境电子商务零售出口税收政策的通知》，对符合条件的跨境电子商务零售出口企业执行增值税、消费税退免税政策。随着各口岸退税通道陆续贯通，针对跨境电商网上"私人定制"的出口货物，卖家能真正实现退免税。

由于多品种、小批量、多频次的特点，国内跨境电商企业一般选择通过行邮物品(行李和邮递物品)渠道将产品寄到境外，但无出口报关单，使得出口产品不能享受退税优惠。2014 年以来，上海、深圳、青岛、东莞、重庆等口岸陆续贯通针对跨境贸易及电商的出口退税，更有先行者推出代理退税服务。

任务实施

实训任务 6-3：结汇和退税

实训目的：

• 了解结汇和退税的定义和概念；

• 掌握结汇的方式和流程；

• 掌握退税的方式和流程。

实训指导：

(1)明确哪些外汇收入必须结汇。

(2)选择结汇的方式方法，准备装箱单、发票、提单、出口产地证明、出口结汇等单据，在规定期限内，提交相关银行办理。

(3)明确符合退税条件的商品。

(4)判断商品结税类型，计算税额，熟悉出口退税登记的一般程序，按程序上报材料进行退税。

任务评价

<table>
<tr><td>任务编号</td><td>任务 6-3</td><td>任务名称</td><td colspan="2">结汇和退税</td></tr>
<tr><td>任务完成方式</td><td colspan="4">个人完成、小组协作完成</td></tr>
<tr><td colspan="3">任务评价内容</td><td colspan="2">分值</td></tr>
<tr><td colspan="3">是否能确定必须结汇的外汇收入</td><td colspan="2">25</td></tr>
<tr><td colspan="3">是否熟悉结汇的方式方法及流程</td><td colspan="2">25</td></tr>
<tr><td colspan="3">是否能判断符合退税条件的商品</td><td colspan="2">25</td></tr>
<tr><td colspan="3">是否会计算税额，是否熟悉出口退税登记的一般程序</td><td colspan="2">25</td></tr>
<tr><td colspan="5">成绩评定</td></tr>
<tr><td colspan="2">自我评价　20%</td><td colspan="2">小组评价　20%</td><td>教师评价　60%</td></tr>
</table>

学习巩固

一、单项选择题

1.欧美最流行的支付方式是(　　)。

A.Moneybookers　　B.Payoneer

C.CashPay　　D.信用卡

2.以下属于线下支付方式的是(　　)。

A.Moneybookers　　B.Payoneer

C.CashPay　　D.电汇

3.亚马逊每隔(　　)天将定期自动发放销售货款到 Payoneer 美国/欧洲/英国银行账户。

A.5　　B.7　　C.14　　D.20

4.结汇,是外汇结算的简称,分为个人结汇与(　　)两种情况,须到银行办理,也可以在网上银行办理。目前,我国国内多家银行都可以办理。

A.公司结汇　　B.强制结汇　　C.限额结汇　　D.意愿结汇

5.如果一家没有外贸经营权的企业通过一家外贸出口代理与美国客商签订合同,结算货币应该是(　　)。

A.企业与代理用人民币结算,代理与外商用美元结算

B.企业与代理用美元结算,代理与外商也用美元结算

C.企业与代理用美元结算,代理与外商用人民币结算

6.在所有结汇单据中,最重要的一个单据是(　　)。

A.装箱单　　B.提单　　C.保险单　　D.商业发票

7.以下不属于汇付的是(　　)。

A.信汇　　B.电汇　　C.票汇　　D.西联汇款

8.以下不属于出口退税的是(　　)。

A.出口退税　　B.政策性退税

C.再投资退税　　D.跨境购物退税

二、简答题

1.常用的跨境电商支付方式有哪些?

2.比较 PayPal、信用卡、Payoneer 三种方式的优缺点。

3.跨境支付产业链中都有哪些交易主体?他们之间是如何构成联系的?

4.简述出口退税的流程。

5.结汇方法有哪几种?

三、案例分析题

用了多年的 PayPal 遭到账户冻结

自 2009 年开始,卖家李先生就自己做 SOHO 跨境电商,也就是个人利用各种跨境平台做跨境销售,用快递空运的方式进行交易,然后发货到国外。其主要做的是“扭

扭车”产品，是一种两个轮子的新型滑板车。在美国非常流行，属于爆款。每月成交量最大的时候达到 600 单。每次发货之前，都是在平台上交易成功，从 PayPal 收到货款。

PayPal 决定自 2014 年 9 月 7 日起，在个人的 PayPal 账户内设置 2 种准备金。当买家确认信已经发出，其中的 1000 美元将作为买家账户的固定保证金。另外，账户中收到的每笔付款的 10%都将划入滚动准备金内，并在 60 天的滚动期内被冻结。准备金是在账户已收到款的净额基础上设置的。例如：第一天结束时，账户收到的每笔付款的 10%将被保留，该资金将于第 61 天转入 PayPal 账户的可用余额内。第二天结束时，账户收到的每笔付款的 10%同样会被划入准备金内，而资金会于第 62 天解冻，以此类推。

按照 PayPal 的方式一直保证资金流动，李先生的交易没有出现过问题。然而，最近却出现了问题，李先生的账户准备金全部被冻结，包括准备金的贷款也被冻结，并被告知 180 天后才会处理，有任何疑问和 PayPal 邮件联系。没过几天李先生就收到了来自美国的一个律师行的律师信。信中李先生被告知做的产品侵权，如果没有任何保证证明产品是原创，就是侵犯了知识产权。在咨询律师后，被告知如果不应诉，180 天后账户中被冻结的资金会被全部清零，这是对侵权产品的处罚罚金。李先生该账户内有 5 万美金，这几乎是他这几年赚的所有利润，如果败诉，这几年就白干了。

按照这个结果，由于涉及知识产权的问题，只有拥有充分证据证明没有侵权，才可以根本解决此类问题与风险。

（案例来源：韩琳琳，张剑.《跨境电子商务实务》，上海交通大学出版社，2017 年 7 月）

思考：(1)如何减少 PayPal 账户被冻结或者被清零的风险？

(2)卖家做跨境电商时，为了防止账户被冻结，在选品时应该注意什么问题？

参考资料

1.韩琳琳，张剑.《跨境电子商务实务》，上海交通大学出版社，2017 年 7 月.

2.邓志超，崔慧勇，莫川川.《跨境电商基础与实务》，人民邮电出版社，2017 年 6 月.

3.刘瑶.《亚马逊跨境电商平台实务》，对外经济贸易大学出版社，2017 年 7 月.

4.海猫跨境编委会.《amazon 大卖家》，华中科技大学出版社，2017 年 8 月.

5.关于跨境电商结汇方式的研究，电子商务研究中心，http://b2b.toocle.com/detail——6421500.html，2017-10-31.

◆ 学习情境七◆ 客户服务与维护

学习情境导入

如何做好客户服务与维护

在产品日渐同化，商业竞争日趋激烈的背景下，如果卖家之间单靠拼价格，只会导致两败俱伤。小张认为店铺的运营，除了应具备具有竞争力的价格外，高质量的客户服务也非常重要。在客户服务与维护工作中，除了要处理好售前的相关工作之外，还要处理好与评价有关的好评、中评、差评工作，与售后有关的退换货、纠纷等工作，以维护客户关系，不断提高客户满意度。

学习情境分析

做好客户关系维护能够帮助店铺吸引更多的回头客，降低营销成本，提升客单利润率，帮助店铺可持续运营。但是，在交易过程中，难免会产生差评与纠纷，此时就需要卖家想办法解决纠纷，减少损失。因此熟练掌握客服沟通技巧、恰当处理负面评价与纠纷是卖家的必修课。在认真分析之后，小张认为以下几部分是客户服务与维护的主要工作：

(1)客户服务；

(2)信用评价；

(3)纠纷处理。

学习情境目标

岗位细分	工作任务	技能转化	知识转化
		技能目标	知识目标
跨境电商客服岗	任务一 客户服务	能够运用跨境客服沟通技巧，与客户进行有效的沟通	1.了解跨境电商客服的主要内容； 2.掌握跨境电商客服的沟通技巧； 3.熟悉客服回复的常用模板

续表

岗位细分	工作任务	技能转化	知识转化
		技能目标	知识目标
跨境电商客服岗	任务二 信用评价——以亚马逊为例	1.能够使用信函提醒、说服客户进行订单评价； 2.能够合理处理买家给出的评分； 3.能够合理规划以获得更高评分和更好的排名	1.了解亚马逊信用评价的规则； 2.熟悉亚马逊信用评价体系； 3.掌握处理差评的方法
	任务三 纠纷处理——以亚马逊为例	1.能够冷静应对客户提起的跨境电商客服岗纠纷； 2.能够在保护店铺利益的前提下妥善处理客户提出的纠纷； 3.能够在纠纷处理中与客户熟练地进行沟通	1.熟悉跨境电商常见纠纷及解决策略； 2.掌握纠纷处理过程中的沟通技巧

任务一　客户服务

任务导入

客服，作为店铺与买家直接交流接触的唯一窗口，是店铺和客户之间沟通的桥梁。用户对店铺的好坏评价部分来源于客服，客服是第一线能获取客户对店铺产品使用情况反馈的渠道。客服旨在解决用户问题，展现企业形象，维护客户关系，提高客户满意度，客服的工作质量直接影响到店铺的成交以及客户的购物体验。作为跨境电商客服，小张认为他接下来的任务就是要熟悉跨境电商客服的主要内容，掌握跨境电商客服的沟通技巧和客服回复的常用模板。

任务分析

根据“任务导入”中的情境进行分析，做好客户服务需要理解三个问题：(1)跨境电商客服的主要内容；(2)跨境电商客服的沟通技巧；(3)客服回复的常用模板。

知识学习

一、跨境电商客服的主要内容

(一)售前客服

售前客服是指在订单成交前，客服为买家购物提供的相关指导，包括购物流程、产品介绍以及支付方式等。

售前客服四大主题：

(1)产品相关：产品的功能和兼容性、相关细节明细、包裹内件详情等问题咨询。

(2)交易相关：关于付款方式和付款时间等交易流程咨询。

(3)物流相关：运送地区和运送时间、能否提供快递、是否挂号等物流问题咨询。

(4)费用相关：合并邮费、批发购买、关税、是否能优惠等费用问题咨询。

(二)售后客服

售后客服是指在产品销售之后，客服为客人提供订单查询跟踪指导、包裹预期到货时间咨询以及产品售后服务对接等工作。

具体的售后客服工作，如表 7-1 所示。

表 7-1 售后客服工作

物品没有收到	物流因素导致延迟
	下单漏下
	仓库漏发
	货运丢失
	客人地址不对
	相关信息缺失，如联系电话
	海关清关导致延迟
	其他原因：海关、邮局罢工，安防严检，极端天气因素，当地邮局处理能力等
物品描述不符	货不对——贴错标签、入错库、配错货、发错地址、下错单
	货对，东西不符合——质检不到位，参数不对，材质不对，缺斤少两，有色差，尺寸有出入，货运损坏
	货对，东西也符合，但与客人预期不符——图片或者描述浮夸，客人吹毛求疵
其他主动售后联系	联系客人告知付款状态、订单确认和处理的相关信息
	分阶段联系客人提供包裹的物流状态信息
	不可抗力因素导致包裹延误、物流滞后等相关通知
	问题产品同类订单主动沟通联系
	新品、热卖产品推荐及店铺营销活动的邮件推送

二、跨境电商客服的沟通技巧

客服与客户的在线沟通是跨境电子商务交易过程中的重要步骤，一个有着专业知识和良好沟通技巧的客服，可以打消客户的很多顾虑，促成客户的在线购买行为，从而提高成交率。因此，跨境电子商务的沟通技巧就显得尤为重要。

(一)时刻遵守沟通国际礼仪

与面对面的沟通不同,在网络上客服的沟通礼仪更强调书面语言的礼仪规范性,对于跨境沟通来讲,掌握国际礼仪则显得尤为重要。

例如,在对客户的称呼问题上,客服发邮件或询盘时,称呼客服"Dear A",那么客服的回复也当对应为"Dear B",而不应用"Hi, B"。

再比如,在接到初次光临的咨询时,客服回答的第一句应是:"Thank you for your interest in our item."或者"Thank you for your inquiry."或者对方是之前光顾过的买家,再次光临时,客服的回应为:"Nice to see you again! Is there anything I can do for you?"

(二)清楚地向客户表达你的意见和建议

和客户交流时,要清楚地表达自己的想法和建议。比如,产品的价格只能低到这里,不能再变了,如果现在下单的话,可以赠送小礼品等。

买家:"Will the price be cheaper?"

客服:"Sorry, we don't have any discounts for this item. But if you make the order now, we can send you an additional gift to show our appreciation."

另外,碰到自己不了解的询问时,可以直言不讳地告诉客户:我会把这个问题记下来,弄清楚后再回答你。千万不要不懂装懂,也不要模棱两可地回答,更不要说些废话避开客户的问题。回答客户的问题时也要注意,不要做绝对回答,如:我们的质量绝对没问题,我们的服务绝对一流等,天下没有绝对的事情,不要把自己的语言绝对化。

(三)学会换位思考

站在客户的角度为客户着想,尽可能回答客户的问题,一定要让客户感觉到你是在为他着想,为他的利益着想。例如,当收到客户的询问时,要在第一时间回复,如果暂时不能回复,如暂时无法得到确切的消息,需要告知回复的时间。

(四)少问质疑性话题

业务过程中,你很担心国外客户听不懂你所说的一切,而不断地以担心对方不理解你的意思质疑对方,"你懂吗""你知道吗?""你明白我的意思吗?""这么简单的问题,你了解吗?",似乎一种长者或老师的口吻质疑这些让人反感的话题。众所周知,从销售心理学来讲,一直质疑国外客户的理解力,客户会产生不满感,这种方式往往让国外客户感觉得不到起码的尊重,逆反心理也会随之产生。

(五)沟通语言言简意赅

在网络沟通中,英文表达的简洁明了尤为重要,专业、明了的表达往往会达到事半功倍的效果,而含糊业余的表达则会减弱客户的信任。例如:

Hello, I have received your message. Yes you can make the payment now. You can pay by Credit Card. You can also pay by Visa or Master. You can also pay by Moneybookers. Western Union is also ok.

这段文字语言不够简练,带给客户不专业、不讲效率的感觉,不仅浪费客户的时间，而且削弱了文字的专业度。如果改成：

Thank you for the message. You can make the payments with Escrow (Visa, MasterCard, Moneybookers or Western Union).

这段话表达了同样的意思，但言简意赅，给客户一种专业的感觉。

(六)全面回答客户的提问

回答的全面并不是指滔滔不绝，而是要针对客户的问题，特别是关键问题时应全面地回答，不要有所遗漏。针对客户对产品、价格、性能等的提问，最好能一次性将客户的问题回答全面，这样既可以让客户感觉到你的专业，又可以避免因反复多次询问和回答导致浪费时间。

例如，在跨境电商中，物流一直是客户比较关心的问题，不同的国家货物的运送时间差别很大，如果没有与买家沟通好，很容易引起店铺纠纷。因此，将物流方面的信息详尽地告知买家非常重要：

买家："Can you use XX express?"

客服："Yes sure, But you need to pay for extra freight."

三、客服回复的常用模板

很多跨境电商平台都有一些常用的客服回复模板，下面以亚马逊平台为例，整理了一些回复模板，供卖家参考、使用。

(一)亚马逊客户购买多种产品确认产品订单邮件模板

Dear,

Thank you so much for your great support on us.

We have received your order of "把订单复制进去".

We will work on your order asap, we just want to confirm the amount of the compass, did you order 10 pcs?

If nothing is wrong, we will ship them asap.

Best regards

(二)亚马逊客户因购买的商品大小不合适导致退货的邮件模板

Dear,

Thank you so much for your great support on us.

So sorry for the inconvenience that the swimming suit did not fit you.

Will it be possible to give others as a gift? Or how about we make you a partial refund as a way to make up for this?

Just suggestion, if you insist on returning it back, we will go to the further step.

Waiting for your reply.

Best regards

(三)亚马逊卖家发错地址邮件模板

Dear,

Thank you so much for your great support on us.

What a big mistake we made!

Sorry, but will you still want the items? If yes, we will resend you immediately, if not, we will make you the full refund.

Waiting for your reply and hope your kind understanding.

Best regards

(四)亚马逊卖家发货到达时间邮件模板

Dear,

Thank you so much for your great support on us.

Usually it takes about 7～12 days for the item to reach you.

Any question, feel free to contact us and we will reach you at the soonest.

Best regards

(五)亚马逊卖家发货后要求买家写反馈的邮件模板

Dear,

Thank you very much for your order!

We have shipped the goods and it will arrive at your side soon. Hope you like it! And we are looking forward to your feedback.

Have a nice day!

Best regards

(六)亚马逊的商品被跟卖,发警告信的邮件模板

Hello,

We have noticed that you are not authorized to sell this card knife and you have listed this particular item (ASIN :B00GIC××××) which is sold exclusively by the brand authorized sellers. Please refer to our attachment.

Please send the confirmation to us after you remove the product as issued from your listing.

If you do not comply with these demands, we will have no notice but to claim with amazon.com seller performance department, which will seriously impact your Amazon selling privileges.

Please handle and reply us as soon as possible, otherwise we will complain to Amazon.

(七)客户询问货物的 tracking number 或者有没有发货,给客户的回信邮件模板

Dear Customer,

Thank you for contacting us regarding your inquiry.

Orders are shipped within two days after they are placed. Usually, we are able to ship orders the next day. Weekend orders are shipped on the following Monday. Please allow 3～9 business days after shipment for delivery. You will receive a shipping confirmation email from Amazon when the shipping information has been uploaded.

Your patience and understanding are greatly appreciated. If you have any other questions or concerns, feel free to contact us.

Best regards

(八)买家以不想要为由要求退货,卖家接受退款请求,给买家回信的邮件模板

Dear,

Thank you for contacting us regarding your inquiry.

Your return request has been approved. You will be receiving a return shipping label and RMA instructions via Amazon. Please be advised that the return shipping cost is the responsibility of the buyer. The initial shipping cost cannot be refunded and a 25% restocking fee may be applied if the merchandise is used or damaged visually.

Also, please make sure that the correct merchandise is being shipped us, 卖家名.

We are a seller by the name of 卖家名 on Amazon and we will only accept returns of our merchandise. If merchandise purchased from a different seller is shipped to us, we will need to ship the merchandise back to you and we will also ask you for the shipping cost incurred.

We appreciate your cooperation.

Best regards

(九)询问客户退货原因

Amazon has informed us that they have issued you a refund on (item).

I'm sorry that it didn't meet your needs.

If it was defective, for our quality control purposes, could you share with me what the defect was?

It will help us to improve the product and serve other buyers better.

Thanks!

注:"客服回复常用模板"参见14种常见亚马逊回信邮件模板,鹰熊涯网,http://www.ikjds.com/article/661.html.

任务实施

实训任务 7-1：亚马逊邮件咨询与创建邮件模板操作实训

实训目的：

- 掌握亚马逊客服邮件规范；
- 掌握买家咨询的操作步骤；
- 掌握创建邮件模板以及使用电子邮件模板的步骤。

实训指导：

1.售前客服咨询操作

(1)亚马逊没有专门的聊天咨询软件，当买家要对购买的商品进行咨询时，需要先找到卖家，如图 7-1 所示。

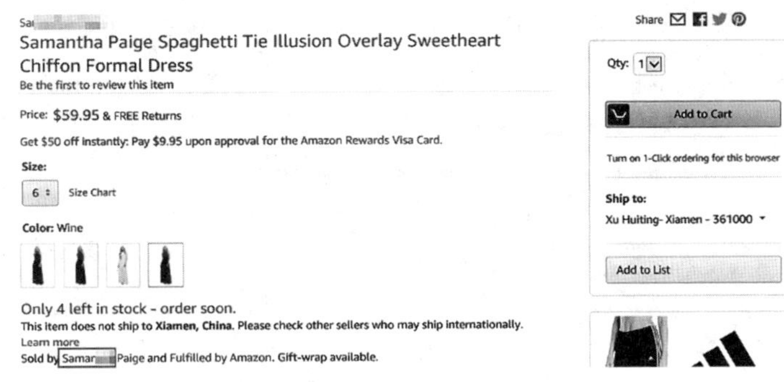

图 7-1　点击卖家链接

(2)点击卖家链接，打开页面，如图 7-2 所示。

Samantha Paige

Paige storefront

93% positive in the last 12 months (42 ratings)

Samantha Paige is committed to providing each customer with the highest standard of customer service.

Have a question for Samantha Paige?

Ask a question

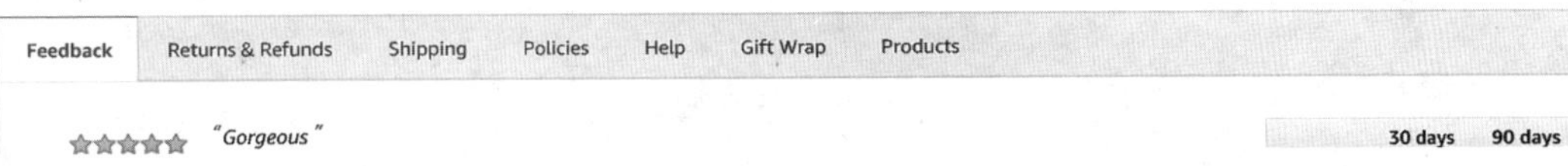

图 7-2　"Ask a question"页面

(3)点击"Ask a question"按钮，即可向卖家咨询想问的问题。进入如图 7-3 所示的页面，买家选择问题类型。

Contact Seller : Sama[illegible]

What can the seller help you with?

I need assistance with ○ An order I placed ◉ An item for sale

When writing your message, include the product name and/or the ASIN/ISBN.

Tell us more about your issue

Select a Subject [Shipping]

[Write message]

图 7-3 选择问题类型

(4)买家点击“Write message”按钮给卖家写信,写信页面如图 7-4 所示。最后点击“Send e-mail”按钮,卖家就会收到一封来自买家的邮件。

Contact Seller : Samantha Paige

Write Your Message (Please allow 2 business days for the seller to respond.)

From: Xu Huiting, xuhuitingsss@126.com

To: Sama[illegible]

Subject: Shipping

[Change Items or Subject]

For your security, please do not include links, email address, credit card numbers, or other personal information in your message. We may automatically remove this information from your message. (Learn more)

[Add attachment]

Please limit your text to less than 4000 characters.

4000 characters remaining

IMPORTANT NOTICE: When you submit this form, Amazon will replace your email address with one provided by Amazon in order to protect your identity, and forward the message on your behalf. Amazon will retain copies of all e-mails sent and received using this service, including the message you submit below, and may review these messages as necessary to resolve disputes. By using this service, you consent to this action.

Amazon uses filtering technology to protect buyers and sellers and to identify possible fraud. Messages that fail this filtering - even if they are not fraudulent - will not be transmitted. This form is for use by Amazon customers to ask product-related questions of sellers on our third-party platforms (Amazon Marketplace and Merchants). The use of this form to send unrelated messages to sellers is strictly prohibited. Find out more about Amazon's Privacy Notice and Conditions of Use.

[Send e-mail]

图 7-4 给卖家写信

2.创建邮件模板

(1)进入卖家账户后台,单击页面右上角的“Messages”超链接,如图 7-5 所示。

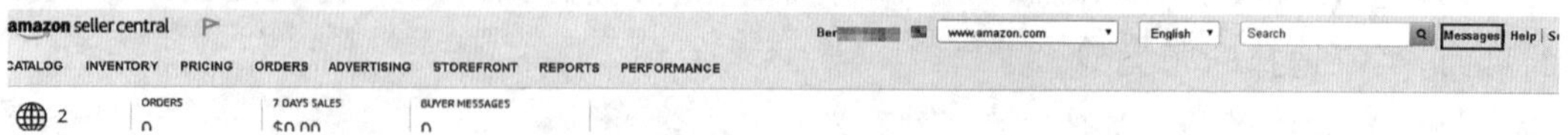

图 7-5 单击“Messages”超链接

(2)进入“Buyer-Seller Messages”页面,单击页面右侧的“Tools and resources”区域中的“Manage E-mail Templates”超链接,如图 7-6 所示。

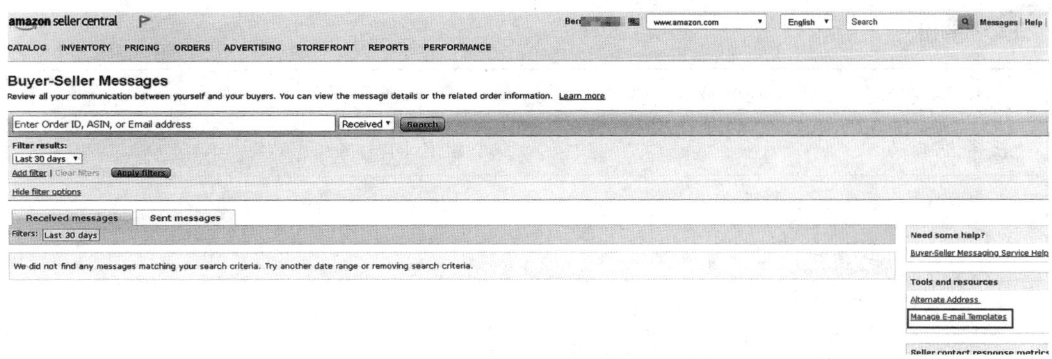

图 7-6　单击"Manage E-mail Templates"超链接

(3)进入"Manage E-mail Templates"页面,单击"Create Template"按钮,如图 7-7 所示。

图 7-7　单击"Create Template"按钮

(4)进入创建电子邮件模板页面,输入模板的名称与内容。为了以后使用时方便寻找,可以为模板设置一个标签,所有这些都设置完成后单击"Save"按钮,如图 7-8 所示。

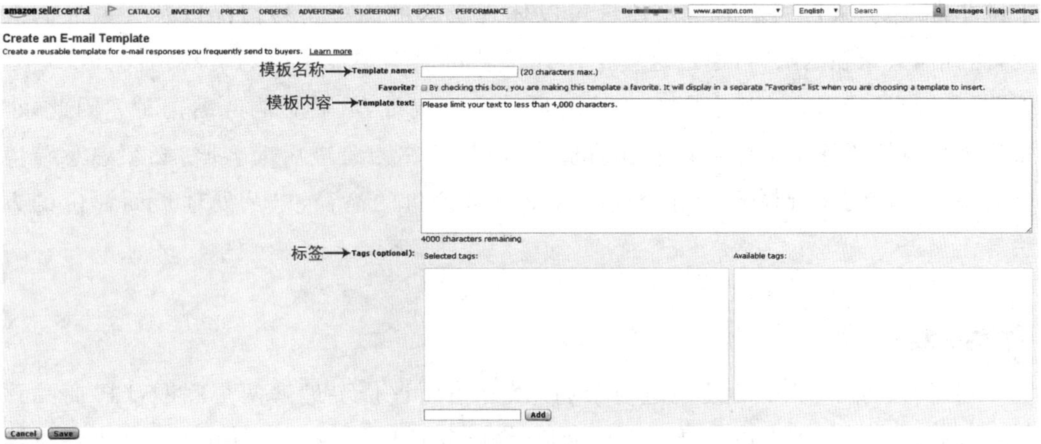

图 7-8　创建电子邮件模板

创建好电子邮件模板后,在回复买家邮件时就可以直接使用模板,使用电子邮件模板的步骤如下:

(1)在"Buyer-Seller Messages"页面中选中想要回复的买家邮件。

(2)选择"Insert E-mail Template"。

(3)选中自己想要使用的模板后单击"Reply"按钮发送。

任务评价

任务编号	任务7-1	任务名称	亚马逊邮件咨询与创建邮件模板
任务完成方式	小组协同完成		
任务评价内容		分值	
掌握亚马逊客服邮件规范		30	
掌握买家咨询的操作步骤		30	
掌握创建邮件模板以及使用电子邮件模板的步骤		40	
成绩评定			
小组评价　20%		教师评价　80%	

任务二　信用评价——以亚马逊为例

任务导入

在店铺的运营过程中,店铺会积累越来越多的信用评价。买家的积极评价对卖家来说非常重要,来自买家的信用评价可以体现卖家的历史交易情况以及买家的满意度,而其他买家在购买时,通过这些信用评价就可以客观地了解到交易情况并决定是否购买。好的信用评价还会影响产品的曝光度和流量,从而影响产品销量。因此,小张认为提高信用评价贯穿店铺运营的整个过程,而作为跨境店铺客服,必须熟悉跨境电商平台的信用评价体系、评价规则、获得更多评价的途径,以及处理负面评价的方法等。

任务分析

根据"任务导入"中的情境进行分析,做好信用评价要理解两个问题:(1)商品评价;(2)店铺评价。下面以亚马逊平台为例,介绍其评价体系。亚马逊的消费者评价体系由两大板块构成:一是商品评价(Product Review);二是订单评价(Customer Feedback)。

知识学习

一、商品评价(Review)

众所周知,亚马逊平台相较于其他平台,拥有"重产品、轻店铺"的特征。

对于一个顾客来说,在亚马逊购物的过程大体如下:如果顾客想购买A产品,在亚马逊首页搜索，在搜索结果中选择合适的产品，添加到购物车，如果不需要其他产品，直接付款，购买完成；在购买A产品的同时，如果顾客同时想购买B产品，顾客的选择往往是，回到首页搜索B产品，而不是去看销售A产品的卖家是否也正好有B产品。如此一来，顾客购买了两款商品，而并不了解和在意这两款商品具体的卖家。不同店铺销售的相同产品通常只有一个公用的商品详情页。这就直接导致搜索结果对销售量起着决定性作用。因为顾客几乎不进入店铺去查看，更因为亚马逊对卖家店铺做了后置处理，如果顾客想查看一个卖家的店铺，需要在不起眼的地方经过多个页面的切换才能找到。

(一)获得评论

客户评论是影响销售量的一个重要因素。一般消费者都愿意购买用户评论数量多、评论分数高的商品。例如，消费者在搜索栏搜索"dress"，得到的搜索结果除了商品价格、送货时间、卖家数量外，还可以看到商品的评论分数和评论个数。这些都是影响消费者点击搜索结果进一步寻找理想商品的因素。

如果卖家的商品评论数很少，可以主动联系买家获得商品评论，以帮助卖家获得有效的购买评价。

第一，在卖家后台点击"Order"→"Manage Order"→"Contact Buyer"→"Feedback Request"可以向买家发送邮件，征求买家的用户体验评价。

第二，可以在寄送产品的包裹里注明欢迎买家对商品进行评论，但不可以提供任何形式的金钱激励来要求买家评价。

第三，寄出与所售商品完全一样的免费商品给用户，以获得客观评价。卖家可以主动联系Top Reviewer，让其为卖家的产品提供评论。Top Reviewer是亚马逊上专门提供产品测评的买家，卖家可以在https://www.amazon.com/review/top-reviewers上找到这些买家的联系方式，询问对方是否愿意为产品进行使用和评论。

第四，除了在亚马逊平台上进行推广，新兴的社交媒体平台(如Facebook、Twitter、Instagram等)也是卖家偏好的刷好评的途径。与网络红人或时尚博主合作，定期提供免费用品或通过提供产品优惠券、推广返点等方式，带动粉丝经济。当然选择合作对象时需要根据推广的预算、粉丝数量级别、合作的价格或要求的产品数量进行选择。在合作过程中，同时要做好预防拿了产品不写好评的措施。

第五，评论服务网站。亚马逊官方是完全允许卖家为买家提供产品以换取评论的做法，而在美国本土有八家亚马逊产品评论服务网站，买家可以在这些网站上以超低价购买在亚马逊出售的产品，而买家所要做的就是在规定时间内留下真实可靠的评论，这八家网站分别是：

(1)UberZon Club(http://uberzon.club/)

(2)Snagshout(https://www.snagshout.com/)

(3)AMZ Review Trader(https://www.amzreviewtrader.com/)(AMZ，现改名为Vipon)

(4)i Love to Review(https://www.ilovetoreview.com/)

(5)Amazon Review Club(https://amzrc.com/)

(6)Elite Deal Club(https://elitedealclub.com/)

(7)Honest Few(https://honestfew.com/)

(8)Amazon Reviewer Network(http://www.amazonreviewernetwork.com/)

(二)评论规则

亚马逊平台的买家评论位于每款商品详情页的尾部。亚马逊平台会给出满分为5星的顾客评分平均值,会在商品详情页左下角较大篇幅地公布部分“顶级评论家”对商品的评论,也会在右下角稍小篇幅公布最近买家对这款商品的评论。

亚马逊平台对顶级客户一贯乐于助人、高水平的评价表示感谢,同时也会给出排名方式。为检测和考查评论是否真的有用,亚马逊平台采取让其他顾客投票的方式来确定。评论者的排名将在考虑评论数量的同时,由整体评论的参考性决定。亚马逊平台希望顶级评论者的排名机制可以给消费者带来更好的消费体验。因此具体排名参考因素如下:

(1)评论的参考性对排名有重要影响。

(2)越新的评论,排名越靠前。

(3)亚马逊确保投票公平公正。

(4)对于每年评论排名靠前的买家,将有机会被授予“评论名人堂”荣誉称号。

(三)Review 评论体系

Review 是亚马逊用户对产品 Listing 做出的评价,Review 只针对产品本身,与服务水平和发货时效等方面无关,任何亚马逊的用户(曾经在亚马逊平台上至少有过一次购买经历的用户)都可以对自己感兴趣的商品进行评价。评论的好坏,并不会直接反映到卖家店铺中,但会直接影响到该详情页的曝光和排名。这一点就有可能会引起恶性竞争,但亚马逊始终坚持产品第一的原则,卖家对产品的选择就显得至关重要。

(四)处理负面评论

即使你确信你的商品没有问题,在实际的交易过程中,也可能出现消费者对你的商品不太满意的情况。出现负面评论可能是页面描述误导了消费者,或是商品在使用体验方面不如消费者的预期。亚马逊平台有自检系统,会随机对产品评论做出检测,对于违规的评论,系统会自动删除。也就是说在恶性竞争时,卖家也是有机会维护自己的权利,对恶性评论做出维权的。为了客观和真实地反映详情页面的准确信息,买家可以在一定时期内做相互修改或删除处理评论内容。所以,对于卖家来说,一旦发现不好的评论,都要尽可能地想办法联系到留评者,做相互恰当的沟通,进行修改。

二、订单评价(Feedback)

(一)Feedback 评价体系

Feedback 是客户针对购买的订单做出的评价,其评价内容包含产品品质、服务水平、发货时效以及物品与描述的一致性等方面。Feedback 对卖家的影响更多地体现在卖家账号层面，Feedback 的好坏会直接影响着 ODR（订单缺陷率）指标的变化。Feedback 只会发生在有真实购买记录的情况下，同时，Feedback 在卖家的店铺首页和店铺评价详情中会被清晰罗列出来，如图 7-9 所示。

从图 7-9 中可以看出：Feedback 以等级呈现，亚马逊平台上卖家使用 5 星级来反馈等级。具体规则如下：

好评（Positive Feedback）：5 星或 4 星☆☆☆☆☆/☆☆☆☆；

中评（Neutral Feedback）：3 星☆☆☆；

差评（Negative Feedback）：2 星或 1 星☆☆/☆；

亚马逊平台计算卖家的反馈评分公式为：

反馈评分＝（好评总数/评价总数）×100％

图 7-9　Feedback 页面

反馈百分比采用四舍五入到最接近的整数，举例说明，假设表 7-2 是某卖家各层次的评级分数：

表 7-2　评价情况

评价星级	5 星	4 星	3 星	2 星	1 星
评价数量（个）	75	25	6	3	2

则好评总数（5 星和 4 星）为 75＋25＝100（个）；评价总数为 75＋25＋6＋3＋2＝111（个）。

所以反馈评分＝（好评总数/评价总数）×100％＝（100/111）×100％＝90.09％≈90％。

通常情况下，也就是在买卖双方没有干预的情况下，亚马逊平台不会主动改变 Feedback，但为了客观和真实地反映商品详情页面的准确信息，买家可以在一定时期内做出修改或删除处理 Feedback 的内容。此规则与 Review 有关规则类似。

（二）如何评分

买家在完成订单后 90 天内可以对该订单进行评价以及给出对于该订单的评级。对于订单的 Feedback，买家一旦提交，则 Feedback 的内容是不可以进行再编辑或更改，只能对该 Feedback 进行移除。如果买家对订单 Feedback 后，又想移除 Feedback 的，需要在留下 Feedback 的 60 天内进行，同时，需要注意的是，Feedback 移除后，买家对于该订单不能再提交新的 Feedback。

对于订单的 Feedback，亚马逊方面保留了移除 Feedback 的权利，如果买家的评论包含以下内容，经卖家申请亚马逊有权对其进行移除，如：

(1)评价的内容当中包括促销或推销等信息；

(2)评价的内容当中涉有淫秽或侮辱性的言语；

(3)评价的内容当中有卖家私人信息，如邮箱、电话号码、名称等；

(4)评价的全部内容只是针对产品本身，而对卖家的服务、物流水平等却没有提及的。

其实，很多买家在完成一笔订单后，并没有留下 Feedback 的习惯，这对卖家而言是一种损失，损失的可能是一次次获得好评的机会。那么如何引导卖家留下 Feedback？

(1)首先查看客户订单物流信息，确认客户是否已收到货。

(2)在确认客户收到货的情况下，通过亚马逊站内信主动给客户发邮件，并把邮件的 Subject 选择为"Feedback Request"，邮件中应说明卖家注意到他最近已经收到货，问他是否对产品以及服务满意，如果满意，可否给店铺留下评价，如果不满意，请及时联系卖家，卖家会帮助他解决遇到的各种问题。在邮件中不能向买家承诺退还部分货款或是给予其他优惠券，让买家给予好评，亚马逊如果发现了这种做法会给予警告，亚马逊不允许贿赂买家。

(三)评分处理

亚马逊平台"重商品"，导致 Review 对店铺影响有限，但 Feedback 对店铺评分有很大的影响。以好的商品、好的服务获得好的评价是卖家们共同的愿望，然而在实际操作中，不良评价是卖家必须要面对的问题之一。在此我们主要介绍一下不良评价(差评)的应对措施。

亚马逊平台给出了 3 种面对不良评价的推荐方式：

(1)记取教训，不理它。每个差评都是提升你营运状况的好机会。如果你登录并且检视你的个人资讯页，你可以看到买家的名字和对应的订单编号。在大部分的情况下，最好去检视一下哪一个商品被留差评，解决问题并且保留好的纪录。

(2)询问买家来移除卖家反馈：如果你要回应差评，最好的选择就是协助买家改善情况并请他们移除差评。你需联系买家以示关心，尽力解决他们的问题。如果你与买家建立好正向的关系，可以请买家移除卖家反馈。你可以在买家帮助中心看到如何移除第三方卖家的卖家反馈。当你联系买家时，你必须知道对买家施压是违反亚马逊规定的。

(3)回应卖家反馈。如果你不能让买家移除卖家反馈，你可以回应卖家反馈。你可以通过亚马逊的 Seller Account 点选"管理您的评级与卖家反馈"(Manage Your Ratings and Feedback)。当你找到你想要回应的卖家反馈，点击"回应卖家反馈"。如果你想要晚一点回复卖家反馈也行，但是若买家最终决定移除卖家反馈，你的回应就可以被自动移除。

任务实施

实训任务 7-2:亚马逊申请删除差评实训

卖家收到差评后,要积极主动地与买家联系沟通,了解买家留差评的原因,争取和买家达成一致协议。卖家可以给买家提供一些优惠,如退还部分费用,或者给他们赠品等,并向他们解释自己的难处,请求买家移除差评。

如果买家愿意删除差评,卖家要积极引导他们进行操作。如果责任在于买家,且沟通后买家还是不愿意删除差评,卖家可以向亚马逊申诉,让亚马逊帮助删除差评。

实训目的:

- 掌握请求买家移除差评的策略;
- 了解不符合亚马逊平台规定的差评;
- 掌握亚马逊删除差评的申诉步骤。

实训指导:

向亚马逊申请删除差评的具体操作方法如下:

(1)进入卖家后台主页,单击右上角的“Help”超链接,如图 7-10 所示。

图 7-10　单击“Help”超链接

(2)在弹出的对话框中单击“Get support”按钮,如图 7-11 所示。

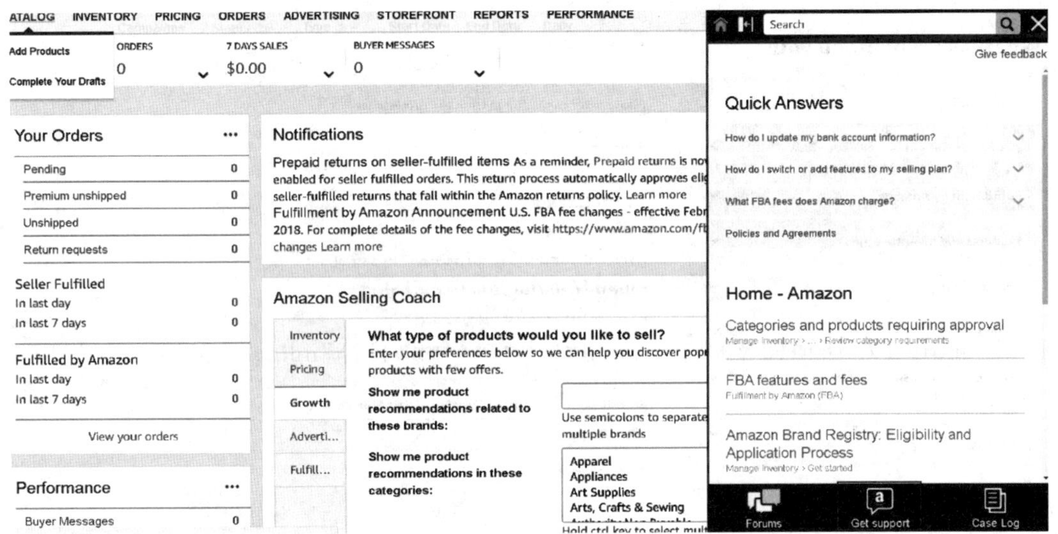

图 7-11　单击“Get support”按钮

(3)进入“Get support”页面,点击下方的“Contact us”,如图 7-12 所示。

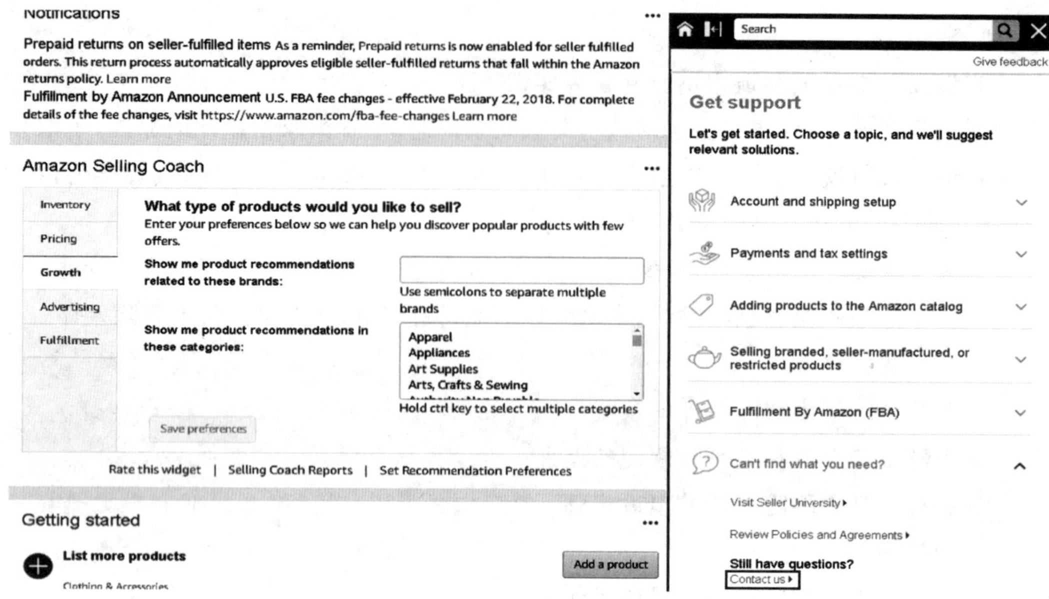

图 7-12 单击"Contact us"按钮

(4)进入"Contact us"页面,单击左侧列表中的"Customers and orders"选项,在右侧输入订单号,然后单击"Next"按钮,如图 7-13 所示。

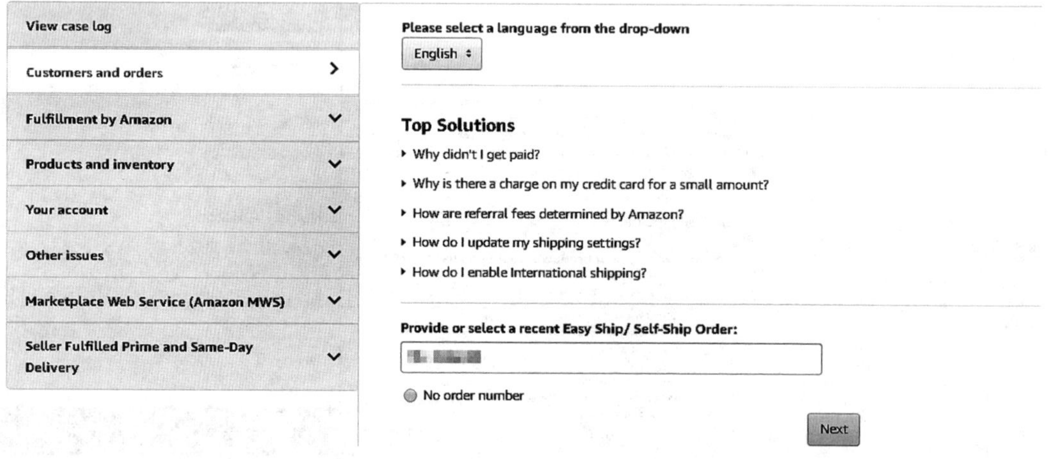

图 7-13 输入订单号

(5)卖家可以通过 3 种方式与亚马逊官方取得联系:E-mail、电话、聊天。如图7-14所示,选择 E-mail 联系,输入联系原因、问题与订单号等信息,并输入卖家的联系邮箱与电话,然后单击"Send"按钮,提交申请。

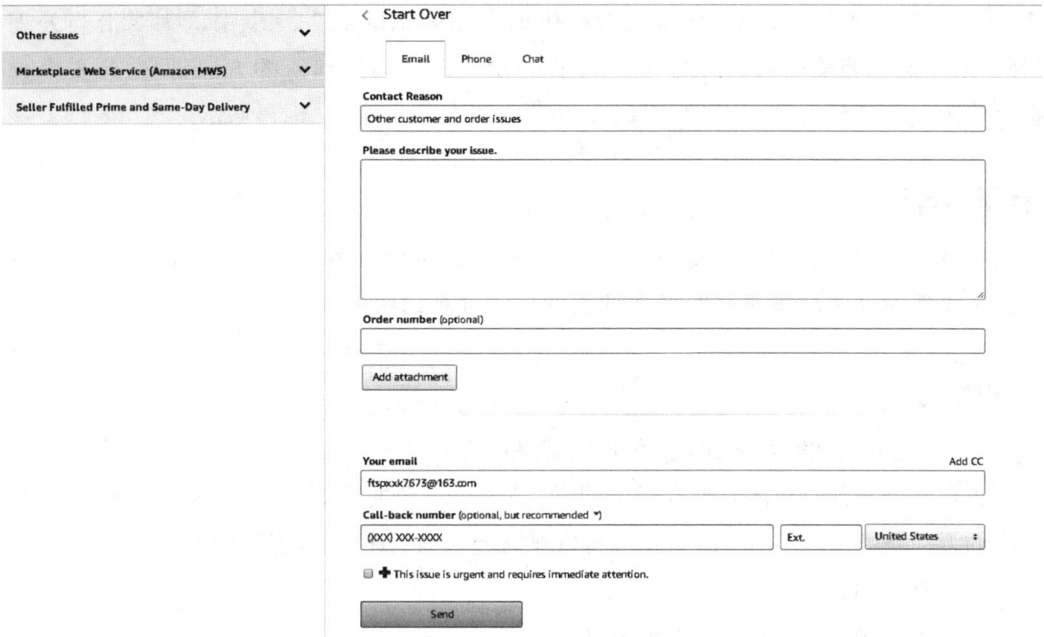

Other issues
Marketplace Web Service (Amazon MWS)
Seller Fulfilled Prime and Same-Day Delivery

Start Over
Email　Phone　Chat
Contact Reason
Other customer and order issues
Please describe your issue.
Order number (optional)
Add attachment
Your email　Add CC
ftspxxk7673@163.com
Call-back number (optional, but recommended *)
(XXX) XXX-XXXX　Ext.　United States
This issue is urgent and requires immediate attention.
Send

图 7-14　单击"Send"提交申请

任务评价

任务编号	任务 7-2	任务名称	移除差评
任务完成方式	个人完成、小组协作完成		
任务评价内容			分值
掌握请求买家移除差评的策略			30
了解不符合亚马逊平台规定的差评			30
掌握亚马逊删除差评的申述步骤			40
成绩评定			
自我评价　20%	小组评价　20%		教师评价　60%

任务三　纠纷处理——以亚马逊为例

任务导入

在店铺的经营过程中，小张经常遇到许多纠纷问题，如物流纠纷、质量纠纷、恶意纠纷等。这些纠纷令小张十分头痛，因为纠纷问题处理不当，不仅会影响客户的体验感，也会影响店铺的好评率，甚至会造成店铺大量客源的流失。小张认为要恰当处理纠纷，必须熟悉跨境店铺纠纷的类型，掌握正确处理亚马逊纠纷的方法，同时还要多分析经典跨境店铺纠纷处理案例，以提高纠纷处理水平。

任务分析

根据“任务导入”中的情境进行分析，关于店铺纠纷处理要理解两个问题：(1)跨境电商常见纠纷及解决策略；(2)经典的卖家成功处理纠纷的案例。

知识学习

一、跨境电商常见纠纷及解决策略

虽然各个平台的具体规则有所不同，但是各个平台的常见纠纷、纠纷处理流程以及相应的策略是可以相互借鉴的。本节将以亚马逊为例阐述常见纠纷及纠纷的处理方法。

(一)常见纠纷

纠纷类型很多，目前常见的纠纷主要有：

1.未收到货物

未收到货物的主要原因有：

(1)订单填写错误；

(2)收货地址错误；

(3)海关扣押；

(4)包裹正在运输途中；

(5)包裹被退回；

(6)包裹在当地邮局；

(7)卖家忘记发货。

2.货物与买家下单不相符

(1)货物与描述不相符，如：尺寸不符、颜色不符、材质不符、款式不符；

(2)质量问题，如：货物破损、假货等；

(3)产品短装。

(二)纠纷解决的思路

很多纠纷的产生，事先是可以避免的，而已经出现的纠纷问题也是可以解决的，那么怎么避免和解决呢？下面就不同的原因分别介绍避免及处理纠纷的思路。

1.产品描述不符

一些纠纷的产生，源于产品的描述不够细致全面，如尺寸、短装等问题。针对尺寸问题，描述时一定要有尺寸的参考标准，另外要注意欧美国家与中国的尺寸表是不同的；针对短装问题，卖家在产品描述时应尽量放单品，不要为了显示产品的异同，把产品都放在一张图上。

从描述不符的角度上，建议卖家要积极关注买家所发站内信，很少有买家在收到货物出现问题之后直接开启纠纷而不联系卖家的。大部分导致纠纷升级的原因都是卖家不理会买家所提问题。

(1)要积极关注买家站内信内容。若真的是产品本身的问题,可以直接与买家协商解决,不要一直逃避。

(2)若出现了商品数量问题投诉的纠纷订单,可以联系货代查询包裹是否有开包,或者丢失的情况,在与买家核实情况的同时,卖家也应该准备相应的发货证据,防止买家升级纠纷。

(3)有些纠纷产生的原因是由于买家对于产品不会使用,或者是说明书是中文的而导致看不懂的情况,此类问题是最好避免的,建议卖家对于自己所发货物中的相应配件统一规范,或者在买家出现此类问题时,及时将相关的使用说明书发送给买家。

2.产品本身的问题

很多纠纷的产生,源于产品本身。比如,产品存在色差、材质、款式及假货问题。所以卖家一定要严把质量关,千万不要出售假货,这是亚马逊平台最深恶痛绝的事情,卖家销售假货一旦被平台发现,将会面临封号的可能。另外,在发货前,卖家一定要仔细检查产品的颜色、材质、款式是否与买家下单的相一致,产品是否能正常工作,产品的包装是否能保证产品在长期的运输途中不会破损。

3.物流问题

因为物流存在着很多的不可操控性,所以卖家一定要选择有保障的物流公司(除了 FBA 外,卖家还可以选择 EMS、DHL、FedEx、UPS、TNT、SF 等),针对客户当地的情况,选择适合他们的高效率的物流。同时,要做好物流的跟踪服务,并及时通知买家物流的变更信息。

如果卖家出现忘记发货或订单、地址填写错误的情况,一定要先给客户道歉,稳定客户的情绪,然后征求客户的意见是补发还是退款。

如果买家长时间未收到货物提起纠纷,卖家要及时查看物流信息,货物是被海关扣押还是在运输途中,或者在当地邮局。针对出现的不同问题,卖家要耐心的与客户沟通,通知买家去邮局签收;若是关税问题,卖家可以选择在自己的承受范围内,帮助买家承担一部分关税。

沟通是解决问题最有效的途径。如果出现纠纷问题,卖家一定要耐心地和客户沟通,做到服务至上,这样不仅能帮助解决问题,还有利于重新赢得客户的好感,改差评为好评。

二、亚马逊卖家成功处理纠纷案例

本节将以实际案例的纠纷处理,介绍处理纠纷的流程。在此案例中,亚马逊平台的卖家发错款式,买家提出投诉,卖家通过及时有效的沟通,最终以优惠折扣的方式成功处理纠纷。

(一)买家提出投诉

一位买家在亚马逊上订购了一件印花女童装,收到后发现印花错误,向卖家提出

"发错款式"的投诉,如表 7-3 所示。

表 7-3 买家提出投诉

Return Requested for order * * * * * *
发件人:
已发送:2016 年 11 月 11 日星期五 0:07
收件人:
订单编号:* * * * * *
Dear XXX and XXX, This email is being sent to you by Amazon to notify and confirm that a return authorization has been requested for the item(s) listed below. XXX,please review this request in the Manage Return tool in your seller account. Using the Manage Return tool, please take one of the following actions within the next business day: 1.Authorize the customer's request to return the item. 2.Close the request. 3.Contact the customer for additional information(through Manage Returns or the Buy—Seller Communication tool.) XXX the information below is confirmation of the items that you have requested from you at this time. Order ID: * * * * * * Item:XXX Qty:1 Return reason:Wrong item was sent.
Customer comments:Just arrived today.The item I received is not the same print as the one shown here.Not what I ordered. Totally different.I would like to exchange for the correct print. Request received:November 11,2016 Sincerely, Amazon Services.

(二)卖家处理投诉

卖家经仓库核实,确实将相似款式发错。第一时间跟买家沟通解决,回复买家,提出三套解决方案,供买家选择,如表 7-4 所示。

表 7-4 卖家处理投诉

关于:Return Requested for order * * * * * *
发件人:

续表

已发送:2016 年 11 月 12 日星期六 5:05
发件人:
订单编号:* * * * * *
Dear XXX Have a nice day. Firstly, we feel very sorry sending wrong print. But please don't worry, we give some solution for you: 1.NO need to return it, we will give 50% claim code(ZRHT－VY65SR－H4S6WP) for you. You can buy any liked color for lovely baby again. 2.NO need to return it, we will return half money of the cloth for you. 3.You send it to us. We will refund this cloth's money for you. Sorry bring this trouble to you again. Hope to get your kind understanding. XXX Customer Service Center.

(三)买家与卖家沟通

买家提出,希望得到优惠折扣,他非常喜欢这个款式,想再次购买,如表 7-5 所示。

表 7-5 买家与卖家沟通

已接收消息已发送消息
您在 2016 年 11 月 12 日星期六 21:05 的 10 小时 1 分钟回复
Re:关于 Return Requested for order * * * * * *
发件人:
已发送:2016 年 11 月 12 日星期六 11:04
收件人:
订单编号:* * * * * *
Hi, Thank you looking forward to getting the right color this time. They are very cute. Sent from my ipad.
已接收消息已发送消息
您在 2016 年 11 月 12 日星期六 21:05 的 8 小时 31 分钟回复
Re:关于 Return Requested for order * * * * * *
发件人:
已发送:2016 年 11 月 12 日星期六 12:32
收件人:
订单编号:* * * * * *

续表

XXX, I forget to mention, I will chose option 1. 1.NO need to return it, we will give 50% claim code (ZRHT—VY65SR—H4S6WP) for you. You can buy any liked color for lovely baby again. Sent from my ipad.

客服回复买家,他可以下单购买,会马上发货,如表 7-6 所示。

表 7-6 客服回复买家

关于 Return Requested for order ＊＊＊＊＊＊
发件人:
已发送:2016 年 11 月 12 日星期六 21:05
收件人: 订单编号:＊＊＊＊＊＊ Dear XXX, Thank you for your kindly understanding. You can place a new one for your lovely girl. We will send it tomorrow.
Hope our cloth fit your girl. Best wishes. XXX Customer Service Center.

最终,客户取消了前期的退款申请,同时用折扣券又新订购 2 件衣服。

(四)投诉解决

买家最终给了卖家五星好评,如表 7-7 所示。

表 7-7 买家给五星好评

Top Customer Reviews		
★★★★★	Five Star	
By: XXX		
Size: S/O Months	Color: Pink Flower	Verified Purchase
Great dealing with seller, would definitely purchase again.		
Comment	Was this review helpful to you?	Yes/No
订单信息 订单号＊＊＊＊＊＊ 订单金额 US$10.89 订单创建时间 Dec 12.2016 订单留言 收货地址 Changi green upper changi road east s486843 Blk 712a, 04-05 Singapore SG486843		

(五)案例分析

在此案例中,客服在受到投诉后,第一时间联系了买家。卖家在核实投诉后,提出了三套解决方案供买家选择。这次的投诉纠纷解决得非常妥当,不仅避免了损失,还为店铺赢得了新订单,也提升了买家的满意度。买家纠纷回复模板如下:

Sample 1

Dear Customer,

The photos were received with thanks. Sorry that we failed to check out the problem and we would pay more attention on this part.

Anyway, we will refund you $3 for compensation or may you just accept this time and we would like to provide bigger discount for your next order?

So sorry about the trouble. Please feel to let us have your comment.

Thanks!

Best Regards

(Your name)

Sample 2

Dear Customer,

We sincerely regret that you haven't received your parcel yet. We can confirm that we sent your order on January 10. 2016. However, we were informed by the shipping company that the package has been delayed due to problems on their end.

We can arrange reshipment or full refund to you. Please let us know what is your preferred option and we'll resolve this matter as quickly as possible.

We apologize for the inconvenience. Your understanding is greatly appreciated.

Best Regards

(Your name)

注:"亚马逊卖家成功处理纠纷案例"参见孙正君,袁野.《亚马逊运营手册》,中国财富出版社,2017年6月.

任务实施

实训任务7-3:亚马逊处理A to Z纠纷实训

实训目的:

- 了解买家发起A to Z索赔需要满足的条件;
- 掌握处理A to Z索赔的方法;
- 熟悉卖家处理A to Z索赔的几种结果。

实训指导:

A-to-Z Guarantee Claims 简称A to Z或A-Z,中文翻译为"亚马逊商城交易保障索赔",是美国亚马逊对购买第三方卖家商品的消费者实施的保护政策。如果消费者不满意第三方卖家销售的商品等,可以发起 A to Z 保护。

关于 A to Z,如果客户主动撤销或者是卖家申诉判赢,都不会计入 ODR 里,因此一旦收到 A to Z,首要工作就是与客户进行沟通,解决方案可以选择退款或者重发(要注意,如果要全额退款,要先让客户撤销后再到订单里退款,否则这 A to Z 会自动关闭,亚马逊也会默认是卖家的责任),如果沟通无果,还是要收集所有有利的信息来准备申诉。

具体步骤如下:

(1)第一时间联系买家,愿意满足买家需求,建议买家关闭投诉,但切记不要诱导买家关闭投诉,例如不要使用额外好处进行诱导,这样亚马逊会给你小红旗。

(2)若错误不在你,且买家 48 小时内不给你任何回复,那么有可能的话,请你电话联系(注意时差),若电话错误,请在第三天进行申述,申述后请注意你注册的美国亚马逊邮箱,美国亚马逊会有可能将调查过程中需要的资料和信息发于你,需要你提供所需信息,因此越快越好。

(3)物流发生的投诉是最难处理的,因为多数第三方发货的卖家,为了节省成本,一般选择邮政投递,但是邮政投递往往没有签收证明甚至都没有追踪信息,建议卖家最好选择美国亚马逊可追踪的物流渠道,另外购买运输险和发运 FBA。

任务评价

<table>
<tr><td>任务编号</td><td>任务 7-3</td><td>任务名称</td><td>A to Z 纠纷处理</td></tr>
<tr><td>任务完成方式</td><td colspan="3">个人完成、小组协作完成</td></tr>
<tr><td colspan="3">任务评价内容</td><td>分值</td></tr>
<tr><td colspan="3">了解买家发起 A to Z 索赔需要满足的条件</td><td>30</td></tr>
<tr><td colspan="3">掌握处理 A to Z 索赔的方法</td><td>40</td></tr>
<tr><td colspan="3">熟悉卖家处理 A to Z 索赔的几种结果</td><td>30</td></tr>
<tr><td colspan="4">成绩评定</td></tr>
<tr><td>自我评价　20%</td><td colspan="2">小组评价　20%</td><td>教师评价　60%</td></tr>
</table>

学习巩固

一、单项选择题

1.小张是一家跨境女装店的售后客服,他们店铺收到了一个客人的差评。这个时候他做得不对的地方是(　　)。

A.要真正认识自己的不足　　B.即刻跟客户解释不是他们的错

C.有则改之无则加勉　　D.取得谅解,改善评价

2.跟客户在线谈判的中心内容是(　　)。

A.议价　　B.包装方式　　C.付款方式　　D.发货期

3.在“黑色星期五”活动日当天,对于客服工作的描述下列哪项是不正确的?(　　)

A.只卖东西就行,其他都不用管

B.需要接待咨询并卖货

C.需要及时收集用户提出的问题

D.需要及时把客户的反馈反映给营销部门进行优化调整

4.客户在跟客服交流时不肯承担运费,客服应该如何处理?(　　)

A.威胁客户让其承担运费

B.告知客户退换货的相关规则,跟客户协商运费问题

C.让客户以到付方式寄回

D.如果客户不承担运费就不给予办理退换货服务

5.客户迟迟未收到货,以下哪种情况是因为商家原因造成的?(　　)

A.延迟发货　　B.天气恶劣　　C.包裹丢失　　D.海关扣押

6.客户抱怨收到的包太小,不能承重,不能装太多东西,可以采用(　　)的技巧解决问题。

A.避劣趋优　　B.流程化解决　　C.自圆其说　　D.过失转移

二、多项选择题

1.在亚马逊平台,以下哪种情况会计入订单缺陷率(ODR)里?(　　)

A.出现 3 星以下的差评(Review)　　B.出现 3 星以下的差评(Feedback)

C.出现信用卡拒付的订单　　D.出现 A to Z 的订单

2.在亚马逊平台,你的店铺上线销售后,遇到店铺相关运营问题时最及时有效的处理方式是(　　)。

A.再次联系上线经理进行处理和沟通咨询

B.点击后台页面最下方的“获取支持”(Get Support),通过电话、邮件或在线聊天,联系“卖家支持”(Seller Support)获取帮助

C.再次联系招商经理进行处理和沟通咨询

D.进入后台右上角的帮助页面(Help),找出后台提供的相关帮助信息

3.在亚马逊平台,以下哪种情况会计入取消率(Cancellation Rate)里?(　　)

A.由于卖家缺货而取消的订单

B.由于买家原因取消的订单,卖家取消时选择买家相关原因,并保留双方沟通记录

C.由于买家不想买了由卖家取消,卖家取消时选择了卖家相关原因

D.以上都不是

4.在亚马逊平台,以下哪种情况会计入迟发率(Late Shipment Rate)里?(　　)

A.发货时间在设定的预计发货日期(Handling Time)内,但尚未点击“确认订单”

B.卖家处于假期模式，发货时间超过预计发货日期(Handling Time)的订单

C.发货时间在设定的预计发货日期(Handling Time)内的订单

D.以上都不是

5.商品与实际描述不符通常会导致买家申请退款或换货，若卖家没有退款或换货，买家则符合亚马逊的A-Z索赔政策。以下属于商品与描述不符的情况的是(　　)。

A.货不对版　　B.部件缺少/遗失

C.商品破损　　D.商品与实际描述不符

6.买家开启 A to Z 索赔需要满足哪些条件？(　　)

A.已通过“我的账户”中“联系卖家”按钮与卖家取得联系

B.卖家已超过3个工作日的时间未给予回复

C.买家的请求满足亚马逊商城交易保障索赔的情形

D.卖家已超过2个工作日的时间未给予回复

7.什么样的情况符合申请 A to Z 索赔？(　　)

A.未收到购买的商品，超过最晚送达日期3天后至付款成功后的30天内

B.如果收到的商品有损坏、缺陷，或者描述存在重大差异，在退换货期限内已经联系卖家处理但未能解决的

C.卖家同意退款，但收到商品后未按照协议规定办理退款的

D.不满意卖家的产品质量或者服务的

8.A to Z 索赔的时限有多久？(　　)

A.体育用品，在预计配送日期3天后，或者下单30天内，以先到为准

B.最晚预计交货日期后90天内可以提出索赔

C.最晚预计交货日期后60天内可以提出索赔

D.如果你收到的产品是损坏的，有缺陷的，或与描述不同的，必须在14天内联系卖家，收到退货信息后，必须在收到商品之日起30天内寄回给卖家

三、简答题

1.跨境电商客服的主要内容有哪些？

2.假设你在亚马逊平台卖出了一件 woman dress，客户对此提出纠纷：

(1)如果客户在预计时间内没收到货物，该如何处理？

(2)如果客户对产品的质量不满意，该如何处理？

(3)如果客户要求退货，该如何处理？

四、案例分析题

小李在亚马逊上经营一家童鞋网店，经过精心的经营与管理，网店运营良好。一次一名客户投诉其所购买的鞋子颜色与图片不符。请问：小李将如何与客户沟通？请代其写一封处理纠纷的邮件。

参考资料

1.刘敏,高田歌.《跨境电子商务沟通与客服》,电子工业出版社,2017 年 8 月.

2.吕宏晶,孙明凯.《跨境电商实务》,中国人民大学出版社,2016 年 9 月.

3.孙正君,袁野.《亚马逊运营手册》,中国财富出版社,2017 年 6 月.

4.14 种常见亚马逊回信邮件模板,鹰熊涯网,http://www.ikjds.com/article/661.html, 2015 年 11 月.

5.刘瑶.《亚马逊跨境电商平台实务》,对外经济贸易大学出版社,2017 年 7 月.